Der
Liqueurfabrikant.

Aus dem Französischen

der

Herren Demachy und Dubuisson,

mit einigen

Anmerkungen des Herrn D. Struve;

übersetzt und mit Zusätzen bereichert

von

D. Samuel Hahnemann,

Zweiter Band.

Leipzig,
bei Siegfried Lebrecht Crusius, 1785.

CIP-Kurztitelaufnahme der Deutschen Bibliothek

Der **Likörfabrikant** / von Samuel Hahnemann. [Aus d. Franz. d. Herren Demachy u. Duebuisson, mit einigen Anm. d. Herrn D. Struve. Übers. u. mit Zusätzen bereichert von Samuel Hahnemann]. – 1. Nachdr. d. Ausg. Leipzig, Crusius, 1785. – Heidelberg : Arkana-Verlag
  Orig.-Ausg. gesondert u. d. T.: Demachy, Jacques-François: Art du distillateur lequoriste, contenant le brûleur d'eaux-de-vie, le fabriquant de liqueurs, le débitant ou le cafetier-limonnadier u.: Dubuisson, . . .: L'art du distillateur et marchand de liqueurs considérées comme aliments médicamenteux
ISBN 3-920042-08-5

NE: Hahnemann, Samuel [Bearb.]

© 1983 Arkana-Verlag, Heidelberg

Alle Rechte, insbesondere die der Übersetzung in fremde Sprachen, vorbehalten. Kein Teil dieses Buches darf ohne schriftliche Genehmigung des Verlages in irgendeiner Form – durch Photokopie, Mikrofilm oder irgendein anderes Verfahren – reproduziert oder in eine von Maschinen, insbesondere von Datenverarbeitungsmaschinen, verwendbare Sprache übertragen oder übersetzt werden.
All rights reserved (including those of translation into foreign languages). No part of this book may be reproduced in any form – by photoprint, mircofilm, or any other means – nor transmitted or translated into a machine language without written permission from the publishers.

1. Nachdruck 1983

Verlags-Nr. 8370 · ISBN 3-920042-08-5

Druck: Weihert-Druck GmbH, Darmstadt
Buchbinderei: Fikentscher KG, Darmstadt

Uebersicht
des zweiten Bandes.

Dubuisson's Destillirer und Liqueurhändler.

Einleitung.

Liqueure.

Von der Pomeranzenblüte.	Seite 5
Pomeranzenblütrahm, erste Zusammensetzung.	7
zweite Zusammensetzung.	10
Feinpomeranze.	13
Pomeranzenratasia, Orangesse.	17
Feinpomeranze auf Zitronenart.	19
Säuerliche Orangesse.	20
Coladons herzstärkendes Wasser.	21
zweite Zusammensetzung.	23
Göttliches Wasser (eau divine).	25
zweite Zusammensetzung	27
Barbadosrahm.	27
zweite Zusammensetzung.	30
Bergamotwasser.	31
zweite Zusammensetzung.	33
Limette.	34
zweite Zusammensetzung, oder Bigaradewasser.	36
Cedra.	37
zweite Zusammensetzung.	39
Vollkommene Liebe (parfait amour).	40
Herzstärkendes Wasser der sechs gewürzhaften Früchte.	41
zweite Zusammensetzung.	43

Scubak.

Uebersicht des zweiten Bandes.

	Seite
Scubak.	43
Angelik.	47
Angeliktinktur.	49
zweite Zusammensetzung.	49
Wacholder.	50
zweite Zusammensetzung.	51
dritte Zusammens. oder Wacholderratafia.	52
Maraskin.	53
erste Operation.	55
zweite Operation.	57
Kirschkernwasser.	59
Aprikosenkernwasser.	60
Pfirschkernwasser.	62
Cinamomum und Zimtwasser.	64
Oelichtaromatisches Zimtelixir.	67
Karminativöl von Anis und Fenchel.	69
Gelbes Anisöl.	71
Vanilleöl.	72
Versüstes Gewürznelkenöl.	74
Destillirtes und mit Würznelken aromatisirtes Nelkenwasser.	74
Nelkenöl.	77
Rosenöl.	78
Venusöl.	80
Kaffeeöl.	82
Garuselixir.	83
Siebensamenöl.	85
Pomeranzenblütwasser.	86
Einfaches Melissenwasser.	87
Destillation des Rosenwassers.	88

Vom Ratafia, oder den künstlichen Weinen.

Pomeranzenwein.	90
Muskattraubenwein.	92
Ratafia von schwarzen Trauben (franc-pineau).	92

Pfirschen-

Uebersicht des zweiten Bandes.

Pfirschenwein.	Seite 93
Kirschwein.	95
Wein von den vier rothen Früchten.	97
Schwarzer Johannisbeerwein (vin de cassis).	98
Himbeerwein.	99

Von den im Brantwein eingemachten Früchten.

In Brantwein eingemachte Kirschen.	Seite 103
Brantweinpfirschen.	104
Pflaumen.	105
Russeletbirnen.	107
Andere Art ihrer Einmachung.	108
Aprikosen.	109
Muskatellerbeeren.	110
Agrestbeeren (verjus).	110

Von wässerigen Liqueuren.

Liqueurwasser aus Kirschen (liqueur anodine de cerises).	111
Liqueurwasser aus Erdbeeren.	112
— aus Himbeeren.	113
— aus Johannisbeeren.	114
— aus Zitronen.	114
— aus Pomeranzen.	115
Wässeriger Theeliqueur.	115
Pomeranzenblütwasserliqueur.	116
Liqueurwasser aus eingemachten Pomeranzenblüten.	117
Zimtliqueurwasser.	117
Rosenliqueurwasser.	118
Melissenliqueurwasser.	118
Liqueurwasser aus eingemachten Zitronenschalen.	119
Liqueurwasser aus eingemachten Pomeranzenschalen.	119

Vom Kaffee.

Art den Kaffeeaufguß zu verfertigen.	123
Milchkaffee.	125
	Thee.

Uebersicht des zweiten Bandes.

Thee.	Seite 126
Schokolade.	131
Vom Schokoladegetränke.	151

Von kühlen Getränken.

Limonade und Oranschade.	154
Vom Orschatteige und der Orschade.	157
Erdbeerwasser.	158
Himbeerwasser.	159
Johannisbeer- und Saurachwasser.	159
Kirschwasser.	160
Agrestwasser.	162
Agrest (suc de verjus).	163
Vom Gefrornen (des glaces).	164
Scherbete (Sorbets)	167
Erdbeerscherbet.	167
Himbeerscherbet.	167
Johannisbeer- und Berberisscherbet.	168
Kirschscherbet.	169
Rahmscherbete (Sorbets de crême) und gefrorne Käse.	170
Weiser Rahm.	171
Gebranter Rahm.	172
Pistazienrahm.	172
Schokoladerahm.	173
Rahm auf Vanilleart.	173
— auf Mandelart.	174
— auf andere Art.	175
— auf Kirschkernart.	175
— auf Theeart.	176
— auf Kaffeeart.	176
Zitronscherbet.	176
Pomeranzenscherbet.	178
Bigaradenscherbet.	178
Muskatrahmscherbet.	179

Wässeriger

Uebersicht des zweiten Bandes.

Wässeriger Kaffeescherbet (Sorbet de café à l'eau) Seite 180
Rosenscherbet. 180
Nelkenscherbet. 181
Pomeranzenblütscherbet. 181
Pfirschscherbet. 182
Aprikosenscherbet. 183
Reineclaudepflaumenscherbet. 184

Mittel, wodurch man die Sommerfrüchte aufbewahret.

In Zucker eingemachte weise und rothe Johannisbeeren und Berberisbeeren. Seite 185
In Zucker eingemachte Kirschen. 186
— — Muskatellertrauben. 187
— — Agrest. 188
— — Pomeranzenblüte. 189
— — Pfirschen. 190
— — Aprikosen. 191
— — Reineclaudepflaumen. 192
Vom Gefrieren. 193
Zeltchen. 195
  Vanillezeltchen. 195
  Safranzeltchen. 197
  Zimtzeltchen. 197
  Nelkenzeltchen. 198
  Rosenzeltchen. 199
  Würznelkenzeltchen. 199
Vom grauen Amber. 201
  Amberzeltchen. 205
  Katechu. 205

Uebersicht des zweiten Bandes.

Rezepte.

Vorerinnerung.

Angelik. G.	Seite 212
dergleichen. D.	212
Angelikratafia. G.	212
Pater Andrewasser. D.	213
Anis- und Sternanisliqueur. G.	214
Anisratafia. G.	214
Aniswasser. D.	215
Aprikosenliqueur. Dem.	215
Aprikosenwasser. D.	216
Ardellenwasser oder Chamberywasser. Dem.	216
dergleichen, oder Chamberyklärchen. D.	217
dergleichen, feiner Liqueur. D.	217
Barbadosrahm. G.	217
dergleichen. D.	218
Barbadoswasser. G.	218
dergleichen, und Barbadosrahm. Dem.	219
dergleichen, rektifizirtes. D.	219
Basilikon. D.	220
Bequillwasser des Pater Barnaba. D.	220
Bergamottenwasser, gemeines. D.	220
— — doppeltes. D.	220
— — feines und trocknes. D.	221
Bigaradewasser, oder Orangesse. D.	221
Cassisblütliqueur. G.	221
Cassisratafia. G.	222
dergleichen. Dem.	222
dergleichen. D.	223
dergleichen aus den Blättern. D.	223
Cedra und vollkommene Liebe (parfait amour). G.	223
Cedraquintessenz. D.	224
Cedraratafia. G.	224

Cedra-

Uebersicht des zweiten Bandes.

Cedrawasser, gemeines. D.	Seite 225
— doppeltes. D.	225
— feines und trocknes. D.	225
— feines und markiges. D.	226
— feines und trocknes. D.	226
Chineserwasser. D.	226
dergleichen, gemeines. D.	227
dergleichen doppeltes. D.	227
dergleichen, feines und trocknes. D.	227
Cinamomum. G.	227
dergleichen. Dem.	228
dergleichen. Dem.	228
dergleichen. D.	229
Citronelle. G.	229
dergleichen, gemeine. D.	230
dergleichen, doppelte. D.	230
Cythereöl. G.	231
Danzigerwasser und Andayebrantwein. D.	231
Ehestandswasser. D.	231
Fenchelwasser. D.	232
dergleichen, doppeltes. D.	232
dergleichen, feines und trocknes. D.	232
Florenzer Liebling. D.	232
Francpineauratafia. Dem.	233
Fruchtwein. G.	233
Fünffrüchteliqueur. Dem.	234
Garuselixir. G.	234
dergleichen. Dem.	235
Goldwasser und Silberwasser. Dem.	235
dergleichen. D.	236
Göttliches Wasser. G.	236
dergleichen, einfaches. Dem.	237
dergleichen, trinkbares. Dem.	237
dergleichen, gemeines. D.	238
dergleichen, doppeltes. D.	238
dergleichen, feines und trocknes. D.	238
Granatratafia. D.	238
dergleichen, doppelter. D.	239
Himbeerwasser. Dem.	239
Hypocras. Dem.	239
Jägerwasser. Dem.	240
Jungferwasser. D.	240

Uebersicht des zweiten Bandes.

Jupiteröl. G.	Seite 240
Kaffeeliqueur. G.	241
dergleichen. Dem.	241
Kaffeewasser. D.	242
dergleichen, feines und trocknes. D.	242
Kakaoliqueur. Dem.	242
Kakaowasser, oder Schokoladeliqueur. D.	243
dergleichen, doppelter. D.	243
Kernwasser. D.	243
dergleichen. D.	244
Kernwasserratafia. G.	244
dergleichen. Dem.	245
Korianderwasser. D.	245
Limette. D.	245
Magenwasser des Coladon. D.	246
dergleichen von Jesmin. D.	246
dergleichen, Montpelieser. D.	246
Macaronliqueur. G.	247
Maraskin. G.	247
dergleichen. Dem.	248
Millefiori. G.	248
Muskatenblumenwasser. D.	249
dergleichen, doppeltes. D.	249
dergleichen, feines und trocknes. D.	249
Muskatratafia. Dem.	249
dergleichen, einfacher. D.	250
dergleichen, doppelter. D.	250
Nelkenratafia. G.	250
Nelkenwasser. D.	251
Nelkenratafia. Dem.	251
Nußratafia. D.	252
Nußwasser. D.	252
Persiko. D.	252
Pfirschkernwasser. Dem.	253
Pfirschwein. Dem.	253
Pomeranzenblütliqueur, feiner. G.	254
Pomeranzenblütöl. Dem.	254
dergleichen, mit Neroly bereitet. D.	255
Pomeranzenblütratafia. G.	255
dergleichen. Dem.	256
dergleichen, einfacher. D.	257
dergleichen, doppelter. D.	257

Uebersicht des zweiten Bandes.

Pomeranzenliqueur. D.	Seite 258
Pomeranzenwasser, Apfelsinenwasser. D.	258
dergleichen, feines und markiges. D.	259
Pomeranzenratafia. D.	259
dergleichen, doppelter. D.	259
dergleichen. D.	259
Quittenratafia. Dem.	260
dergleichen. D.	260
dergleichen, doppelter. D.	260
Ratafia gemeiner, gemischter. D.	261
Ratafia von rothen Früchten. G.	261
dergleichen. D.	262
dergleichen feiner und trockner. D.	262
Ratafia aus grünen Nüssen. G.	263
Reineclaudepflaumenratafia. D.	263
dergleichen, doppelter. D.	263
Römerwasser, feines und trocknes. D.	264
dergleichen, doppeltes und feines. D.	264
Rosenliqueur. Dem.	264
Rossoli. Dem.	264
dergleichen, turinischer. D.	264
Samenratafia. Dem.	265
Nächtliche Schöne. D.	266
Scubak. G.	266
dergleichen. Dem.	267
dergleichen, einfacher. D.	267
dergleichen, ächter. D.	268
dergleichen, höchst feiner und weiser. D.	268
dergleichen, irländischer. D.	268
Seleriliqueur. G.	268
dergleichen, gemeiner. D.	269
dergleichen, feiner und trockner. D.	269
Siebensamenwasser. G.	269
dergleichen. D.	270
Silberwasser. D.	270
Singüliere, Sonderling. G.	271
Sternanisliqueur. Dem.	271
Strauswasser (eau de bouquet). Dem.	272
Süsling. (doucette). Dem.	273
Tausendblumenwasser. D.	273
Theeliqueur. G.	273
dergleichen. Dem.	274

Venusöl.

Uebersicht des zweiten Bandes.

Venusöl. G.	Seite 274
dergleichen. Dem.	276
dergleichen. D.	276
Vespetro. Dem.	276
dergleichen. D.	277
Vierblumenwasser, Straus der Sträuser. D.	277
dergleichen, feines und trocknes. D.	278
Vierfrüchtewasser, feines und doppeltes. D.	278
dergleichen, feines und trocknes. D.	279
Vierfrüchtewein. Dem.	279
Viergewürzewasser, doppeltes. D.	280
dergleichen, feines und trocknes. D.	280
Viersamenwasser. D.	280
dergleichen.	281
Wacholdergeist. D.	281
Wacholderliqueur. G.	281
dergleichen, einfacher. D.	282
dergleichen, doppelter. D.	282
Wacholderratafia. G.	282
dergleichen. Dem.	282
Wermuthliqueur. G.	283
dergleichen, oder Citronelle. Dem.	283
dergleichen. Dem.	284
Würznelkenwasser. D.	284
Zimtwasser. D.	284
Verbesserungen	285

Der

Liqueurfabrikant.

Zweiter Band.

II. Theil.

Einleitung

in den Auszug aus Duhuissons Liqueur-Fabrikanten.

Obgleich in Herrn Demachy's Kunst des Liquoristen sehr viel Zweckmäßiges, und für diese Kunst Brauchbares gesagt worden ist, so wird doch jeder Kenner gestehen, daß dieser Theil der Künste, von einem Professionsverwandten bearbeitet, gründlicher und reichhaltiger ausgefallen seyn würde. Vielleicht aus Mißgunst über die durch Herausgabe dieses Werks Herrn Demachy zu Theil gewordene Ehre, vielleicht auch aus Gefühl wesentlicherer Kenntnisse in diesem Fache, setzte ein sehr einsichtsvoller Destillirmeister zu Paris fünf Jahre nach Erscheinung des Demachyischen Liquoristen diesem letztern eine vollständige Abhandlung seiner Kunst entgegen, die, außer einigen Bitterkeiten gegen Herrn Demachy, die ausgesuchtesten und brauchbarsten Dinge dieser Kunst enthält. Ich glaubte demnach, nach meinem alten Grundsatze, das Gute aufzufassen, wo ich es nur finden möge, einen wesentlichen Beitrag zu gegenwärtigem Werke zu liefern, wenn

Einleitung.

ich das Brauchbarste aus Herrn Dubuisson [1]), Kunst des Destillirers und Liqueurfabrikantens, auszöge, und zur Ergänzung hier anhienge. Dies habe ich in aller Kürze gethan, das Unnöthige vermieden, und das Wesentliche ausgewählt. Der Titel dieses Buchs ist: l'art du distillateur et marchand des liqueurs, considerées comme aliments medicamenteux, par Mr. Dubuisson, ancien maître distillateur, à Paris chez l'auteur, 1779, avec approbation et privilége du roi. Deux parties, der erste Th. 448. und der zweite 370 S.

---

1) Der Verfasser dieses Buchs hat ausnehmende Vorzüge vor den übrigen Schriftstellern dieses Fachs. Seine Gefäße sind die zweckmäsigsten, seine Anstalten die brauchbarsten, und aus der physischen Kenntniß der Ingredienzen sorgfältigst hergeleitet; er gehet mit der größten Genauigkeit und Ordnung in seinen Operationen zu Werke, er wählt die besten Ingredienzen zu den Gegenständen seiner Arbeit, und simplifizirt, so viel als nur geschehen kann, alle seine Arbeiten, ohne sich in dem Wuste der unendlich zusammengesetzten Rezepte, wie andere thun, zu verwickeln; er bestimmt durch eigene Versuche den Werth der alten Zirkulation der Chemisten, und ihrer verschiedenen Rektifizirungen des Weingeistes, und wendet, welches vorzüglich zu loben ist, den Wärmemesser fast bei allen seinen Feuerarbeiten an. Was an diesem so schönen Buche zu tadeln ist, beziehet sich auf die so häufig angebrachte Erörterung der medizinischen Kräfte von jedem Produkte des Liquoristen, wobei er oft in die ermüdendsten Ausschweifungen geräth. Auch sind die Beschreibungen der Droguen, ihrer natürlichen Geschichte, ihres Anbaues und ihrer Sammlungsart etwas allzu umständlich auseinander gesetzt. Da ich das Ueberflüssige wegließ, mußte ich dagegen, um dieser Kunst nichts Vortrefliches aus diesem Buche vorzuenthalten, diesen vollständigen Auszug dem Publikum in die Hände geben.

Liqueure.

Liqueure.

Von der Pomeranzenblüte.

Diese Blume ist fast die einzige, welche so häufig und auf so verschiedene Weise von Liquoristen und Apothekern angewendet worden ist. In der That hat fast keine Blume so starken und angenehmen Eindruck auf die Geruchswerkzeuge, als die Blumenblätter und Staubfäden der Pomeranzenblüte durch ihre lieblichen Ausdampfungen bewirken. Diese riechenden Theilchen aber zu fangen, dagegen aber die so heftige Bitterkeit dieser Blüte davon zu entfernen, hierum haben sich unsere Destillirer von jeher, doch fast ohne Erfolg, bemühet. Ich übergehe die vergeblichen Versuche hierüber, und bemerke blos, daß ein Aufguß dieser Blumenblätter im einfachen Wasser, oder wässerigem Brantweine eine beträchtlich bittere Tinktur giebt, woraus ich schließe, daß diese beiden Substanzen nicht geschieden werden können, als wenn man entweder ein blos wässeriges Auflösungsmittel auf diese Blumenblätter bringt, welches die scharfen und bittern Salze aufzunehmen im Stande ist, oder wenn man gleich anfänglich ein geistiges Auflösungsmittel dazu bringt, welches entwässert genug ist, um nichts, als das reinste, feinste und angenehmste Gewürze daraus zu ziehen, welches fähig ist, gleiche Eindrücke auf Geschmack und Geruch zu äußern.

Ein drittes Mittel, dieses doppelte Wesen zu trennen, liefert uns noch die Destillation dieser Blume; aber Geruch und Geschmack der daraus entspringenden Geister haben weder die Eindringlichkeit, noch die Anmuth jener, die man durch entwässerten Weingeist 2) erhält, da der größere Theil des subtilsten belebenden Geistes während dem Destilliren durch die Verkittung dringt.

Mischt

---

2) Hier will ich einschalten, was der Verfasser seine geistigen Auflösungsmittel nennet.

Gemeinen Weingeist nennet er den rektifizirten, doppelten oder Dreiviertelbrantwein, besonders von Cognac, welcher ihm zufolge nach der Verbrennung nur ein Zwölftel zurückläßt.

Rektifizirten Brantwein nennet er gemeinen Weingeist, welchen man vierzehn Tage lang, mit gleichen Theilen recht klaren Flußwassers vermischet, stehen gelassen, rektifiziret, und ihm die Stärke des doppelten Brantweins giebt.

Rektifizirten Weingeist zu bereiten, läßt er vier und zwanzig Pinten gemeinen Weingeist vierzehn Tage lang, mit zwölf Pinten klaren Flußwassers vermischet, stehen, destilliret das Gemisch, bis man zwanzig Pinten Flüssigkeit erhalten hat; dann nimmt man eine andere Vorlage, und fähret fort, bis zum Grade des kochenden Wassers, zu destilliren. Das erstere Produkt läßt man, mit acht Pinten Wasser vermischt, vierzehn Tage stehen, destilliret gleichfalls aus dem Dampfbade, (vom 184° bis 192° fahrenheitischen Wärmegrade) und verändert die Vorlage, wenn man sechzehn Pinten Geist erhalten hat; das Uebrige lässet man, wie vorher, herüber destilliren, und mischt dasselbe mit dem Produkte der ersten Destillation, um sich desselben, statt des rektifizirten Brantweins, zu bedienen. Will man noch stärkern Weingeist haben, so ver-

Mischt man aber diesen letztern Spiritus, welcher bei seinen Unvollkommenheiten doch die Tugend besitzt, ölichter zu seyn, zu gleichen Theilen mit dem durch Alkohol erhaltenen Aufgusse, sobald sich beide Liqueure aufgehellet haben, so bringt dies Gemisch eine Flüssigkeit hervor, welche nächst dem Verdienste, jeder Zunge zu schmeicheln, überdies noch alle Tugenden besitzt, welche die Aerzte in der Pomeranzenblüte finden.

Pomeranzenblütrahm.

Man nimmt vier Pfund frisch gesammelte, ausgewachsene und wohl trockne Pomeranzenblüten. Alle fremde Feuchtigkeit muß ihnen benommen seyn, da alle kurz nach einem Regen gesammlete, oder zur Vermehrung des Gewichts, oder zur Anfrischung ihrer Farbe angefeuchtete Pomeranzenblüten in eine Gährung zu gerathen pflegen, wodurch der belebende Geist verflüchtiget wird, der herbe und grusichte Geschmack des Kelchs und Stempels aber sich mit dem Wohlgeruche der Blüte vermischt, und ihn großen Theils verschluckt.

Noch bemerke man, daß die zuerst am Baume hervorkommenden Blüten die vollkommensten und mit Geruchtheilen geschwängertsten sind, die im Herbst gesam=

---

verändert man, die Vorlage, sobald man die acht erstern Pinten Geist erhalten hat, schüttet in denselben ein Pfund des feinsten, trockensten und unfühlbar gepülverten Zuckers, schüttelt die Flüssigkeit stark und oft um, und gießer, sobald das Zuckerpulver scheint zerfließen zu wollen, und es sich auf den Boden des Gefäßes gesetzt hat, die klare Flüssigkeit herab auf eine gleiche Menge Zuckers; schüttelt, wie vorher, um, wiederholet auch wohl dieselbe Operation, wenn diese zweite Menge Zuckers noch merklich feucht geworden seyn sollte. Den hiezu gebrauchten Zucker kann man zu den Liqueursiropen anwenden.

Hah.

sammelten aber nur die Hälfte des Wohlgeruchs besitzen, welchen die Anfangs des Sommers hervorgekommenen bei sich führen.

Von diesen wohlausgewählten Blüten trennet man behutsam die Blumenblätter vom Kelche, thut beide besonders, wiegt dann zwei Pfund dieser Blumenblätter ab, läßt sie zwei Stunden in acht Pinten rektifizirtem Weingeiste ausziehen, gießt dann die Flüssigkeit durch, und hebt sie in einem wohlverschloßnen Gefäße auf. Die übriggebliebenen Blumenblätter thut man mit vier Pinten Flußwasser in eine Blase im Wasserbade, setzt den Hut auf, legt die Vorlage an, verkittet die Fugen, setzt den Thermometer in das Wasserbad, und destilliret bei dem zur Rektifikation des Weingeistes gehörigen Wärmegrade [3]). Wenn der Wärmemesser den acht und siebenzigsten Grad erreicht hat, verändert man die Vorlage, gießt dies erste Produkt zu dem aufbewahrten Pomeranzenspiritus, erhöhet das Feuer, setzt die Destillation bis zur Hitze des kochenden Wassers fort, und hebt dies letzte Produkt zum Rektifiziren bei einer folgenden Arbeit auf.

Man läßt neunzehn Pfund Hutzucker in fünf Pinten Wasser zergehen, mit zwei Eiweisen abschäumen, und bis zum Faden einkochen. Der erkaltete Sirop muß neun bis zehn Pinten austragen. Hiezu gießt man den gewürzhaften Pomeranzenblütgeist, und vereiniget durch starkes Umschütteln das Gemisch wohl mit einander; gießt es in dicke gläserne Flaschen, verstopft sie genau, und läßt es zwei bis drei Tage ruhig stehen. Nun kläret man den Liqueur mit zwei bis drei

---

[3]) Vom hundert und vier und achtzigsten bis zu Anfange des hundert und drei und neunzigsten fahrenheitischen Wärmegrade.

Hah.

drei Eiweisen, welche in einer viertel Pinte Regenwasser geschlagen worden, ab, ziehet, wenn sich der Bodensalz im Gefäße niedergesenkt hat, die helle Flüssigkeit mit einem Heber herunter, gießt den Satz in einem kleinen tuchenen Filtrirsacke durch, mischt die abgelaufene Flüssigkeit mit der heruntergezogenen zusammen, und hebt diesen Liqueur in kleinen Fläschgen zum Gebrauche auf.

Die zurückbehaltenen Knospen von eben diesen Blüten wendet man zur Erhaltung eines Pomeranzenblütwassers folgendergestalt an. Man zupft die Staubfäden in einen Schoppen Flußwasser. Die Kelche und Stempel stampft man etwas, thut sie nebst fünf Pinten Wasser in eine Pfanne, und erhält sie drei Stunden lang in einer Wärme von funfzig Graden. Endlich schüttet man zwölf Stunden nach dieser Operation beide Flüssigkeiten in ein Abziehzeug, setzt den Hut auf, verkleibt die Fugen und destillirt allmälig, bis man eine Pinte oder drei Schoppen Pomeranzenblütwasser erhalten hat. Dieses Wasser ist von vorzüglichen Eigenschaften und hat nicht jenen grusichten Geschmack, als dasjenige, welches man von Grasse oder von den hierischen Inseln zu uns bringt, da die Erhitzung, welcher wir unsere Kelche vor der Destillation aussetzen, sie zeitig macht und den größten Theil jenes unangenehmen Geschmacks aus ihnen verflüchtiget. Doch steht dies Pomeranzenblütwasser demjenigen noch weit nach, zu welchem wir die Vorschrift bei Abhandlung der einfachen gewürzhaften Wässer geben werden.

Pomeranzenblütrahm, zweite Zusammensetzung.

Man wählet auf oben angezeigte Weise vier Pfund Pomeranzenblüten aus, nimmt vorsichtig die Blumenblätter und Staubfäden von den Kelchen und Stempeln ab, welche letztere man zu unten vorkommendem Gebrauche aufhebt. Wenn diese Arbeit geschehen, thut man die Blumenblätter und Staubfäden mit sechs Pinten Flußwasser in eine Pfanne, und erhitzt sie auf einem dazu bereiteten Ofen drei Stunden lang im funfzigsten Wärmgrade. Man nimmt das Gefäß vom Feuer, setzt es vier und zwanzig Stunden der freien Luft aus, gießt die Flüssigkeit durch ein Haartuch, und setzt es bei Seite, um sich desselben mit den Kelchen, wie unten folgt, zu bedienen. Nun wirft man diese Blüten in eine gleiche Menge kalten Wassers und seihet sie, wenn sie eine Stunde darin gelegen, aufs neue durch, wickelt die Blüte in ein grobes leinenes Tuch, und drückt sie darin dergestalt aus, daß alles Wasser herauskomme. Dann rührt man diese Blüten in acht Pinten rektifizirten Weingeistes, gießt das Ganze in eine Blase im Wasserbade, setzt den blinden Helm auf, verküttet die Fugen, setzt den Thermometer in das Wasserbad und erhält die Flüssigkeit drei Tage lang, jeden Tag vierzehn Stunden, im siebenzigsten Grade der Wärme. Wenn die Flüssigkeit verkühlet, rührt man sie allemal mit einem Stabe um, welcher durch die Tubulatöffnung in die Blase gehet. Nach vier und zwanzig Stunden nimmt man die Vorrichtung aus einander, gießt die Flüssigkeit durch ein dichteres Seihetuch, als das vorhergehende war, und setzt den Liqueur in einem wohlverstopften Gefäße bei Seite. Man schüttet die Blumen mit vier Pinten Flußwasser in eben dieselbe Blase, setzt sie ins Wasserbad,

serbad, setzt den Hut auf, legt die Vorlage an, verkleibet die Fugen und destilliret bis zum Punkte des kochenden Wassers. Dann nimmt man es ab, gießt das Produkt in das Gefäß, in welchem die Tinktur enthalten ist, und befolgt, wenn man zur Zusammensetzung schreitet, das nämliche Verfahren, läßt auch dieselbige oben angegebene Menge Zuckers dazu abschäumen.

Was die aufgehobenen Kelche und Stempel anlangt, so stampft man sie ein wenig, und läßt sie wie obige zeitigen, thut die aus den Blumen erhaltene Flüssigkeit dazu, und läßt es allmälig herüber destilliren, bis man anderthalb Pinten Pomeranzenblütwasser erhalten hat, die man zum Gebrauche aufhebt.

Ich habe bemerkt, daß ein Löffel voll unseres Pomeranzenblütrahmes, mit einer viertel Pinte Limonade oder Oranschade gemischt, einen sehr angenehmen Liqueur von besondern Eigenschaften liefert.

Noch nimmt man Pomeranzenblüte zu einer Gattung Elixir Proprietatis, welches angenehmer ist, als des Paracelsus seines und an Kräften demselben nicht nachstehet, so sehr es auch davon abweichet.

Elixir Proprietatis.

Man sucht eine Unze mexikanische Vanille aus, deren Schoten etwa sechs Zoll lang, voll, von brauner, etwas ins Schwarze fallender, glänzender und fettig scheinender, doch nicht spiegelnder Farbe, und von angenehmem und durchdringendem Geruche sind.

Auch suchet man zwei Unzen der feinsten Zimmetrinde (lettre rouge) aus, welche dünnschälig, von röthlich brauner Farbe, durchdringendem Geruche und von scharfem, während dem Kauen, auf der Zunge stechendem Geschmacke ist.

Diese

Diese beiden Substanzen stößet man zusammen, bis sie zu unfühlbarem Pulver geworden sind, dann zerreibt man acht Unzen weisen Zucker, wirft ihn in eben den Mörsel, und reibt eine viertel Stunde lang mit der Keule alles wohl zusammen. Sobald diese Operation zu Ende ist, schäumet man neun und ein halbes Pfund Hutzucker nach der Vorschrift ab, und wenn er zum Faden gesotten ist, nimmt man das Gefäß vom Feuer, rühret, nach ungefähr zehn Minuten, das Pulver in den Sirop, und mischet, wann die Flüssigkeit gänzlich erkaltet ist, vier Pinten unserer geistigen Pomeranzenblüttinktur von der zweiten Zusammensetzung hinzu, in welcher man vorher vier bis fünf Tropfen unserer ätherischen Ambraessenz aufgelöst hat; dann schüttet man das Ganze in ein Gefäß, welches man wohl verstopft hält, schüttelt diesen Liqueur alle zwei Tage, zu sechs bis sieben verschiedenen Zeiten, kläret ihn dann mit einem Eiweise auf, welches in einer viertel Pinte Brunnenwasser geschlagen worden, und ziehet, wenn die Unreinigkeit sich gänzlich auf den Boden des Gefäßes gesenkt hat, die helle Flüssigkeit mit einem kristallgläsernen Heber herunter, und hebt sie zum Gebrauche auf.

Die Eigenschaften dieser Ingredienzen sind bekannt, und ich begnüge mich, blos anzuzeigen, daß diese Zusammensetzung einen neuen Liqueur hervorbringt, welcher vielleicht der angenehmste und einer der heilsamsten unter allen erfundenen ist, und daß, wenn dieses Elixir fünf bis sechs Jahr aufbehalten würde, man ihn unstreitig unter die künstlichen Balsame zu setzen habe.

Was den Bodensatz betrift, welcher auf den Grund des Gefäßes sich gesenket hat, so läßt man ihn zuerst drei bis vier Tage lang in drei Schoppen gemei-

gemeinem Weingeiste im Aufgusse stehen, setzt dann drei Schoppen Flußwasser hinzu, schüttelt alles stark unter einander, und läßt es acht Tage lang ausziehen. Dann gießet man die Flüssigkeit in eine Blase, stellt sie ins Wasserbad, bedecket sie mit dem Hute, kleibt die Fugen zu, fügt die Vorlage an, und destilliret so lange, bis die Flüssigkeit den Punkt des siedenden Wassers erreicht. Nun nimmt man die Vorrichtung aus einander und verwahret das Produkt in einem wohlverstopften Gefäße, um sich desselben zur Zusammensetzung des Zimtwassers zu bedienen.

Die Pomeranzenblüte wird zu süßen und sauern Pomeranzen. Wenn wir aber von Feinpomeranze, oder von Pomeranzenöl und vom Pomeranzenratafia handeln werden, so wisse man, daß ich bei ihrer Zusammensetzung blos die gelbe Schale der süßen Pomeranzen meine.

Feinpomeranze (fine orange).

Der Liqueur, Feinpomeranze genannt, muß das wesentliche Oel enthalten, welches in den Pomeranzenschalen steckt, und welches man, vermittelst des Aufgusses dieser Rinde, nebst einem Theile Zitronenschale im gemeinen Weingeiste erhält, eine Tinktur, welche dann der Destillation unterworfen wird. Hiezu sucht man zwei bis vier und zwanzig portugiesische Pomeranzen aus, welche frisch und von schöner Goldfarbe sind, welche sich eher ins Rothe, als ins Blasgelbe neigt. Auch suchet man sechs portugiesische oder genuesische Zitronen aus, deren Schalen gleich frisch, stark riechend, von schöner zitronhaften, glänzenden, hellen Farbe, und eher dicke als fein sind.

Diese

Diese wohl ausgewählten Früchte wischt man gelinde mit einem leinenen Tuche ab, und schälet die gelbe Schale dieser Früchte in so dünnen Scheibchen ab, daß fast nichts vom Weisen daran bleibe. Die von einem halben Dutzend dieser Früchte erhaltenen Schalen wirft man jedes Mal in eine Blase, und wenn sie insgesammt hereingeworfen worden sind, so gießt man neun Pinten gemeinen Weingeist darauf, stellt die Blase ins Wasserbad, setzt den blinden Hut auf, verküttet die Fugen, stellt den Thermometer ins Wasserbad und erhält diese Flüssigkeit drei Tage lang, jeden Tag zwölf Stunden, im siebenzigsten Grade der Wärme, rühret, so oft die Flüssigkeit verkühlt, dieselbe stark mit einem Stabe um, welcher durch die Tubulatöfnung hereingehet, nimmt dann vier und zwanzig Stunden hernach das Gefäß ab, gießt die Flüssigkeit durch ein Haartuch und hebt diese Tinktur in einem wohlverstopften Gefäße auf. Eben diese Schalen schüttet man, nebst sechs Pinten Flußwasser, in die Blase, stellt sie ins Bad, setzt den blinden Helm auf, verkleibt die Fugen, und erhitzet die Flüssigkeit bis zum vierzigsten Grade, dann läßt man sie vier und zwanzig Stunden lang abkühlen, nimmt das Geräthe aus einander, seihet das Flüssige, wie vorher, durch, wirft die Schalen weg, mischt diese zweite Tinktur zu der aufbewahrten, lässet das Gemisch vierzehn Tage stehen, und schreitet endlich, wie folget, zur Destillation.

Man gießt nämlich das erwähnte Gemisch in eine Blase im Wasserbade, bedeckt sie mit einem Hute nebst seinem Mohrenkopfe, fügt die Schlangenröhre mit der Vorlage an, verkleibt die Fugen, setzt den Wärmemesser in das Wasserbad, zündet das Feuer im Ofen an, und erhitzet die Flüssigkeit. Wenn der Thermometer den vier und siebenzigsten Grad erreichet hat, so
bemerkt

bemerkt man, daß der Geist zu tröpfeln anfängt, dann hält man einen mit kaltem Wasser angefüllten Kaffeetopf in der Hand, und gießt davon auf den Helm von Zeit zu Zeit etwas, so wie die Tropfen häufiger zu kommen anfangen, und so lange bis sie einen Strahl bilden. Dann füllet man den Mohrenkopf an, und erneuert das Wasser so oft, als es laulicht wird, und man bemerkt, wann der Strahl völlig gebildet ist, daß der Wärmemesser bis zum fünf und siebenzigsten Grade gelanget ist. Noch müssen wir erinnern, daß diese Operation von diesem Wärmegrade an bis zum achtzigsten vollführet werden muß, dann verändert man die Vorlage, lässet das Uebrige bis zum Grade des kochenden Wassers⁴) herüber laufen, nimmt die Vorrichtung aus einander, und setzt dies letztere Produkt bei Seite, um nach angestellter Rektifikation davon Gebrauch zu machen.

Ich bemerke hier einmal für allemal, daß, wenn der gemeine Weingeist nicht mit einem Uebermaße von Wasser beladen ist, er bei der Destillation nur ein Neuntel verlieren soll, so muß unser erstes Produkt acht Pinten gewürzhaften Geist betragen, welcher von gehöriger Güte seyn wird, da dieser Geist nicht so entwässert, als der rektifizirte, zu seyn braucht.

Will

---

4) Dubuisson läßt vom achtzigsten Grade seines Thermometers, bis zum Punkte des siedenden Wassers, das letztere Produkt herüber destilliren. Was hatte er für ein Thermometer? Ich finde nach Vergleichung aller ähnlichen Stellen, daß er sich keines andern Wärmemessers, als desjenigen bedient habe, welchen Sauvages zur Wartung der Seidenwürmer in Frankreich eingeführt hat. An demselben ist o derselbige Frierpunkt, wie bei dem Reaumürischen, 87 ebendesselben ist der Kochpunkt 80 nach Reaumür. Um also beide vergleichen zu können, dient folgende Tabelle:

Will man zur Zusammensetzung schreiten, so läßt man neunzehn Pfund Hutzucker in fünf Pinten Wasser schmelzen, in deren einer man zwei Eiweise geschlagen hat, so läßt man ihn nach den Regeln der Kunst sich abklären, und wenn der Schaum, welcher zur Oberfläche steigt, weis ist, so läßt man den Sirop zum Fluge (au fort boulet) sieden, nimmt das Gefäß vom Feuer, drücket den Saft von funfzehn Pomeranzen, von denen, welchen man ihre gelbe Schale genommen hat, aus, seihet ihn durch ein Papier, und mischt ihn mit dem bereiteten Sirope, setzt zwei Pinten gutes einfaches Melissenwasser hinzu, so daß man es

Reaumür.	Sauvages.	Reaumür.	Sauvages.
45, 977	— 50	63, 448	— 69
46, 896	— 51	64, 367	— 70
47, 816	— 52	65, 287	— 71
48, 735	— 53	66, 206	— 72
49, 655	— 54	67, 126	— 73
50, 574	— 55	68, 045	— 74
51, 494	— 56	68, 965	— 75
52, 413	— 57	69, 885	— 76
53, 313	— 58	70, 804	— 77
54, 252	— 59	71, 724	— 78
55, 172	— 60	72, 643	— 79
56, 091	— 61	73, 563	— 80
57, 011	— 62	74, 482	— 81
57, 931	— 63	75, 402	— 82
58, 850	— 64	76, 321	— 83
59, 770	— 65	77, 241	— 84
60, 689	— 66	78, 160	— 85
61, 609	— 67	79, 080	— 86
62, 528	— 68	80, 000	— 87

Mich dünkt, Reaumür hat ein ähnliches erfunden, weswegen auch Dübuisson seinen Wärmemesser den reaumürischen nennet, das ist, den mit 87 Graden, nicht aber den von 80.   Hah.

es allmälig darauf gießt, und die Flüssigkeiten mit dem Schaumlöffel umrührt. Wann sich alles wohl vereiniget hat, bringt man die acht Pinten Pomeranzengeist dazu, schüttelt die beiden Flüssigkeiten stark unter einander, und gießt das Gemisch in große gläserne Flaschen. Dann läßt man es drei bis vier Tage ruhig stehen, kläret den Liqueur mit zwei Eiweisen, welche in einer viertel Pinte Brunnenwasser geschlagen worden, ab, schüttelt es nochmals unter einander, und wenn der Bodensatz sich auf dem Grunde des Gefäßes niedergesenket hat, so ziehet man die klare Flüssigkeit herab, seihet, wie oben, der Satz durch, und hebt den Liqueur zum Gebrauche auf.

Pomeranzenratafia (orangesse).

Wenn man eben so viel Pomeranzen, als oben erwähnt, und von gleicher Güte, ausgesucht hat, so schneidet man ebenfalls die gelbe Rinde derselben in dünnen Schälchen ab, daß so wenig weises, als möglich, daran hängen bleibe. Dann nimmt man zwei Kumpe von Steinzeug, in deren einen man acht Pinten unsers rektifizirten Weingeistes gießt, die kleinen Schälchen, eines nach dem andern, zwischen die beiden Daumen und die Zeigefinger nimmt, und sie dergestalt in den Weingeist auspreßt, daß die kleinen Zellen dieser Schalen, worin das wesentliche Oel eingeschlossen ist, platzen. Wenn jedes Schälchen ausgedrückt worden, taucht man es senkrecht in den Weingeist, und wirft es dann in den daneben stehenden Kump. Sobald alles ausgedrückt ist, gießet man den Weingeist in das Gefäß, welches alle die Schalen enthält, lässet sie zwei Stunden lang ausziehen, leget das Seihetuch über den Kump, worin der Weingeist war, schüttet alles auf das Seihetuch, und füllet die Flüssigkeit, welche durch-

durchgelaufen ist, in ein Gefäß, welches wohl verschloßen erhalten wird, man schüttet die Schalen, nebst vier Pinten Flußwasser in eine Blase, setzt sie ins Wasserbad, deckt den Hut drauf, fügt die Vorlage an, verkleibet die Fugen, setzt den Thermometer ein, und läßt bei einem Feuer destilliren, dessen Hitze zu Ende der Operation acht und siebenzig Grad wird. Dann nimmt man die Vorrichtung aus einander, gießt das Produkt in die verwahrte Tinktur, und schüttet das Ueberbleibsel weg. Dann läßt man neunzehn Pfund Zucker, wie oben, abschäumen, und wenn er zu gleicher Konsistenz gesotten ist, nimmt man das Gefäß vom Feuer, befeuchtet und ringet, während der Sirop erkaltet, eine feine Serviette stark aus, breitet sie über einem Kump, und befestigt sie mit Bindfaden um den Rand des Gefäßes, schneidet dann alle bei Seite gelegte Pomeranzen mitten durch, nimmt jede Hälfte derselben, den Schnitt unterwärts, zwischen den Daumen und Zeigefinger, und drückt sie mit der rechten Hand aus. Eben diese Hälften nimmt man zwischen beide hohle Hände und drückt sie gegenseitig dergestalt aus, daß aller Saft herausgehet, das Mark aber und die Kerne auf die eine Seite des Seihetuchs zu liegen kommen, da sonst beide Theile dem Liqueure einen bittern und unangenehmen Geschmack mittheilen würden. Wenn nun aller Saft dieser Früchte durch das Tuch gegangen ist, so nimmt man es hinweg, mischet und rühret diesen Pomeranzensaft stark unter den Sirop, thut dann den gewürzhaften Geist hinzu, rührt das Gemisch nochmals unter einander, und gießt es in große gläserne Flaschen, läßt es ruhig stehen, kläret es mit Eiweise ab, und ziehet den hellen Liqueur, wie oben, herunter. Zuweilen geschiehet es, daß ein Theil des Bodensatzes auf der Oberfläche des Liqueurs bleibt, dann schüttelt man das Gefäß aller acht Tagen ein

ein Mal um, bis alles trübe zu Boden gefallen ist.

Pomeranzenliqueure werden sowohl in Absicht ihres Geschmacks, als auch in Absicht ihrer Wirkung, durch das Gewürz der Zitronenschalen erhoben, und dann ist ihre Anmuth wenigstens eben so groß, als ohne letztere.

Feinpomeranze auf Zitronen Art
(fine orange citronée.)

Zur Zusammensetzung dieses Liqueurs suchet man vierzehn Pomeranzen und acht Zitronen von eben der Güte aus, als die oben angewandten. Man schneidet ebenfalls die gelbe Schale dieser Früchte in dünnen Schälchen ab und wirft sie in eine Blase, dann gießt man neun Pinten gemeinen Weingeist darauf, um zuerst die geistige Tinktur heraus zu ziehen, welche man durchseihet. Eben diese Schälchen schüttet man mit sechs Pinten Wasser in die Blase, um die zweite Tinktur heraus zu ziehen, die ebenfalls durchgeseihet wird, man mischt diese beiden Tinkturen zusammen, und schreitet, vierzehn Tage nach dieser Vermischung, zur Destillation, bei welcher man eben den Hitzgrad anwendet, als bei der Feinpomeranze. Die von ihrer gelben Rinde entblösten Pomeranzen hebt man auf, um, wie folget, sie anzuwenden. Will man zur Zusammensetzung übergehen, so läßt man die schon erwähnte Menge Zucker abschäumen und zum Fluge einsieden, gießt dann zwei Pinten Melissenwasser auf obige Weise hinzu, und füllet, wenn sich beide Flüssigkeiten vereiniget haben, den Pomeranzensaft, welcher vorher ausgedrückt und durchgeseihet worden, dazu, rührt das Gemisch stark unter einander, fügt die acht Pinten Weingeist, welche man durch die Destillation erhal-

erhalten, dazu, schüttelt nochmals das Ganze wohl um, und kläret den Liqueur ab.

Säuerliche Orangesse.

Zur Zusammensetzung dieses Liqueurs befolgt man Punkt vor Punkt alles bei der Vorschrift des Pomeranzenratafias angezeigte Verfahren, nur daß man zu gegenwärtigem eben so viel Zitronen= als Pomeranzenschalen nimmt, und nur den Saft von vier Zitronen zu dem Safte mischt, welchen man aus allen den geschälten Pomeranzen herausgedrückt hat.

Noch läßt man die von diesen Früchten genommenen Schalen in Flußwasser sieden, und mit Zucker einkochen. Wenn diese Zitronen= und Pomeranzen=Schalen nun in Zucker eingemacht sind, so breitet man sie auf Tüchern aus, läßt sie in der Wärmstube trocknen, und verwahret sie in einer wohl verschließlichen Büchse zum Gebrauche. Diese eingemachten Schalen ißt man entweder trocken, oder verfertiget verschiedene Getränke daraus. Zu letzterm Behuf stößt man eine halbe Unze davon gröblich zu Pulver, wirft sie in eine Pinte kaltes Wasser, setzt das Gefäß übers Feuer, und erhitzet es, ohne es ins Kochen kommen zu lassen. Man läßt die Flüssigkeit setzen und trinkt sie, wenn sie noch warm ist, man kann auch anderthalb Unzen weisen Zucker drin auflösen und den Saft einer guten Zitrone dazu thun. Diese Tinktur hat den, dem sanften Oele, welches in den Schalen dieser Früchte verborgen ist, eigenthümlichen Geruch und Geschmack, und bildet zwei angenehme Getränke, von vorzüglichen Eigenschaften.

Coladons herzstärkendes Wasser
(eau cordiale de Coladon.)

Der noch zu Anfange dieses Jahrhunderts [5]) lebende Genfer Arzt, Herr Coladon, ist der Urheber dieses herzstärkenden Wassers, welches zu seiner Zeit den größten Beifall erhielt. Dieser Liqueur bestand aus dem wesentlichen Oele, welches aus den Zitronenschalen ausgedrücket, und in starkem Weingeiste aufgelöset worden war, wozu er abgeschäumten Zucker und einfaches Melissenwasser setzte.

Dieser so angenehme und unter den damals erfundenen vielleicht heilsamste Liqueur ist jedoch ins Abnehmen gerathen, sowohl, weil unsere parisischen Destillirer mit aller Mühe sich die dazu gehörigen, auf dem Baume hinlänglich gereiften Zitronen nicht anzuschaffen vermochten, theils auch, weil diese Früchte nicht so frisch gesammelt, erhalten werden konnten, daß das in ihren Schalen wohnende wesentliche Oel nicht verdorben worden wäre. Dieser Unbequemlichkeiten ungeachtet versuchte ich, diesen Liqueur, wovon ich eine Probe bei der Hand hatte, nach zu machen, da der meinige eben so angenehm, als Herrn Coladons seiner, war, dem ich nachgearbeitet hatte, so glaubte ich gleiche Kräfte in ihm suchen zu dürfen.

Herzstärkendes Wasser auf Coladons Art.

Ich trug meinem Genfer Korrespondenten auf, mir die reifsten Zitronen, welche er auf dem Baume finden

---

[5]) Er lebte noch ums Jahr 1724, nach Dubuisson.
Hrsb.

finden könnte, und die den Weg aushalten könnten, zu sammeln, sie in geruchlose kartätschte Baumwolle zu wickeln, und sie in eine gewöhnliche Zitronenkiste zu schichten.

Als die Zitronen ankamen, so legte ich ein Stück Glas sechs Zoll im Durchschnitte dergestalt schief auf ein Gestelle, daß es sich in ein Gefäß an zwei Drittheile, mit rektifizirtem und von seinem schmierigen Oele völlig befreietem Weingeiste gefüllet, neigte. Ich sahe dahin, daß das Stück Glas mit seinem Untertheile die Oberfläche des Weingeistes berührte. Wenn alles in Bereitschaft ist, gießet man vier Pinten Weingeist in das Gefäß, wischt mit einem feinen Tuche vierzig solcher Zitronen gelinde ab, schälet die gelbe Rinde derselben fein herunter und läßt sie auf einen Teller daneben fallen. Hat man nun so ein halb Dutzend dieser Früchte abgeschälet, so nimmt man die kleinen Schalen, eine nach der andern, faltet sie verschiedene Male zwischen den Daumen und Zeigefinger zusammen, und drücket sie eine halbe Linie von dem Glase entfernt, dergestalt aus, daß alle die kleinen Zellen, worin das wesentliche Oel dieser Rinden verschlossen liegt, aufgeschlossen werden, dann wirft man sie weg. Man taucht von Zeit zu Zeit die Spitze der Finger in den Weingeist, um die beim Ausdrücken daran hängen gebliebenen ölichten Theilchen aufzulösen. Dann gießet man den gewürzhaften Geist in ein Gefäß, verstopft es wohl, und schüttelt es fünf bis sechs Tage lang von Zeit zu Zeit um.

Sobald man zur Zusammensetzung schreitet, läßt man zehntehalb Pfund weisen Zucker in zwei Pinten hellem Melissenwasser und einem Schoppen Flußwasser, worin man ein Eiweis geschlagen hat, auflösen, schäumet ihn dann, nach den Regeln der Kunst, ab, ab, und bringet ihn zur Konsistenz eines Sirops, dessen Menge sich auf fünf und eine halbe Pinte belaufen muß. Man drückt den Saft von sechs bis acht Zitronen, von denenjenigen, welchen man die gelbe Schale benommen hat, aus, seihet ihn durch Löschpapier, gießt ihn in den Sirop, und rühret es stark um. Vier Stunden nachher thut man den gewürzhaften Zitronengeist dazu, rühret das Gemische nochmals stark um, und gießet es in große gläserne Flaschen, die man wohl verstopft, lässet sie acht Tage lang stehen, kläret den Liqueur mit Eiweise, und ziehet die helle Flüssigkeit, wie gesagt, herunter.

Da dieser Liqueur mir sehr hoch zu stehen kam, so wohl wegen der größern Menge Früchte, die ich dazu nehmen mußte, als auch wegen des Verlustes, den ich durch die große Anzahl der unterwegs verdorbenen Zitronen erlitt, da sie reif gesammelt waren, denn die gewöhnlich hieher kommenden Zitronen dauren nur, weil sie unreif gesammlet werden, so brachten mich diese Unbequemlichkeiten auf den Gedanken, mein herzstärkendes Wasser folgendermasen zu bereiten.

Herzstärkendes Wasser, zweite Zusammensetzung.

Man sucht aus einer Zitronenkiste von Italien diejenigen Früchte heraus, welche am reifsten scheinen, trocknet sie gelinde ab, und lieset diejenigen heraus, welche den angenehmsten Geruch haben. Dies inne zu werden, kratzt man gelind mit dem Nagel auf der gelben Schale, und wenn man so dreißig Zitronen wohl ausgewählet hat, gießet man acht Pinten rektifizirten Weingeist in eine Schale von Steinzeug oder unglasurtem Thone, schälet dann, wie oben gesagt, das Gelbe dieser Früchte ab, nimmt ein Schälchen nach dem andern,

dern, drückt es über dem Weingeiste aus, tutscht es senkrecht ein, und wirft es in eine daneben stehende Schale. Nach dieser Vorrichtung gießt man den Weingeist auf die ausgedrückten Schalen, läßt sie eine Stunde lang, wenn der Wärmemesser zwanzig Grade über dem Eispunkte ist, und zwei Stunden, wenn er sechs Grade unter temperirt [6]) steht, darin ausziehen, seihet dann die Flüssigkeit durch ein Haarsieb, gießet sie in ein Gefäß, und hebt sie auf. In die Schalen schüttet man vier Pinten Flußwasser, und destilliret bis zum acht und siebenzigsten Grade. Man nimmt die Vorrichtung aus einander, mischt das Produkt mit dem aufgehobenen Geiste, und lässet, wenn man die Zusammensetzung vornehmen will, neunzehn Pfund Zucker in drei bis vier Pinten einfachem Melissenwasser und einer Pinte Flußwasser auflösen, in welcher letztern man zwei Eiweise geschlagen hat. Man schäumet ihn nach den Regeln der Kunst ab, da er dann wenigstens zehn Pinten Sirop liefern muß. Nun drücket man den Saft von zwölf bis vierzehn Zitronen aus der Zahl derer, die man abgeschälet hat, aus, seihet ihn durch Löschpapier, gießt ihn zum Sirope, rühret stark um, und fügt nach vier Stunden den gewürzhaften Zitronengeist hinzu. Man rühret nochmals um, und gießt das Gemisch in große Flaschen, lässet es acht Tage stehen, kläret es, wie gesagt, mit Eiweise, und ziehet den aufgehellten Liqueur mit einem Heber herunter, seihet den Bodensatz durch, und hebt es auf, um sich dieses Liqueurs unter einem halben Jahre nicht zu bedienen.

Wie-

---

6) Die obigen 20 Grade über dem Eispunkte sind nach unserm reaumürischen 18, 390. die 6 Grade unter temperirt werden 11, 034 betragen.

Hah.

Von den Liqueuren.

Wiewohl der Wohlgeruch dieses Liqueurs etwas weniger delikat, als des Herrn Coladon seiner zu seyn scheinet, so wird man den unsrigen doch sehr angenehm finden, wenigstens glaube ich, ihm gleiche Eigenschaften beimessen zu dürfen.

Man macht noch eine andere Art herzstärkendes Wasser, ebenfalls göttliches Wasser genannt, wobei man statt des Melissenwassers Pomeranzenblütwasser nimmt.

Göttliches Wasser (eau divine).

Man sucht dreißig italienische oder portugiesische Zitronen aus, deren Schale mehr dick als fein ist, von durchdringendem angenehmem Geruche, man schneidet die Schale sehr dünne herunter und läßt sie auf einen Teller von Fajence fallen. Wenn man nun ein halb Dutzend Früchte abgeschält hat, so schüttet man die Schälchen in eine Blase, und wenn die ganze Arbeit vorüber ist, so gießt man neun Pinten gemeinen Weingeist in eben die Blase, setzt sie ins Wasserbad, bedeckt sie mit dem blinden Helme, verkittet die Fugen, setzt den Thermometer ins Bad [7]), und erhält die Flüssigkeit drei Tage lang täglich zwölf Stunden im siebenzigsten Grade der Wärme, jedes Mal, wenn die Flüssigkeit erkaltet, rühret man sie mit einem Stabe, welchen man durch die Tubulatöfnung einbringt, stark um. Vier und zwanzig Stunden hernach nimmt man die Vorrichtung aus einander, seihet die Flüssigkeit durch ein Haarsieb, und setzt diese Tinktur bei Seite, in einem

---

7) Dabuisson befestigt in der Küpe, die zum Wasserbade dienet, ein messingernes Futteral, worin der sieben und achtziggrädige Thermometer steht. Hah.

nem Gefäße, welches wohl zugepfropft erhalten wird. Dann schüttet man die nämlichen Schalen, nebst sechs Pinten Fluß= oder Regenwasser in die Blase, setzt sie wiederum in ihr Bad, setzt den blinden Hut auf, verkleibt die Fugen, erhitzt die Flüssigkeit bis zum funfzigsten Wärmegrade, und läßt sie vier und zwanzig Stunden lang erkühlen, nimmt das Gefäß ab, seihet die Flüssigkeit, wie oben, durch, wirft die Schalen weg, und mischt diese zweite Tinktur mit der aufgehobenen; rührt diese beiden Flüssigkeiten unter einander, und läßt das Gemisch vierzehn Tage lang stehen, da man es dann, wie oben erwähnt, destilliret.

Will man die Zusammensetzung vornehmen, so läßt man neunzehn Pfund Zucker in fünf Pinten klaren Wassers, in deren einer man zwei Eyweiße geschlagen hat, zergehen, schäumet ihn nach den Regeln der Kunst ab, und läßt, wenn der Schaum weis ist, den Sirop zum Fluge (fort boulet) einsieden. Dann nimmt man das Gefäß vom Feuer, und setzt zwei Pinten recht helles, doppeltes Pomeranzenblütwasser allmälig zu, während daß man die Flüssigkeit mit dem Schaumlöffel umrühret. Noch schüttet man den Saft von acht Zitronen hinzu, welche man auspreßt, und, wie erwähnt, durchseihet. Sobald alles erkaltet ist, gießt man auch den Zitronengeist hinein, rühret das Gemisch stark um, läßt es drei bis vier Tage setzen, ehe man es mit zwei Eiweisen abkläret, die in einer Viertelpinte Regenwasser geschlagen worden, ziehet, wenn der Bodensatz auf dem Grunde des Gefäßes gesunken ist, das Helle herunter, seihet den Bodensatz durch, mischt beides zusammen, und hebt den Liqueur zum Gebrauche auf.

Man bereitet noch eine andere Gattung göttlichen Wassers, welche desto heilsamer seyn muß, da sie allen belebenden Geist, welcher in den gelben Zitronenschalen verborgen ist, enthält.

Göttliches Wasser, zweite Zusammensetzung.

Um dieses göttliche Wasser zu bereiten, suchet man dreißig Zitronen von eben der Güte aus, als die vorhin angezeigten waren, gießt acht Pinten unsers rektifizirten Weingeistes in einen Kump von Steinzeug, schneidet die gelbe Rinde dieser Frucht in dünnen Schälchen herunter, nimmt dieselben, eines nach dem andern, drückt sie über dem Weingeiste aus, und befolgt in allen Punkten gleiches Verfahren, als bei unserm herzstärkenden Wasser erwähnt wurde; lässet dann neunzehn Pfund weisen Zucker schmelzen, abschäumen, und zum Fluge (fort boulet) einsieden, nimmt das Gefäß vom Feuer, gießt mit gleicher Vorsicht zwei Pinten sehr helles, doppeltes Pomeranzenblütwasser, den Saft von acht Zitronen, und den gewürzhaften Geist hinzu, füllet den Liqueur in dicke gläserne Flaschen, und hellet ihn, wie oben, ab.

Barbadosrahm (crême de barbades).

Hiezu suchet man zwanzig italienische Zitronen und acht mittelmäßige Cedras aus, deren Schalen mehr dick als fein sind, von durchdringendem, angenehmem Geruche, schneidet die Rinde in sehr feinen Schälchen ab, lässet sie auf einen Teller fallen, und wirft die Schalen, wenn ein halb Dutzend dieser Früchte abgeschälet worden, in eine Blase, schüttet, wann diese Arbeit zu Ende ist, neun Pinten gemeinen Weingeist in eben die Blase, setzt sie in ihr Wasserbad, setzt den blinden Hut drüber,

drüber, verkleibt die Fugen, setzt den Wärmemesser ein, zündet das Feuer an, und erhält diese Flüssigkeit drei Tage hindurch täglich zwölf Stunden im siebenzigsten Wärmegrade; rühret jedesmal, sobald die Flüssigkeit erkaltet, sie mit einem Stabe um, den man durch die Tubulatröhre einbringt, nimmt zuletzt die Vorrichtung aus einander, seihet die Flüssigkeit durch ein Haarsieb und setzt diese erstere Tinktur in einem Gefäße bei Seite, welches man wohl verstopft erhält. Man schüttet eben die Schalen nebst sechs Pinten Flußwasser in die Blase, deckt den blinden Hut drauf, und erwärmt diese Flüssigkeit bis zum funfzigsten Grade; man läßt sie vier und zwanzig Stunden lang erkalten, nimmt das Gefäß ab, seihet, wie oben gesagt, durch, wirft die Schalen weg, und mischt diese zweite Tinktur zu der aufgehobenen; rüttelt das Gefäße nochmals um, läßt es vierzehn Tage stehen, und schreitet dann, wie folget, zur Destillation.

Man gießt das Gemisch in eine Blase im Wasserbade, setzt den Hut mit seinem Mohrenkopfe drauf, fügt die Schlangenröhre nebst der Vorlage an, verkittet die Fugen, setzt den Thermometer in das Bad, und erhitzet die Flüssigkeit. Wenn sie herüber zu tröpfeln anfängt, so gießt man nach und nach kaltes Wasser auf den Hut, so wie die Tropfen häufiger auf einander folgen, und sie einen Strahl zu bilden anfangen. Dann füllt man den Abkühler an, und versiehet ihn so oft mit frischem Wasser, als das vorige laulicht zu werden anfängt. Diese Operation muß zwischen dem fünf und siebenzigsten bis zum achtzigsten Grade der Wärme vollführet werden. Dann leget man eine andere Vorlage an, und lässet bis zum Grade des siedenden Wassers destilliren. Man nimmt die Vorrichtung ab, und hebt letzteres Produkt auf, um bei einer andern Destillation es zu rektifiziren und dann anzuwenden.

Sobald man die Vermischung und die Zusammensetzung vornimmt, lässet man neunzehn Pfund Zukker nach den Regeln der Kunst abfeimen, und siedet, wenn der aufsteigende Schaum weis ist, den Sirop zum Fluge ein, nimmt das Gefäß vom Feuer, gießt allmälig zwei Pinten gutes einfaches Melissenwasser hinzu, drückt den Saft von acht bis zehn Zitronen aus, seihet ihn durch und schüttet ihn hinzu, gießet den gewürzhaften Geist dieser Früchte, wenn alles erkaltet ist, herein, rühret das Gemisch um, und lässet es drei bis vier Tage ruhen, dann kläret man es mit Eiweis ab [a]), und wann sich alles Trübe auf dem Boden des Gefäßes gesenkt hat, so ziehet man das Helle herab, seihet den Bodensatz durch, und hebet den Liqueur zum Gebrauche auf.

Barba-

---

[a]) Durch dieses Abklären der schon fertigen, aber trüben Liqueure durch Eiweis, sucht Dübuisson das Durchseihen zu ersparen, wodurch freilich ein ansehnlicher Theil der Güte aus den Liqueuren verlohren geht. Er nimmt zu dem Ende, wie ich schon an einem andern Orte erinnert habe, zwei Eiweise, schlägt sie zu Schaume, und setzt, gegen zwölf bis funfzehn Pinten Liqueur gerechnet, eine Viertelpinte Regenwasser dazu, schüttelt alles wohl unter einander, und lässet es setzen. Sollte ein Theil der hierdurch zusammengezogenen Trübigkeit sich auf die Oberfläche des Liqueurs begeben, so sucht er das Niedersetzen derselben durch mehrmaliges Umschütteln zu bewerkstelligen, ziehet dann das Helle mit einem Heber herab, sammlet alle Bodensäze in ein einziges Gefäß, saugt nochmals, wann sich das Helle oben aufzeigt, dasselbe ab, und seihet den übrigen Bodensatz durch einen kleinen Filtrirermel, da er dann die durchgelaufene Flüssigkeit zu dem übrigen durch den Heber abgezogenen Liqueure mischet. Hbh.

Barbadosrahm, zweite Zusammensetzung.

Will man eine gleiche Menge Früchte zu diesem Liqueure nehmen, so muß man in ihrer Wahl desto vorsichtiger seyn, da die wesentlichen Oele, die man mittelst der Auspressung erhält, den eigenthümlichen Geschmack der Früchte behalten. Sollte es geschehen, daß eine Rinde von den Früchten, die man ausgesucht hat, einen grusichten oder wildrigen Geschmack, den man öfters antrift, besitzen sollte, so würde sie dem Liqueure einen unangenehmen Geschmack mittheilen. Um also in diesen Fehler nicht zu fallen, so versichert man sich von der Güte des wesentlichen Oels der Frucht dadurch, daß man mit dem Nagel das Oberhäutchen einer jeden dieser Früchte leicht entblöset und nur diejenigen wählt, die einen angenehmen und durchdringenden Geruch haben. Hat man nun eine gute Wahl getroffen, so gießt man acht Pinten unsers rektifizirten Weingeistes in einen Napf von Steinzeuge, schälet die gelbe Rinde dieser Früchte sehr fein und dünne, wie oben, ab, nimmt dann diese Schälchen eines nach dem andern zwischen den Daumen und den Zeigefinger, drückt sie über dem Weingeiste aus, tunkt sie senkrecht ein, und wirft sie in einen daneben stehenden Napf. Wenn dies geschehen, gießt man eben diesen Weingeist über die ausgedrückten Schalen, läßt sie eine Stunde darin beim zwanzigsten Grade über dem Eispunkte, und zwei Stunden lang im sechsten Grade unter Temperirt, ausziehen, seihet dann die Flüssigkeit durch, und hebt sie in einem wohlverstopften Gefäße auf. Nun schüttet man die Schalen mit vier Pinten Wasser in eine Blase, läßt bis zum acht und siebenzigsten Grade destilliren, nimmt dann die Vorrichtung ab, und gießt das Produkt zu dem aufgehobenen Geiste.

Bei der Zusammensetzung befolgt man genau das vorige Verfahren.

Von dem Liqueure, Bergamotwasser genannt.

Die so wohlriechende, herzstärkende, und unter den Gerüchen so geschätzte Bergamotte, sagt Lemery, rühret von einer Gattung italienischer Zitronen, Bergamotten genannt, her, deren Ursprung sich von einem gewissen Italiener herschreibt, dem es einfiel, ein Zitronenreis auf einen Bergamotbirnbaum zu pfropfen, daher die davon entstandenen Zitronen vom Zitronenbaum sowohl, als vom Birnbaume, ihre Eigenschaften entlehnten. Der Erfinder hielt diese Entdeckung geheim, und bereicherte sich dadurch. Diese Frucht enthält in der That ein sehr durchdringendes und sehr angenehmes wesentliches Oel, wenn sie auf dem Baume allen möglichen Grad der Reife erlangt hat, da aber der größte Theil der Bergamotten, die man zu uns bringt, noch grün gesammelt worden sind, so hat man bei ihrer Auswahl mehrere Schwierigkeiten zu überwinden, als bei den Zitronen, die einen Theil der Zusammensetzung unsers herzstärkenden Wassers ausmachen, denn man würde sich betrügen, wenn man sich blos an die gelbe Farbe der Bergamotten halten wollte, die blos daher rührt, weil sie in Kisten eingeschlossen sind, in welchen sie fortgeschaft werden, oft mischt sich auch der grusichte Geschmack, womit ihre Rinde angefüllt ist, in das daraus erhaltene wesentliche Oel sichtbarlich. Wenn man also Bergamotten aussuchen will, so reibt man mit dem Nagel einen Theil des Oberhäutchens der Rinde gelind auf, und wählet nur diejenigen, die einen lieblichen und angenehmen Geruch haben. Wenn man sie gehörig ausgesucht hat, so schälet man die gelbe Rinde von vierzehn bis funfzehn Bergamotten, und
von

von sieben oder acht Pomeranzen fein ab, wirft, wenn man ein halb Dutzend dieser Früchte abgeschält hat, die Schälchen in eine Blase, worauf man neun Pinten gemeinen Weingeist gießt, setzt sie in ihr Wasserbad, bedeckt sie mit dem blinden Helme, kittet die Fugen zu, setzt den Wärmemesser in das Bad und erhält die Flüssigkeit drei Tage lang täglich zwölf Stunden im siebenzigsten Wärmegrade, und rühret, so oft die Flüssigkeit erkaltet, dieselbe stark mit einem Stabe um, den man durch das Kohobationsrohr einbringt. Vier und zwanzig Stunden hernach nimmt man das Gefäß ab, seihet die Flüssigkeit durch, hebt diese erstere Tinktur auf, schüttet dann eben diese Schalen mit vier Pinten Flußwasser in die Blase, erhitzt diese Flüssigkeit bis zum funfzigsten Grade, läßt sie vier und zwanzig Stunden erkalten, nimmt dann die Vorrichtung aus einander, und seihet, wie oben, durch. Man wirft die Schalen weg, mischt diese zweite Tinktur mit der aufgehobenen, schüttelt das Gefäß um, läßt es so vierzehn Tage stehen, und gehet darauf, wie folget, zur Destillation über.

Man schüttet das Gemisch in eine Blase, setzt sie in ihr Bad, bedeckt sie mit dem Hute an seinem Mohrenkopfe befestigt, fügt die Schlangenröhre nebst der Vorlage an, verkleibt die Fugen, setzt den Thermometer ein, und erhitzet die Flüssigkeit. Wann sie herüber zu laufen anfängt, so gießt man kaltes Wasser auf den Hut, so wie nach und nach die Tropfen häufiger zu kommen, und bis sie einen Strahl zu bilden anfangen. Dann füllt man den Abkühler an, und erneuert sein Wasser so oft, als es laulicht zu werden anfängt. Ich erinnere, daß diese Destillation zwischen dem fünf und siebenzigsten bis mit dem achtzigsten Grade geschehen soll. Dann verändert man die Vorlage,

und

und läßt das Herübergehende bis zum siedenden Wasserpunkte destilliren. Man nimmt alles aus einander, und hebt das letztere Produkt auf, um es jedoch nicht eher, als nach geschehener Rektification, anzuwenden.

Gehet man nun zur Zusammensetzung über, so schäumet man neunzehn Pfund Zucker nach den Regeln der Kunst ab, und wann der aufsteigende Schaum weis, der Sirop aber zum Faden gesotten ist, so nimmt man das Gefäß vom Feuer, drückt allen Saft aus den abgeschälten Pomeranzen, filtrirt ihn, thut ihn zum Sirop, rührt stark um, thut den aufgehobenen gewürzhaften Geist dazu, rühret das Gemisch nochmals um, gießt es in ein Gefäß, und läßt es drei bis vier Tage stehen. Dann kläret man es mit Eiweis ab, und ziehet, wann das Hefigte sich zu Boden geschlagen hat, das Klare herunter, seihet den Bodensatz durch, und hebt den Liqueur auf.

Bergamotwasser, zweite Zusammensetzung.

Ob wir gleich schon erinnert haben, daß das wesentliche Oel, welches man von den Bergamotten erhält, einem grusichten Geschmacke unterworfen sey, so erinnern wir noch, daß man bei der Auswahl dieser Frucht um desto mehr auf seiner Hut seyn müsse, da man das wesentliche Oel derselben durchs Auspressen erhält, wodurch dieses Oel stets mit dem eigenthümlichen Geschmacke der Frucht geschwängert wird. Dies führt uns auf die Beobachtung, daß, wenn die Früchte, welche man zur Erhaltung des Oels auspreßt, mit einem unangenehmen Geschmacke beladen sind, die daraus entstehenden Liqueure noch mehr davon annehmen, als diejenigen, die man durch Destillation dieser Früchte bereitet, da hiedurch der größte Theil des grusichten

Geschmacks zerstört wird. Hieraus begreift man leicht, wie nöthig es sey, die Früchte, welche zur Zusammensetzung der Liqueure, vermittelst der Auspressung und des Aufgusses kommen, gehörig auszuwählen.

Wenn man eben so viel, als zur ersten Zusammensetzung gekommen, Bergamotten und Pomeranzen ausgesucht hat, so gießt man acht Pinten unsers rektifizirten Weingeistes in einen Napf von Steinzeuge, schälet dann die gelbe Rinde dieser Früchte fein ab, nimmt darauf eines nach dem andern dieser Schälchen, drückt sie über dem Weingeiste aus, tunkt sie senkrecht ein, und wirft sie in einen dabeistehenden Napf. Wann dies geschehen ist, so gießt man denselbigen Weingeist auf die ausgedrückten Schalen, läßt ihn eine Stunde, wenn der Thermometer zwanzig Grad über dem Eispunkte ist, oder zwei Stunden, wenn er sechs Grad unter dem Temperirpunkte ist, darauf stehen, seihet die Flüssigkeit durch, hebt sie auf, schüttet die Schalen nebst vier Pinten Wasser in eine Blase, und lässet bis zum sieben und siebenzigsten Grade destilliren; nimmt dann alles aus einander, mischt das Produkt mit dem aufgehobenen Geiste, und nimmt die Zusammensetzung, wie oben erwähnt, vor.

Limette, (eau de limette).

Man nennt eine kleine saure Pomeranze Limen oder Bigaraden. Der Baum, welcher diese Frucht trägt, ist von mittelmäßiger Höhe. Die Frucht hat eine stärkere und unebenere Rinde, welche stärker riecht, und bitterer ist, als die der süßen Pomeranzen, ihr Mark ist auch nicht so gelb, und der Saft darin nicht so häufig, als in letztern.

Von den Liqueuren.

Man erziehet diese beiden Gattungen Pomeranzen sorgfältigst in unsern Gärten. In den hierischen Inseln aber und auf den Küsten von Provence sind sie so gemein, daß sie diesen Ländern eigenthümlich zu seyn scheinen, wo sie angenehme Wälder bilden, deren unveränderliches Grün durch die unaufhörlichen Früchte erhoben wird. Wenn diese Frucht die gehörige Reife auf dem Baume erlangt hat, so giebt ihre Schale mehr Bitterkeit als der süßen Pomeranzen ihre zu erkennen; doch ist der Geruch der Bigarade lebhafter und angenehmer.

Wenn man zwei bis drei Bergamotten und zwei bis vier und zwanzig saure Pomeranzen ausgesucht hat, deren Schale völlig gelb, und deren Saft weniger sauer ist, so schälet man sie fein ab, und läßt die Schälchen auf einen Teller von Delfter fallen. Hat man nun eine gewisse Menge dieser Früchte abgeschält, so wirft man die Schalen in eine Blase, gießet neun Pinten gemeinen Weingeist darauf, stellt sie ins Wasserbad, bedeckt sie mit einem blinden Helme, verkleibt die Fugen, stellt den Thermometer ins Bad, und erhält die Flüssigkeit drei Tage lang, täglich zwölf Stunden, im siebenzigsten Wärmegrade. So oft die Flüssigkeit erkaltet, so rührt man sie stark mit einem Stabe um, welcher in die Tubulatöffnung eingebracht wird. Zwanzig Stunden darnach nimmt man das Gefäß ab, gießt die Flüssigkeit durch, hebt die Tinktur auf, und schüttet eben diese Schalen mit sechs Pinten Flußwasser in die Blase, erhitzt die Flüssigkeit bis zum funfzigsten Grade, und läßt die Flüssigkeit vier und zwanzig Stunden erkalten. Man nimmt die Vorrichtung aus einander, seihet, wie oben, durch, wirft die Schalen weg, mischt diese zweite Tinktur mit der aufgehobenen, schüttelt das Gefäß um, und läßt es vierzehn Tage stehen, worauf man auf die gehörige Weise zur Destillastillation schreitet. Die zur Tinktur genommene Menge Wasser löset die in der Frucht enthaltenen scharfen Salze auf, und nimmt so viel von diesen fremdartigen Theilen in sich, daß man sie im Ueberbleibsel wieder findet, wenn die Destillation nach den Regeln der Kunst vollendet wird.

Will man nun zur Zusammensetzung dieses Liqueurs übergehen, so schäumet man neunzehn Pfund Zucker auf die angegebene Weise ab, und ziehet, wenn der aufgestiegene Schaum weis, und der Sirop zum Faden (au lissé) gesotten ist, das Gefäß vom Feuer, preßt den Saft von zwölf der abgeschälten sauren Pomeranzen aus, seihet ihn durch, gießt ihn in den bereiteten Sirop, und rühret beide zusammen stark um, setzt dann den stark riechenden aromatischen Geist dazu, rühret nochmals um, gießt das Gemisch in ein Gefäß, läßt es stehen, kläret es mit Eiweis ab, ziehet, wenn der Liqueur sich aufgehellet hat, denselben mit einem Heber herunter, seihet den Bodensatz durch, und hebt alles zum Gebrauche auf.

Limette, zweite Zusammensetzung, die wir Bigaradewasser nennen wollen.

Wenn man eben so viel Früchte und von gleicher Güte, als wir zu dem Limettenwasser genommen, ausgesucht hat, so gießt man acht Pinten unsers rektifizirten Weingeistes in einen Napf von Steinzeug, wischt die Früchte mit einer feinen Serviette gelinde ab, und schälet ihre gelbe Schale fein ab, wenn man fünf oder sechs Früchte geschälet hat, so nimmt man die Schälchen eines nach dem andern zwischen den Daumen und den Zeigefinger, drückt sie in den Weingeist aus, faltet sie dabei auf verschiedene Weise, so daß alle die kleinen Zellen, worin die wesentlichen Oelkügelchen sind,

zer-

zerrissen werden, taucht sie senkrecht ein, und wirft sie dann in einen daneben stehenden Napf. Wenn dies zu Ende ist, so gießt man eben den Weingeist auf die ausgedrückten Schalen, lässet ihn anderthalb Stunden, wenn der Wärmemesser zwanzig Grad über dem Eispunkte, und zwei Stunden lang, wenn er sechs Grad unter Temperirt steht, damit infundiren, seihet dann die Flüssigkeit durch, hebt sie auf, schüttet mit vier Pinten Wasser die Schalen in eine Blase, und läßt es bis zum acht und siebenzigsten Grade destilliren; nimmt die Vorrichtung ab, mischt das Produkt mit dem aufgehobenen Weingeiste, und gehet dann zur Zusammensetzung über, wie bei dem Bergamottenwasser gemeldet worden.

Cedra, (eau de cedrat).

Obgleich der Geruch und der Geschmack der Zitronenschale einigermaßen mit der Cedraschale verwechselt werden könnte, so macht doch die Feinheit und Anmuth des Wohlgeruchs, welchen das aus der Schale dieser Frucht erhaltene wesentliche Oel ausdampft, daß Kenner sie leicht von den Produkten aus der Zitrone unterscheiden. Da aber die meisten unserer Destillirer in Erfahrung gebracht haben, daß nur feine Zungen im Stande sind, einen Unterschied zu bemerken, so setzen sie an ihre Stelle die Zitronenschale, da der Preis dieser Frucht sieben, acht bis neunmal geringer, als der Preis der Cedra ist, und er sie desto eher in Stand setzt, diesen Liqueur wohlfeiler zu geben.

Wenn auch die Kräfte beider Schalen gleich seyn sollten, und blos die Annehmlichkeit der einen, die der andern überwiegen sollte, so thut doch der Künstler Unrecht, durch ein wohlfeileres Material das Publikum zu betrügen.

Die Cedras, die man uns aus Italien bringt, können unterwegs weder gerieben, noch gedrückt werden, da sie in Baumwolle künstlich eingepackt sind, behält man aber diese Frucht an einem allzu trocknen Orte auf, so trocknet die Frucht aus, und der belebende Geist verfliegt dergestalt, daß der daraus entstehende Liqueur mehr Bitterkeit, und viel weniger von jenem durchdringend angenehmen Geschmacke erhält, welcher sein Verdienst ausmacht.

Hat man nun zwölf bis vierzehn große Cedras ausgesucht, deren Rinde recht frisch, mehr dick als fein, und von einer schönen, lebhaft gelben Farbe ist, so schneidet man die Schale derselben fein ab, wirft sie in eine Blase, und gießet, wenn diese Arbeit zu Ende ist, neun Pinten gemeinen Weingeist in dieselbe Blase, setzt sie in ihr Wasserbad, bedeckt sie mit dem blinden Helme, verküttet die Fuge, setzt den Wärmemesser in das Bad, und erhält die Flüssigkeit drei Tage lang täglich zwölf Stunden im siebenzigsten Grade der Wärme, rühret, so oft die Flüssigkeit erkaltet, dieselbe mit einem in die Tubulatöfnung eingebrachten Stabe um, und läßt sie vier und zwanzig Stunden lang verkühlen. Dann nimmt man das Gefäß ab, seihet die Flüssigkeit durch, und hebt die Tinktur auf; schüttet dann die Schalen mit vier Pinten Flußwasser in dieselbe Blase, bedeckt sie mit ihrem blinden Helme, erhitzt sie bis zum funfzigsten Grade, und läßt sie vier und zwanzig Stunden lang verkühlen. Man nimmt die Vorrichtung weg, seihet, wie oben, die Flüssigkeit durch, wirft die Schalen weg, mischt diese zweite Tinktur zu der aufgehobenen, rührt das Gefäße um, läßt es vierzehn Tage lang stehen, und schreitet zur Destillation, wie beim Bergamottenwasser erwähnt worden.

Will

Will man die Zusammensetzung vornehmen, so lässet man neunzehn Pfund Zucker nach den Regeln der Kunst abschäumen, und wenn der aufgestiegene Schaum weis ist, so läßt man den Sirop zum Fluge (fort boulet) einsieden, ziehet das Gefäß vom Feuer, gießt nach und nach eine Pinte gutes Melissenwasser und einen Schoppen Pomeranzenblütwasser ohne grusichten Geschmack darunter, drückt den Saft von acht italienischen Zitronen aus, seihet ihn durch, und thut ihn dazu; tröpfelt, wenn alles erkaltet ist, fünf bis sechs Tropfen meiner Ambraessenz in den gewürzhaften Geist, schüttelt das Gefäß stark um, mischt diesen Geist mit dem Sirope, gießt alles in Flaschen, lässet es drei bis vier Tage ruhig stehen, kläret es mit Eiweis ab, ziehet, wenn der Bodensatz gesunken ist, das Helle herunter, seihet den Bodensatz durch, und bringt den Liqueur in Verwahrung, ohne daß man davon unter einem halben Jahre Gebrauch mache.

Cedra, zweite Zusammensetzung.

Hat man dieselbe Menge, als in vorhergehender Formel, Cedras ausgesucht, so gießt man acht Pinten unsers rektifizirten Weingeistes in einen Napf von Steinzeuge, schneidet die gelbe Schale dieser Frucht in dünnen Schälchen dergestalt herunter, daß nichts Weises dran hängen bleibe, drückt sie, wie schon gesagt, über dem Weingeiste aus, taucht sie gerade hinein, um die ölichten Theilchen, die an ihrer Oberfläche hängen geblieben, loszumachen, und wirft sie in den daneben stehenden Napf, gießet, wann dies zu Ende ist, den Weingeist auf die ausgedrückten Schalen, läßt ihn zwei Stunden lang darüber stehen, wenn der Wärmemesser zwanzig Grad über dem Gefrierpunkte ist, und drei Stunden lang, wenn er sechs Grad unter Tem=
perirt

perirt steht, seihet die Flüssigkeit durch, hebt sie auf, wirft die Schalen in eine Blase, gießt vier Pinten Wasser darauf und destilliret bis zum acht und siebenzigsten Grade: nimmt alles aus einander, mischt das Produkt zu dem aufgehobenen Weingeiste, und schreitet zur Zusammensetzung auf vorhin gemeldete Weise.

Parfait Amour (vollkommene Liebe).

Dieser Liqueur, der seinen Ruhm blos dem Namen und der Farbe zu danken hat, welche ihm Solmini gab, ist vom Cedrawasser nur durch seine rothe Farbe verschieden. Obwohl die Koschenille Heilkräfte besitzt, so bin ich doch überzeugt, daß die wenige Kraft derselben von den Fruchttheilen verschluckt wird, die in die Zusammensetzung dieses Liqueurs eingehen. Will man also unsere beiden Cedraliqueure in vollkommene Liebe umschmelzen, so stößt man zwei Unzen Koschenille zu gröblichem Pulver, schüttet sie in den auf obige Art bereiteten aromatischen Geist, läßt es sieben oder acht Tage ausziehen, und schüttelt das Gefäß zwei bis drei Mal des Tags um; man läßt es setzen, gießt diese erstere Tinktur durch Neigung des Gefäßes herunter, gießt dann drei Schoppen Melissenwasser und einen Schoppen Pomeranzenblütwasser auf das Rückbleibsel der Koschenille, läßt es noch zwei bis drei Tage ziehen, schüttelt die Flüssigkeit gleichfalls um, läßt gleiche Menge, wie zum Cedra, Zucker abschäumen, und zum Fluge sieden, ziehet das Gefäß vom Feuer, gießt diese zweite Tinktur, nebst dem Koschenilpulver allmälig in den Sirop, setzt dann gleiche Menge Zitronensaft darzu, rühret die Flüssigkeit um, mischt, wann der Sirop gänzlich erkaltet ist, den gewürzhaften Cedrageist darunter, schüttelt das Gemisch stark um, läßt es drei bis vier Tage stehen, und kläret es mit einem ein-

einzigen Eiweiße, welches in einer Viertelpinte Brun⸗
nenwasser geschlagen worden, ab, da die Koschenille die
Abklärung erleichtert.   Will man unserm Cedra der
zweiten Zusammensetzung die Farbe geben, so setzt man
zur Koschenille ein Stückchen Lackmus (pierre de
tournesol), da die blaue Farbe des letztern erstere ver⸗
hindert gelb zu werden.

Herzstärkendes Wasser der sechs gewürzhaften Früchte (eau cordiale des six fruits aromatiques).

Schon lange fabriziren unsere Destillirer den Li⸗
queur von den sieben Samen, und den Ratafia der vier
rothen Früchte, aber keinem unter ihnen ist es noch
eingefallen, den Liqueur der aromatischen Früchte zu⸗
sammen zu setzen.   Da ich nun wahrnahm, daß die
Gattungen von Liqueuren, die aus ihrer Verbindung
entspringen, nicht nur höchst angenehm, sondern auch
von gleichen Kräften sind, welche die Aerzte jeder die⸗
ser Frucht beigelegt haben, so glaubte ich, man würde
folgende Vorschrift mit Vergnügen aufnehmen.

Vier Cedras, sechs Zitronen, sechs Pomeran⸗
zen, zwei Bergamotten, zwei Bigaraden, eine Pon⸗
cire.   Hat man diese Früchte wohl ausgesucht, so schä⸗
let man ihre gelben Schalen fein ab, wirft sie in eine
Blase, und gießet, wenn man damit zu Stande ist,
neun Pinten gemeinen Weingeist in die Blase; stellt
sie ins Wasserbad, deckt den blinden Helm drauf, ver⸗
kleibt die Fuge, stellt den Wärmemesser in das Bad,
und erhält die Flüssigkeit drei Tage lang, täglich
zwölf Stunden, im siebenzigsten Wärmegrade; rühret,
so oft die Flüssigkeit erkaltet, dieselbe, wie gesagt, um,

läßt sie vier und zwanzig Stunden erkalten, und nimmt dann das Gefäß ab, seihet die Flüssigkeit durch, und hebt die Tinktur auf; schüttet dann die Schalen mit sechs Pinten Flußwasser in ebendieselbe Blase, bedeckt sie mit dem blinden Helme, erwärmt sie bis zum funfzigsten Grade, lässet es erkalten, bricht die Vorrichtung ab, seihet die Flüssigkeit, wie oben gedacht, durch, wirft die Schalen weg, mischt diese Tinktur mit der aufgehobenen, läßt sie vierzehn Tage stehen, und schreitet, wie folget, zur Destillation.

Man gießt das Gemisch in eine Blase, setzt sie ins Wasserbad, deckt den mit seinem Abkühler versehenen Hut darauf, fügt die Schlangenröhre nebst der Vorlage an, und erhitzt die Flüssigkeit; gießt dann, sobald etwas herüber zu gehn anfängt, kaltes Wasser auf den Hut, so wie die Tropfen häufiger werden, und so lange bis sie einen Strahl bilden; dann füllt man den Abkühler an, und erneuert das Wasser darin, sobald es laulicht zu werden anfängt.

Ich erinnere, daß diese Destillation im fünf und siebenzigsten Grade anfängt, und im achtzigsten Grade beendigt seyn muß, worauf man die Vorlage verändert, bis zum kochenden Wasserpunkte destilliren läßt, und letzteres Produkt aufhebt, um sich desselben bei einer zweiten Bereitung, doch nur nach geschehener Rektifikation, zu bedienen.

Gehet man zur Zusammensetzung über, so drückt man den Saft der Pomeranzen und Zitronen, welche abgeschälet worden, aus, seihet ihn durch, mischt ihn mit dem Sirope, und befolgt übrigens gleiches Verfahren, wie beim Cedra erwähnt worden.

Herz=

Herzstärkendes Wasser der gewürzhaften Früchte, zweite Zusammensetzung.

Hat man gleiche Menge Früchte wohl ausgesucht, so wischt man sie äußerlich mit einem feinen Tuche ab, gießt acht Pinten rektifizirten Weingeist in ein Gefäß, schneidet dann die gelben Schalen herunter, drückt sie zwischen den Daumen und Zeigefinger aus, taucht sie in den Weingeist, und läßt sie, wie oben, im Aufgusse stehen.

Man hebt die Flüssigkeit auf, schüttet die Schalen, nebst vier Pinten Flußwasser in eine Blase, läßt es bis zum acht und siebenzigsten Grade destilliren, nimmt die Vorrichtung aus einander, mischt das Produkt mit dem aufgehobenen Weingeiste, wirft die Schalen weg und befolgt gleiches Verfahren, wie bei der ersten Zusammensetzung.

Man kann zwar die säuerlichen Säfte der Pomeranzen, Zitronen, u. s. w. bei diesen verschiedenen Liqueuren, ohne Beeinträchtigung ihrer Annehmlichkeit, weglassen, doch mildern sie die Thätigkeit des brennenden Geistes dergestalt, daß sie damit eine Art von herzstärkenden Weinen von der besten Güte bilden, obgleich mit der kleinen Unbequemlichkeit, daß sie längere Zeit brauchen, um ihre Vollkommenheit zu erlangen. Wenigstens bildet die Hinzuthuung, oder Weglassung dieser Säfte zwei verschiedene höchst angenehme Liqueure.

Scubak.

Diesen Liqueur haben die Irländer erfunden, welche zuerst die Safranblüte mit einem Gerstentranke auszogen ließen, und, nachdem sie die Tinktur dieser Blüte erhalten hatten, Zucker auflösten und Weingeist hin=

hinzufügten, da sie dann diesen Liqueur ohne irgend eine andere Vorbereitung tranken.

Wenn man die Staubfäden der Safranblume zu diesem Liqueure anwenden will, so bekommt man nur die Hälfte von der Wirksamkeit derselben, wenn man sie blos der Destillation mit Brantweine unterwirft. Dies Verfahren übten unsere Destillirer aus, da sie Scubak von allen Farben verfertigen wollten, und da sie es verließen, fielen sie in einen andern Fehler, daß sie nämlich eine Menge Gewürze zu dessen Verfertigung nahmen, Wacholderbeeren, grünen Anis, Zimt, Koriander, Angelikwurzel, Gewürznelke, Muskatenblumen und Brustbeeren. Diese Ingredienzen scheinen die Kräfte des Safrans eher zu verändern, als zu erhöhen, ich ließ sie also weg, und bestrebte mich, blos das scharfe, sehr feine und flüchtige Salz des Safrans davon zu entfernen, und nur seine Bestandtheile zu erhalten. So einfach und leicht auch die Mittel sind, die ich dazu vorschlage, so erfordern sie doch alle mögliche Aufmerksamkeit, die mindeste Nachlässigkeit im Verfahren kann beträchtliche Veränderungen in dem Liqueure zu Wege bringen

Will man ihn gehörig bereiten, so wählet man zwölf Unzen Safranblüte aus dem Gatinesischen, von demselben Jahre, welche von schöner röthlichen Farbe, wohl angefüllt mit seinem gummiharzigen Wesen und von angenehmem balsamischen Geruche ist. Man schüttet diese Blüten in eine Konfektpfanne, mit vier bis fünf Pinten Flußwasser, setzt es auf einen Ofen, legt Feuer an, und unterhält die Flüssigkeit drei bis vier Stunden im sechzigsten Wärmegrade. Man schüttet alles in ein Sieb, welches man vorher auf einen unglasurten Napf gestellt hat, lässet die Flüssigkeit völlig abtröpfeln, schüttet dann die Safranblüten in eben
dies

Von den Liqueuren. 45

dies Gefäß mit drei Pinten Wasser, um eine zweite Tinktur heraus zu ziehen, erhitzet und seihet es durch, wie vorher. Noch eine dritte Tinktur ziehet man mit drei Pinten Wasser, die man in eben dies Gefäß gegossen hat, heraus. Wann die Blumen wohl abgetröpfelt sind, so wirft man sie mit Hinzugießung von neun Pinten gemeinen Weingeistes in eine Blase, gießt die Tinktur davon ab, schüttet die Blüten in eben diese Blase mit vier Pinten Wasser, setzt sie ins Wasserbad, bedeckt sie mit dem blinden Helme, verkleibt die Fuge, und unterhält die Flüssigkeit acht und vierzig Stunden lang im sieben und siebenzigsten Grade des reaumürischen Thermometers. Nun nimmt man den Deckel ab, setzt den Hut mit seinem Abkühler darauf, fügt die Schlangenröhre nebst der Vorlage an, verkittet die Fugen, und destillirt nach den Regeln der Kunst bis zur Hitze des kochenden Wassers. Man nimmt alles aus einander, hebt den Geist auf und schreitet zur Zusammensetzung.

Zu diesem Ende schlägt man ein und zwanzig Pfund Zucker in Stücken, wirft sie in eine Pfanne, und schüttet fünf bis sechs Pinten Safrantinktur darzu, in deren einer man vorher drei Eiweise geschlagen hat. Man schäumet ihn ab, und gießt, so wie der Sirop aufzuwallen und in die Höhe zu steigen anfängt, nach und nach etwas zurückbehaltene Safrantinktur darzu. Nach geschehener Abschäumung gießet man die übrige Tinktur darzu, und kocht alles zur Konsistenz des Sirops, ziehet das Gefäß vom Feuer und lässet es erkalten. Dann läßt man sieben bis acht Tropfen unserer Ambraessenz in dem aufgehobenen Safrangeiste zergehen, fügt noch einen Schoppen aus Angelikstengeln gezogenen Geistes dazu, und gießt alles in das Gefäß, worin der Sirop ist, man rühret das Gemisch stark unter einander, lässet

set es drei bis vier Tage stehen, und kläret es mit drei Eiweisen, welche man in einer Viertelpinte Brunnenwasser geschlagen hat. Ist der Liqueur aufgehellet, so ziehet man ihn mit einem Heber herunter, hebt das Rückbleibsel auf, um sich desselben, wie folget, zu bedienen.

Bei einer zweiten Bereitung gießet man den durch die Destillation aus den Staubfäden des Safrans erhaltenen gewürzhaften Geist auf das aufgehobene Rückbleibsel, schüttelt ihn drei bis vier Tage lang stark um, läßt ihn setzen, ziehet das Helle herunter, seihet den Bodensatz durch und mischt den Geist mit dem Safransirope, den man zu dieser zweiten Bereitung verfertigt hat.

Durch dies verschiedne Verfahren haben wir, wie man deutlich sieht, nicht nur alle Grundtheile der Safranblüte ausgezogen, sondern der daraus entstehende Liqueur ist auch um desto angenehmer, da auf die Art, wie wir die Tinktur herausziehen, jenes flüchtige Salz verdampft, welches in der Zusammensetzung dieser Blüte befindlich, und von so ausnehmender Schärfe ist, daß es bei seiner Verdampfung die Augen angreift, und dem Liqueure einen widrigen Geschmack mittheilt, welcher dem Geschmacke desto mehr auffällt, da er sich besonders bei der Ausziehung der Safrantinktur in einem verschlossenen Gefäße deutlich zeigt, man mag ein wässeriges oder geistiges Auflösungsmittel dazu angewandt haben.

Dieser scharfe Grundtheil mag wohl, als Arznei angewandt, seinen Nutzen haben, in einem geistigen Auflösungsmittel aber hielt ich es für schädlich, und suchte es auf diese Weise zu entfernen. Sollte ich mich gar bei der Bemühung, das Angenehme mit dem Nützlichen zu vereinigen, geirret haben, so kann man meinen Fehler leicht verbessern. Doch kann ich versichern, daß

daß mein Liqueur vielleicht der schmackhafteste unter allen
erfundenen ist, und daß ihm die Namen, Gewürz
der Weisen, Fröhlichkeitsarznei u. s. w. eher zu
kommen, als der Name Scubak, den ihm die Irlän=
der gaben.

Angelik (eau d'Angelique.)

Ich habe bemerkt, daß, obgleich die Samen und
die Wurzeln dieses Gewächses eine größere Menge we=
sentliches Oel, als die Stengel liefern, diese jedoch
zum Behufe unserer Liqueure vorgezogen werden müs=
sen, da ich in Erfahrung gebracht habe, daß das aus
den Wurzeln und dem Samen der Angelike gezogene
Oel nicht nur mehr Schärfe bei sich führt, sondern daß
auch der daraus erhaltene gewürzhafte Geist fast stets
mit einem Geschmacke nach einem schmierigen Oele an=
gefüllt sey, wovon man ihn nicht anders befreien kann,
als durch Verdünnung mit sechs Pinten Flußwasser
und nach vierzehn Tagen darauf angestellte Rektifika=
tion. Da ich nun bemerkte, daß die Bestandtheile,
welche man aus den Angelikstengeln, entweder durch
Aufguß oder durch Destillation ziehet, ein wesentliches
Oel geben, dessen Geruch und Geschmack viel ange=
nehmer, als das aus den Wurzeln erhaltene ist, so ent=
schloß ich mich desto eher, statt diesen, die Stengel die=
ser Pflanze zu nehmen, da man aus ihnen so viel
Kräfte der Angelike in unsern Liqueur bringen kann,
als die Tinktur dieser Wurzeln nur immer haben mag.

Will man künstlerisch dabei zu Werke gehen, so
suchet man vollsaftige und solche Angelikstengel aus,
die allen möglichen Grad von Reife und Wachsthum
erhalten haben, säubert sie von ihren kleinen Aesten und
Blättern, schneidet dann anderthalb Pfund davon in
Stücken, thut vier Unzen frische Wacholderbeeren hin=
zu,

zu, schüttet beides mit neun Pinten gemeinem Weingeiste und sechs Pinten Flußwasser in eine zinnerne Blase, stellt dieselbe ins Wasserbad, bedeckt sie mit dem blinden Helme, verkleibt die Fuge, setzt den Wärmemesser ins Bad, und erhält die Flüssigkeit drei Tage lang, täglich zwölf Stunden, im siebenzigsten Wärmegrade; rühret, so oft die Flüssigkeit erkaltet, dieselbe mit einem Stabe stark um, der durch die Tubulatöfnung eingebracht worden, lässet es vier und zwanzig Stunden erkalten, nimmt dann den Helm ab, bedeckt die Blase mit dem mit seinem Abkühler versehenen Hute, fügt die Schlangenröhre nebst der Vorlage an, verkittet die Fugen und schreitet nach den Regeln der Kunst zur Destillation. Wenn nun der Wärmemesser zum ein und achtzigsten Grade gestiegen ist, so verändert man die Vorlage, und lässet noch bis zum kochenden Wasserpunkte laufen, welches Produkt man bis zu einer zweiten Bereitung aufhebt, wo man sich dessen nicht eher, als bis nach geschehener Rektifikation, bedient. Dann gießt man vier bis fünf Tropfen unserer Ambraessenz in den Angelikgeist, schüttelt ihn um, und hebt ihn auf, bedient sich aber desselben vor drei bis vier Monaten nach seiner Destillation nicht; oder man gießt diesen Geist in dieselbe Blase, bedeckt sie mit dem blinden Helme, verkittet die Fuge auf das genaueste, und erhält diese Flüssigkeit drei bis vier Tage in dem zum Aufgusse nöthigen Wärmegrade; läßt, wenn man zur Zusammensetzung übergehet, neunzehn Pfund Zucker auf die gewöhnliche Weise abschäumen, und nimmt, wenn der aufgestiegene Schaum weis ist, das Gefäß vom Feuer. Diese Menge Zucker muß zehn bis eilf Pinten Sirop ausmachen, zu welchem man, wenn er erkaltet ist, den gewürzhaften Geist in eben das Gefäß gießt, das Gemisch stark umrührt, es dann in große gläserne Flaschen, oder in eine wohlverstopfte Kruke

Kruke thut, drei bis vier Tage stehen läßt, es dann mit zwei Eiweisen abklärt, die in einer Viertelpinte Brunnenwasser geschlagen worden, endlich das Helle herunter zieht, den Bodensatz durchseihet, und den Liqueur zum Gebrauche aufhebt.

Angeliktinktur.

Man sucht die stärksten, äußerlich braunen, inwendig aber weisen, nicht wurmstichichen, böhmischen Angelikwurzeln aus, welche von angenehmem, dem Moschus einigermaßen ähnelndem Geruche, und von scharfem, gewürzhaftem Geschmacke sind, säubert sie von ihren harichten Zasern, schneidet vier Unzen davon klein, schüttet sie mit zwei Pinten rektifizirtem Weingeiste in eine Blase, setzt sie ins Wasserbad, bedeckt sie mit dem blinden Helme, verkittet die Fuge aufs genaueste, setzt den Wärmemesser ins Bad, und erhält die Flüssigkeit drei Tage lang im siebenzigsten Wärmegrade. Sobald die Flüssigkeit völlig erkaltet ist, nimmt man das Gefäß ab, seihet dieselbe durch, setzt zwei Löffel voll Zitronengeist darzu, und hebt diese Tinktur zum Gebrauche auf.

Angelik, zweite Zusammensetzung.

Hierzu wählt man Angelikstengel, wie zuvor, schneidet anderthalb Pfund davon in Stücken, schüttet sie in eine Konfektpfanne mit sechs Pinten Flußwasser, bringt das Gefäß übers Feuer, und erhält die Flüssigkeit zwei Stunden lang im acht und siebenzigsten Wärmegrade, ziehet das Gefäß vom Feuer, lässet es zwölf Stunden verkühlen, seihet die Flüssigkeit ab, und schüttet sie weg; lässet die Stengel wieder trocken werden, schüttet sie mit acht Pinten unsers rektifizirten

Weingeistes in eine Blase, setzt sie ins Wasserbad, bedeckt sie mit dem blinden Helme, und läßt den Aufguß drei Tage lang in vorher erwähntem Wärmegrade stehen. Wenn die Flüssigkeit wohl erkaltet ist, so seihet man sie durch, wirft die Angelikstengel in eine Blase, gießt vier Pinten Wasser darüber, und läßt bis zum acht und siebenzigsten Grade destilliren. Dies letztere Produkt mischt man mit dem erstern, setzt vier bis fünf Tropfen unserer Ambraessenz hinzu, und befolgt übrigens gleiches Verfahren, wie bei der ersten Zusammensetzung.

Wacholder (eau de genièvre).

Man sucht die schwarzesten und frischesten Wacholderbeeren, deren Oberhäutchen noch prall und gespannt ist, aus. Da sie einer innern Gährung und Verderbniß leicht unterworfen sind, so kauet man einige von diesen Beeren, welche nicht voll zu seyn scheinen, und liest alle diejenigen heraus, welche einen sauren und schimlichten Geschmack haben. Von diesen wohlausgewählten Beeren nun schüttet man zwei Pfund in kaltes Wasser, wäscht sie zwischen den Händen, trocknet sie mit einem Tuche ab, stößt sie in einem marmornen Mörsel, und rühret den erhaltenen Teig mit zwei Pinten Flußwasser an; schüttet diese Flüssigkeit mit vier Unzen zerschnittenen Angelikstengeln in eine Blase, gießt neun Pinten gemeinen Weingeist drauf, setzt den blinden Helm auf die Blase, und läßt es acht und vierzig Stunden im siebenzigsten Wärmegrade im Aufgusse stehen, nimmt dann den Deckel ab, setzt den mit seinem Abkühler versehenen Hut auf die Blase, fügt die Schlangenröhre nebst der Vorlage an, und läßt bis zur Hitze des kochenden Wassers destilliren. Man nimmt die Vorrichtung ab, spült das Gefäß aus, gießt
das

das Produkt nebst sechs Pinten Wasser herein, bedeckt die Blase mit dem blinden Helme, und hitzt, wie oben. Man nimmt den Deckel ab, bedeckt die Blase mit dem mit seinem Abkühler versehenen Hute, fügt die Schlangenröhre nebst der Vorlage an, verkleibt die Fugen, setzt den Wärmemesser ins Bad, und schreitet zur Rektifikation. Wann der Wärmemesser zum ein und achtzigsten Grade gestiegen ist, so verändert man die Vorlage, und lässet bis zum Punkte des siedenden Wassers laufen; man hebt dies letztere Produkt auf, um sich dessen, jedoch nicht ohne vorhergegangener Rektifikation, bei einer zweiten Zusammensetzung zu bedienen.

Will man die Zusammensetzung vornehmen, so läßt man neunzehn Pfund Zucker nach der Kunst abschäumen, und wenn der aufsteigende Schaum weis ist, so ziehet man das Gefäß vom Feuer. Diese Menge Zucker muß eilf Pinten Sirop geben, in welchen, wenn er erkaltet ist, man in eben das Gefäß den aromatischen Geist gießt, das Gemisch stark umrührt, es drei oder vier Tage stehen läßt, dann den Liqueur nach unserer Methode klärt, und ihn zum Gebrauche aufhebt.

Wacholder, zweite Zusammensetzung.

Wenn man dieselbe Menge Beeren und von eben der Güte, wie oben, ausgesucht hat, so schüttet man sie mit sechs Pinten Flußwasser in eine Pfanne, setzt das Gefäß übers Feuer, und erhält die Flüssigkeit zwei Stunden lang im zwei und siebenzigsten Grade der Wärme; man ziehet dann das Gefäß vom Feuer, und läßt es vier und zwanzig Stunden verkühlen, seihet die Flüssigkeit durch, und schüttet sie weg, trocknet die Beeren ab, schüttet sie mit neun Pinten unsers rektifizirten Brantweins in eine Blase, setzt sie ins Bad, bedeckt sie mit dem blinden Hute, verkleibt die Fuge, und läßt die Flüssigkeit drei Tage im siebenzigsten Grade im Aufgusse stehen; nimmt das Gefäß aus einander, seihet die Flüssigkeit durch, und hebt diese Tinktur auf, wirft dann die Beeren in eben die Blase, schüttet vier Pinten Wasser hinzu, und läßt es bis zum drei und achtzigsten Grade destilliren. Dies Produkt mischt man mit der aufgehobenen Tinktur, und befolgt übrigens genau dasselbe Verfahren, wie bei der ersten Zusammensetzung.

Wacholderratafia, dritte Zusammensetzung.

Man nimmt gleiche Menge Wacholderbeeren und eben so viel Angelik, wie oben, schüttet diese Gewächse nebst sechs Pinten Wasser in eine Pfanne und erhitzt sie bis zum zwei und siebenzigsten Grade, ziehet sie vom Feuer, läßt sie erkalten, seihet die Flüssigkeit ab, und läßt die Gewächse wohl abtröpfeln. Man schäumet neunzehn Pfund Zucker nach der Methode ab, nimmt das Gefäß vom Feuer, und wirft die Gewächse hinein. Dieser Sirop muß bis zum kleinen Faden (au petit lissé), das ist, so weit eingesotten seyn, daß diese Menge Zucker zwölf Pinten Sirop giebt. Vier und zwanzig Stunden hernach nimmt man das Gefäß übers Feuer und giebt gleiche Hitze, wie oben, welches Verfahren man dreimal wiederholet. Dann läßt man es erkalten, mischt neun Pinten abgezogenen Brantwein dazu, rühret das Gemisch um, jedoch dergestalt, daß die Beeren nicht zerdrückt werden. Dies zusammen gießet man in große Flaschen oder Kruken, seihet nach vier Tagen den Liqueur durch ein Haarsieb, und kläret ihn nach unserer gewöhnlichen Art.

Die mehresten Bereiter dieses Wacholderratafias, oder Wassers, stampfen ihre Beere oder lassen sie ganz
mit

mit Wasser oder Brantwein im Aufgusse stehen, und setzen Gewürznelken, Zimt, u. s. w. hinzu. Obgleich diese Gattungen Ratafia, verschiedenen Geschmacks von den unserigen, besondere Eigenschaften besitzen mögen, so habe ich doch für gut befunden, keinen andern Weg einzuschlagen, und wenn ich die Angelike statt der andern Ingredienzen, die man gewöhnlich zu diesem Liqueure nimmt, angewandt habe, so geschahe es in der Ueberzeugung, zu einem karakteristisch ausgezeichneten Liqueure, irgend eine andere aromatische Substanz nur in dem geringen Verhältnisse zusetzen zu dürfen, daß der Geruch und Geschmack, welcher herrschen soll, dadurch erhoben werde. Noch muß ich bemerken, daß, wenn unser Wacholderratafia nicht das Verdienst hat, von weiser Farbe zu seyn, seine Tugenden, obgleich von denen der übrigen Liqueure dieses Namens verschieden, nicht weniger ausgebreitet sind, und daß die Fettigkeit dieses Liqueurs wenigstens zu zeigen scheint, daß er eine größere Menge gummihaftes Oel enthält, welches seine schmeidigende Eigenschaft vermehren hilft.

Maraskin (marasquin).

Der Liqueur Maraskin genannt bestehet aus einer Gattung wilder Kirsche, welche nur in Dalmatien wächst. Diese Frucht ist gewürzhaft, und der Geschmack ihres Kerns gleicht fast unsern Haselnüssen, wenigstens ist dies die Meinung eines gelehrten Piemontesers, welcher im Dienste des verstorbenen Königes von Sardinien war, und sehr lange zu Venedig und zu Zara gelebt hat, wo er erfuhr, daß die Nothwendigkeit Anfangs die Entstehung des Gedankens zu Wege gebracht hat, diese Frucht zu Wein, zu Brantwein, dann aber zu dem Liqueure zu machen, welcher unter dem Namen Maraskin nur seit fünf und dreißig Jahren zu seiner Vollkommenheit gelangt ist.

Obgleich das über die Bereitung des Maraskins mir mitgetheilte Verfahren mir auf keine Weise Nutzen schaffen konnte, da es mir unmöglich fiel, die Frucht zu bekommen, welche die Grundlage desselben ausmacht, so habe ich mich doch entschlossen, die mir mitgetheilte Vorschrift beizubringen, da der aus dieser Art Kirschen gezogene gewürzhafte Geist mit gleicher Sorgfalt destillirt und rektifizirt zu seyn schien, als das Lebenswasser unserer alten Chemisten.

Man sammlet diese Früchte, wann sie ihre vollkommene Reife erreichet haben, säubert sie von ihren Stielen, zerstößt die Früchte und Kerne, schüttet sie in ein zu ihrer Gährung bestimmtes Faß, verdünnet dann mit dem Safte dieser Frucht eben so viele Pfunde weißen Honig, als man Zentner Kirschen zerstampft hat, und schüttet es in die Kuffe; man tritt es zusammen, und wenn die Flüssigkeit eben den Grad von Gährung erlangt hat, als man dem Weine giebt, so gießt man die Flüssigkeit in große Blasen, deren Boden vorher mit einem Roste versehen ist, welcher aus zwei Theilen bestehet, die an einander gefügt werden, und dessen Gitterwerk so dicht ist, daß die Trebern nicht auf den Boden des Gefäßes sinken können; die Blase wird mit dem Hute, welcher mit seinem Abkühler versehen ist, bedeckt, und die Destillation nach den Regeln der Kunst vorgenommen. Ein halbes oder ganzes Jahr nach der Verwandelung dieses Weins in Brantwein ziehet man letztern aus dem Wasserbade ab, und wiederholet diese Operation, so oft es nöthig befunden wird, das ist, bis der Geist von allem Fremdartigen befreiet ist, welches man an dem angenehmen Geruche

und

und Geschmacke dieser Flüssigkeit erkennet. Man läßt weisen Zucker in einer hinlänglichen Menge einfachen Wassers zergehen, mischt diesen Sirop mit dem Geiste, und läßt das Gemisch liegen, und alt werden.

Dieser Liqueur schien mir anfänglich, wegen der Unmöglichkeit, mir dergleichen Früchte zu verschaffen, unnachahmlich, brachte mich jedoch aber auf die Gedanken, andere Substanzen zu vereinigen, den ich dem Geruche und Geschmacke des Maraskins am ähnlichsten zu seyn glaubte. Da mir nun die Pfirschenblüte und der Kirschkern am schicklichsten zur Erreichung des vorgesteckten Zwecks zu seyn schienen, so legte ich Hand ans Werk und da die erste damit gemachte Probe mich hoffen ließ, ich würde ein anderes Mal noch besser zurecht kommen, so war ich zuerst dahin bedacht, woher der herbe Geschmack käme, den ich bemerkt hatte, und welcher einen Theil des lieblichen Geruchs meines Liqueurs verschluckte; deshalb behandelte ich die beiden angewendeten Substanzen jede besonders, ich wand dieselbigen Mittel an, und entdeckte, daß dieser unangenehme Geschmack, wenigstens dem größern Theile nach, von dem Oberhäutchen herrühre, welches zur Einhüllung des Kirschkerns dient. Da aber die Pfirschenblüte vorbei war, da ich diese zweite Probe endigte, und ich sie nicht wiederholen konnte, so schrieb ich die Bemerkungen auf, die ich über diesen Gegenstand gemacht hatte, und wiederholte meine Behandlungen, da ich im Stande war es zu thun, wie folgt.

Erste Operation.

Nachdem ich zwei Pfund frisch gesammelte Pfirsichblüte ausgesucht hatte, so schied ich die Blumenblätter und Staubfäden ab, schüttete sie mit fünf Pinten gemeinem Weingeiste in eine Blase, zerstieß dann gröblich sich die Kelche und Stempel, that sie nebst zwei Pinten Flußwasser in eine kleine Pfanne, und unterhielt diese Flüssigkeit eine Stunde lang im achtzigsten Wärmegrade, zog das Gefäß vom Feuer, und ließ es in freier Luft erkalten; schüttete alles in dieselbe Blase, stellte sie ins Wasserbad, bedeckte sie mit ihrem blinden Helme, verkleibte die Fuge, und erhielt die Flüssigkeit drei Tage lang täglich zwölf Stunden im ein und siebenzigsten Grade. Ich schritt nach den Regeln der Kunst zur Destillation, und als der Wärmemesser bis zum ein und achtzigsten Grade gestiegen war, so veränderte ich die Vorlage, und ließ noch bis zum Punkte des siedenden Wassers destilliren, darauf nahm ich die Vorrichtung ab und hob das letztere Produkt zu einer zweiten Bereitung auf, spülte die Blase aus, goß das erstere Produkt nebst zwei Pinten Wasser hinein, setzte sie ins Bad, bedeckte sie mit dem blinden Helme, verkittete die Fuge, erhitzte bis zum ein und siebenzigsten Grade, und ließ die Flüssigkeit eben so lange in Digestion stehen, als der Aufguß gewährt hatte. Als alles erkaltet war, nahm ich den Hut ab, bedeckte die Blase mit dem Helme, der mit seinem Abkühler versehen war, fügte die Schlangenröhre nebst der Vorlage an, und schritt zur Rektifikation. Diese Operation fängt im vier und siebenzigsten Grade an, zwischen welchem und dem neun und siebenzigsten sie beendigt seyn muß. Dann hob ich das Produkt auf, um mich desselben, wie hernach gesagt werden soll, zu bedienen; ich veränderte die Vorlage und ließ bis zum Grade des siedenden Wassers laufen, nahm die Vorrichtung ab, und goß dies letztere Produkt zu dem letztern der ersten Destillation.

Zweite

Zweite Operation.

Als die Kirschen in ihrer vollkommensten Reife waren, so nahm ich drei Pfund der größten Kerne derselben, schüttete sie mit einer Pinte Wasser in einen Napf von Steinzeuge, rieb sie in den Händen gegen einander, um das Häutchen los zu machen, welches sehr fest an der Kernschale hängt, und wann das Wasser von diesem Häutchen trübe geworden war, erneuerte ich es so oft, als nöthig. Als nun diese Kerne gänzlich gesäubert waren, legte ich sie auf Horden, setzte sie der Sonnenhitze zum Trocknen aus, bis die Haut, welche die Kerne (amandes) einwickelt, keinen Geschmack mehr von sich gab, und als diese Kirschkerne wohl getrocknet waren, zerstieß ich sie gröblich, die Kernen sammt den Schalen, schüttete sie mit vier Pinten rektifizirten Weingeist in eine Blase, bedeckte sie mit ihrem blinden Helme, verkleibte die Fuge, und ließ es acht und vierzig Stunden in eben dem Grade von Hitze, wie oben, im Aufgusse stehen; ließ es zwei Tage lang setzen, goß das Helle ab, und hob diese Kernentinktur auf, um den bald zu meldenden Gebrauch davon zu machen. Ich goß vier Pinten meines rektifizirten Brantweins auf die in der Blase zurückgebliebenen Hülsen, setzte sie ins Bad, deckte den blinden Helm darauf, verkittete die Fuge, und ließ es vier Tage lang in eben dem Grade von Wärme infundiren, mit der Vorsicht, bei jedesmaliger Erkaltung die Flüssigkeit mit einem Stabe umzurühren; ich ließ es vier und zwanzig Stunden setzen, goß das Helle ab, und mischte diese zweite Tinktur mit dem Pfirsichblütgeist, den ich aufgehoben hatte; goß zwei Pinten Flußwasser auf die in der Blase gebliebenen Trestern, rührte es von Zeit zu Zeit mit einem hölzernen Löffel um, seihete sie durch ein Haartuch, warf die Hülsen weg, und hob die Flüssigkeit zu nachfolgen=

dem Gebrauche auf. Um den hieraus entstehenden Liqueur weis zu erhalten, sollte man diese zweite Tinktur destilliren, nicht aber abgießen, ich gebe aber dem Aufgusse den Vorzug, da der daraus entstehende Liqueur schmackhafter und markichter ist. Ich goß allen aufgehobenen aromatischen Geist in eine Blase im Wasserbade, bedeckte sie mit dem blinden Helme, verkittete die Fuge aufs genaueste, und ließ sie im siebenzigsten Grade der Wärme vier Tage lang zirkuliren, schäumte, während dies geschah, achtzehn Pfund Zucker auf die gehörige Weise ab, siedere, als der aufgestiegene Schaum weis wurde, die Flüssigkeit zum Sirop ein, nahm das Gefäß vom Feuer, ließ es wohl verkühlen, und schüttete die zwei Pinten aus den Kirschkernen erhaltene milchichte Tinktur dazu; goß dann den vier Tage lang zirkulirten aromatischen Geist darauf, rührte das Gemisch stark um, füllte es in große gläserne Flaschen, die ich wohl verstopfte, ließ es acht Tage lang stehen, während, daß ich das Gefäß ein paar Mal des Tages umschüttelte, ich klärte die Flüssigkeit, und ließ sie sich aufhellen, zog das Helle herunter, seihete den Bodensatz durch, und mischte beides zusammen.

Befolgt man nun mein in diesem Artikel gemeldetes Verfahren mit gleicher Genauigkeit, so wird man finden, daß Geruch und Geschmack unsers künstlichen Maraskins eben so angenehm ist, als der mit dalmatischen Kirschen fabrizirte, welcher seinen Geruch und seinen Geschmack von der Schale und den Kernen dieser besondern Gattung von Kirschen hernimmt. Den brennenden Geist anlangend, den man aus dieser Frucht erhält, so kann er die Vergleichung mit unserm Weingeiste nur erst nach kunstmäßiger Rektifikation aushaken.

Was

Von den Liqueuren.

Was die erstere bitterere Tinktur anlangt, welche wir aus den Kirschkernen gezogen, und aufgehoben haben, so läßt man sieben bis acht Pfund Zucker gehörig abschäumen, und wenn er zum Faden gesotten ist, ziehet man das Gefäß vom Feuer, lässet es erkalten, gießet diese Tinktur herein, rühret das Gemisch um, gießet es in eine Flasche, und hellet es, wie gemeldet, ab.

Kirschkernwasser (eau de noyaux de cerises).

Man wiegt drei Pfund gesäuberte, und, wie gemeldet worden, getrocknete Kirschkerne ab, stampft sie, schüttet sie nebst acht Pinten unsers rektifizirten Brantweins in eine Blase im Wasserbade, bedeckt sie mit dem blinden Helme, kittet die Fuge zu, setzt den Wärmemesser ins Bad und erhält die Flüssigkeit sechs Tage lang, täglich zwölf Stunden, im siebenzigsten Wärmegrade; rühret, so oft die Flüssigkeit erkaltet, dieselbe mit einem in die Tubulatöfnung gebrachten Stabe stark um, läßt die Flüssigkeit drei bis vier Tage setzen, gießt das Helle ab, und hebt diese Tinktur auf. Auf die in der Blase zurückgebliebenen Trebern gießt man drittehalb Pinten Flußwasser, rühret das Gemisch stark mit einem hölzernen Löffel um, schäumet dann achtzehn Pfund Zucker ab, und läßt sie zum Fluge (fort boulet) einsieden; seihet, sobald der Sirop erkaltet ist, die Tinktur durch, wirft die Hülsen weg, gießt diese milchichte Flüssigkeit in das Gefäß, und setzt, wann sie sich wohl mit dem Sirop vereinigt hat, die aufgehobene geistige Tinktur dazu, schüttelt alles wohl unter einander, füllet den Liqueur in große gläserne Flaschen und hellet ihn auf unsere Art ab.

Aprikosenkernwasser (eau de noyaux d'abricots).

Seit ungefähr achtzehn Jahren, seitdem das Kernwasser in Aufnehmen gekommen, fabrizirt jeder dergleichen nach seiner Art. Der eine schüttet die ganzen Kernen mit gemeinem Brantweine in eine Kruke, und setzt es zwei bis drei Monate lang der Sonnenhitze aus; andere stampfen diese Kerne, und lassen gleichfalls Schalen und Kerne in einer gleichen Menge Brantwein im Aufgusse stehen; noch andere werfen die Schale weg, und lassen blos die mit ihrer Haut zerstoßnen innern Kerne im Aufgusse stehen, u. s. w. Nächstdem geschehen diese Aufgüsse am gewöhnlichsten in irdenen Kruken, deren Mündungen so übel gebildet sind, daß man sie fast unmöglich so genau verstopfen kann, daß dadurch die Ausdampfung der darin enthaltenen feinsten Geister verhindert werden könnte.

Ich werde hier dasjenige, was ich über den Brantwein gesagt habe, nicht wiederholen, da ich hinlänglich gezeigt zu haben glaube, wie nothwendig es sey, diese Flüssigkeit zu dem Grade von Einfachheit zu bringen, die sie, um den Grundtheil unserer Liqueure auszumachen, besitzen muß. Ich werde mich also blos auf die Bemerkung einschränken, daß alle die Tugenden, die man unserm Kernwasser beimessen kann, lediglich von den Bestandtheilen des innern Aprikosenkerns herrühren, und daß die Bestandtheile, sowohl der harten Schale, als auch des Häutchens, welches diese Mandel einhüllt, diesem Liqueure blos einen unangenehmen, besonders aber den Holzgeschmack mittheilen, welcher in allen Liqueuren merklich ist, zu welchen diese Substanz kömmt.

Wenn der Unterschied, welcher sich zwischen unserm Kernwasser und dem nach andern ihrer Methode berei=

bereiteten nicht so beträchtlich wäre, daß selbst die stumpfesten Sinne dadurch gerühret würden, so würde ich unterlassen haben, die folgende Vorschrift davon beizubringen, ich darf mich aber schmeicheln, daß meine angewandten Mittel für die besten gehalten werden können, und eine allgemeine Aufnahme verdienen. Wenn dieser Liqueur bis jetzt nur unter die Klasse der gemeinen Aquavite gesetzt worden ist, so geschah es, weil er noch nicht nach den Regeln der Kunst behandelt worden war.

Mein Verfahren bestehet darin, zuerst zwanzig Unzen wohl ausgewachsener Aprikosenmandeln auszusuchen; man wirft sie in kochendes Wasser, rühret mit dem Schaumlöffel, bis das Oberhäutchen der Mandel, zwischen den Fingern gedrückt, sich ablöst, nimmt dann das Gefäß vom Feuer, gießt die Flüssigkeit ab, wirft die Mandeln in kaltes Wasser und säubert sie von ihrer Schale, läßt sie dann trocknen, entweder in der Wärmstube, oder in der Sonnenhitze, bis sie sich brechen lassen; man zerstößt sie in einem marmornen Mörsel gröblich, schüttet sie nebst neun Pinten unsers rektifizirten Brantweins in eine Blase im Wasserbade, setzt den blinden Helm auf, verkleibt die Fuge, und erhält die Flüssigkeit sechs bis sieben Tage lang, täglich zwölf Stunden, im siebenzigsten Wärmegrade; rühret, so oft die Flüssigkeit erkaltet, dieselbe mit einem eingebrachten Stabe stark um, läßt sie zwei bis drei Tage setzen, nimmt das Gefäß ab, gießt das Helle herunter, schüttet drittehalb Pinten Flußwasser auf das Rückbleibsel, und läßt es noch drei bis vier Stunden unter öfterem Umrühren im Aufgusse stehen, seihet das Flüssige durch, schüttet die Treber weg, und gießt die milchichte Flüssigkeit zu dem aufgehobenen Kerngeiste.

Will

Will man zur Zusammensetzung schreiten, so schäumet man achtzehn Pfund Zucker ab, und wann der aufgestiegene Schaum weis ist, so läßt man es zum Fluge (fort boulet) einsieden; nimmt das Gefäß vom Feuer, lässet es erkalten, gießet einen Schoppen gutes Pomeranzenblütwasser darzu, rühret um, gießet dann den gewürzhaften Geist darauf, rühret nochmals stark um, und füllet das Gemisch in große gläserne Flaschen; läßt es drei bis vier Tage setzen, kläret dann, ziehet das Helle herunter, und seihet den ganzen Bodensatz in den Flaschen durch.

Wer sparen will, nimmt zu seinem Kernwasser eine Gattung Mandeln, welche aus Provence kommen, deren Bitterkeit schärfer, und viel weniger angenehm ist, als der Geschmack der Aprikosenmandeln.

Pfirschkernwasser (eau de noyaux de pêches).

Wir haben die Aprikosenkernschalen verworfen, weil sie dem Liqueur einen unangenehmen Geschmack mittheilen, und wenden dagegen die Schalen der Pfirschkerne an, da die daraus gezogene Tinktur nicht nur ölichter ist, sondern, da man auch bemerkt, daß die aus dieser Frucht genommenen Kerne den darüber gegossenen rektifizirten Brantwein zu einer Tinktur machen, welche die Annehmlichkeit des Geruchs und Geschmacks der Pfirsche und der Vanille besitzt. Da nun auf diesen balsamischen Theilen alle Anmuth und der größte Theil der Eigenschaften dieses Liqueurs beruht, so gießt man, um diese Grundtheile desto besser auszuziehen, zwei Pinten rektifizirten Brantwein in eine Vierpintenflasche, dessen Mündung weit genug ist, um die Kerne herein zu bringen, da man sie dann, sobald man sie aus den Pfirschen gelöst hat, dazu hineinschüttet. Sobald das

Von den Liqueuren.

Gefäß angefüllet ist, gießet man eben diese Menge rektifizirten Brantwein in eine andere Flasche, die man gleichfalls mit Pfirschkernen anfüllet, und so fort, bis man deren genug hat, um die gehörige Menge des zu bereitenden Liqueurs zu erhalten. Diese Flaschen lässet man so lange stehen, bis der Brantwein mit dem wesentlichen Oele der Pfirschkernen beladen ist. Will man den Aufguß beschleunigen, so schüttet man alles in eine Blase im Wasserbade, verkittet die Fuge und erhält die Flüssigkeit fünf bis sechs Tage lang im siebenzigsten Wärmegrade, rühret die Flüssigkeit, so oft sie erkaltet, um, läßt es sich setzen, nimmt das Gefäß ab, gießt das Helle herunter, auf die Hülsen aber eben so viel Schoppen Flußwasser, als man mit Brantwein und Kernen angefüllte Flaschen hatte. Dies lässet man noch fünf bis sechs Stunden im Aufgusse stehen, seihet die Flüssigkeit durch, wirft die Kerne weg, gießt letzteres Produkt zur Tinktur, und läßt darin eine hinlängliche Menge Vanille, die vorher klein geschnitten worden, ausziehen.

Will man die Zusammensetzung vornehmen, so läßt man eben so viel anderthalbe Pfunde Zucker, als man Pinten Tinktur hat, abschäumen, siedet, wann der Schaum weis ist, denselben zum Fluge (fort boulet) ein, nimmt das Gefäß vom Feuer, lässet es erkalten, mischt alles zusammen, und verfährt übrigens, wie schon gesagt.

Man bereitet noch Kernwasser mit allen Gattungen Pflaumenkernen. Da aber die Eigenschaften dieser Kerne weit unter denen stehen, die wir angewendet haben, so darf man seine Zuflucht dazu nicht nehmen, außer in dem Falle, wenn es unmöglich wäre, andere zu bekommen.

Vom Cinamomum und dem Zimtwasser.

Aller Unterschied, zwischen dem Zimtwasser und dem Cinamomum, bestehet blos in der größern Menge Gewürze, welche man zu dem Liqueure nimmt, welchen man übereingekommen ist, Cinamomum zu nennen; da die Alten diesen Namen dem Zimte gaben, welchen sie vermittelst des zwischen den Chinesern und Griechen errichteten Handels erhielten.

Die meisten Destillirer behandeln den Zimt zum Behufe der Liqueure auf zwei Wegen, auf der einen Seite lassen sie eine bestimmte Menge Zimmetrinde im Brantweine ausziehen, und destilliren dann das Gemisch, um den gewürzhaften Geist daraus zu erlangen, welchen sie zur Grundlage ihrer geistigen Liqueure bestimmen; auf der andern gießen sie den Zimt mit einfachem oder gesalzenem Wasser auf, und destilliren das Gemisch aus freiem Feuer, um ein doppeltes oder einfaches gewürzhaftes Wasser zu erhalten, welches sie zu anderm Gebrauche bestimmen.

In der That lösen Brantwein und Weingeist eine größere Menge des harzigten Grundtheils der Zimtrinde auf, da ich aber bemerkt habe, daß dies geistige Auflösungsmittel auch das urinhaft amoniakalische Salz aufnimmt, und dieser Geschmack in unserm Liqueure etwas Widriges erzeugt, so haben wir diesen Fehler dadurch vermieden, indem wir, wie folget, anfänglich blos ein wässeriges Auflösungsmittel anwendeten.

Man nimmt zwei Pfund des besten zeylanischen Zimtes (lettre rouge), dessen Rinden dünne, wohlriechend und von stechendem Geschmacke sind, bricht ihn in Stücken, thut ihn in einen gegoßnen Mörsel, setzt vier Unzen Küchensalz hinzu, befeuchtet das Gemisch

misch mit ein wenig Flußwasser und stößt es zu gröblichem Pulver; schüttet es mit sieben Pinten Wasser in eine Blase im Wasserbade, bedeckt sie mit ihrem blinden Helme, verkleibt die Fugen, und erhält die Flüsigkeit acht und vierzig Stunden lang im zwei und siebenzigsten Grade der Wärme; nimmt dann den Helm ab, bedeckt die Blase mit dem mit seinem Abkühler versehenen Hute, fügt die Schlangenröhre und Vorlage an, und destilliret aus freiem Feuer. Wann man vier Pinten Flüssigkeit erhalten hat, so legt man eine andere Vorlage an, setzt das erstere Produkt bei Seite, gießet vier andere Pinten warmes Wasser durch die Tubulatöfnung in die Blase, und setzt die Destillation fort, bis man gleiche Menge Flüssigkeit erhalten hat; man setzt dieses zweite Produkt bei Seite, nimmt die Vorrichtung ab, setzt die Blase wieder ins Bad, und gießet neun Pinten gemeinen Weingeist auf das Rückbleibsel, bedeckt die Blase mit ihrem blinden Hute, und läßt, wie vorher, infundiren; nimmt dann den Helm herunter, setzt an dessen Stelle den mit seinem Abkühler versehenen Hut auf, fügt Schlangenröhre und Vorlage an, verkleibt die Fugen, setzt den Wärmemesser ins Bad, und vollführet die Destillation zwischen dem vier und siebenzigsten bis zum neun und siebenzigsten Grade. Hat man nun acht Pinten Geist erhalten, so fügt man eine andere Vorlage an, und läßt bis zum Punkte des siedenden Wassers herüber gehen, bricht die Vorrichtung ab, und hebt dies letztere Produkt auf, um sich desselben bei einer zweiten Arbeit nur nach geschehener Rektifikation zu bedienen.

Vollführet man diese verschiedenen Prozesse mit gleicher Genauigkeit, so wird man erstens ein sehr durchdringendes milchichtes und mit einem Theile der öligen Geistigkeit angefülletes Wasser, von sehr angenehmem

gewürz-

gewürzhaftem Geschmacke erhalten. Da dieses Oel eigenthümlich schwerer, als Wasser ist, so sinkt es auf den Boden des Gefäßes, dies zeigt uns die Nothwendigkeit, das mit unserm Zimtwasser angefüllte Gefäß von Zeit zu Zeit umzuschütteln, bis dies wesentliche Oel sich innig mit diesem Wasser vereiniget hat, welches man an der entstehenden Helligkeit wahrnimmt.

Wenn man, zweitens, das Zimtüberbleibsel mit gemeinem Weingeiste, wie oben erzählt, aufgießet, so löset dieses Menstruum den harzichten Theil dieser Rinde auf, und schwängert sich dergestalt damit, daß das Rückbleibsel nur das urinhaftammoniakalische Salz behält, welches sich durch den Geschmack des Rückbleibsels zu erkennen giebt, zum Beweise, daß die Produkte dieser Bearbeitungen nur die wirksamen, angenehmen und balsamischen Grundtheile des Zimtes in sich halten.

Sobald unser doppeltes Zimtwasser seine durchsichtige Helligkeit erlangt hat, so gehet man zur Zusammensetzung des Liqueurs, Cinamomum genannt, über. Zu diesem Ende mischt man das aromatische Wasser mit den acht Pinten des übergetriebenen und aufgehobenen Weingeistes, schüttelt das Gemisch stark, schäumet dann neunzehn Pfund Zucker ab, und siedet ihn zum Fluge (fort boulet) ein; gießet, wann dieser Sirop erkühlet, und noch ein wenig lau ist, den Zimtgeist, nebst sieben bis acht Tropfen unserer Ambraessenz hinzu, schüttelt das Gemisch nochmals und gießt es in große gläserne Flaschen, läßt es vierzehn Tage stehen, kläret es, ziehet das Helle mit einem Heber herunter, und seihet den Bodensatz durch.

Was die vier Pinten einfaches Zimtwasser, die man gleichfalls aufgehoben hat, anlangt, so läßt man
zwölf

zwölf Pfund Zucker, abgeschäumt, zur Konsistenz des Sirops sieden, und gießet, wann er völlig erkaltet ist, dieses gewürzhafte Wasser, nebst sieben Pinten Weingeist dazu, tröpfelt noch fünf bis sechs Tropfen Ambraessenz hinein, läßt das Gemisch auf unsere Art klar werden, und erhält auf diese Weise ein geistiges, sehr angenehmes Zimtwasser, welches jedoch viel weniger kräftig ist, als unser Cinamomum, da letzteres eine größere Menge aromatisches, wesentliches Oel enthält, wovon seine Wirksamkeit abzuhängen scheint.

Oelichtaromatisches Zimtelixir.

Ich hoffe, daß das auf folgende Weise bereitete Elixir fast eben die Kräfte besitzen wird, welche die Aerzte dem Zimtpulver in Substanz beigelegt haben, wenigstens sind seine Tugenden nicht minder zu rühmen.

Man nimmt acht Unzen Zimt und zwei Unzen mexikanische Vanilleschoten, schneidet alles klein, schüttet es mit acht Unzen Zucker in einen gegoßnen Mörsel, und reibt diese Substanzen so lange, bis sie pulveriche zu werden anfangen; schlägt es durch ein seidenes Sieb (tambour de soie) und schüttet die Remanenz in den Mörsel, stößt, wie zuvor, und wiederholet gleiche Behandlung, bis alles durch das Sieb gegangen ist. Dieses Pulver hebt man in einem wohlverstopften Gefäße von Delfter auf; schäumet dann vierzehn Pfund Zucker nach den Regeln der Kunst ab, und siedet, sobald der aufgestiegene Schaum weis ist, den Sirop zu dem Fluge ein; rühret dann mit dem Schaumlöffel vier bis fünf Minuten auf dem Boden der Pfanne gelinde hin und her, nimmt ihn dann heraus, und wenn man bemerkt, daß der am Ende des Schaumlöffels hän-

hängen gebliebene Zucker goldfarbig ist, so rühret man geschwind, und noch stärker als vorher, die Masse um, bis sie durchgängig dieselbe Farbe erhalten hat, dann gießt man allmälig etwa zwei Pinten laues Wasser zu, und fähret fort, den Sirop so lange umzurühren, bis er zu sieden anfängt; nimmt das Gefäß vom Feuer, setzt es drei bis vier Tage in die freie Luft, und dann abermals übers Feuer, schüttet, wenn der Sirop lauwarm ist, das aufgehobene Zimtpulver hinein, rühret es um, und erhält die Flüssigkeit eine Viertelstunde lang in gleicher Wärme; nimmt das Gefäß vom Feuer, lässet es erkalten, gießet dann fünf Pinten rektifizirten Weistgeist nebst fünf oder sechs Tropfen unserer Ambraessenz hinzu, füllet das Gemisch in große gläserne Flaschen, läßt es vierzehn Tage bis drei Wochen stehen, wenn während der Zeit der Wärmemesser auf Temperirt steht, jedoch mit dem Bedinge, daß die Flüssigkeit des Tags wenigstens einmal umgeschüttelt werde; dann kläret man sie ab, ziehet das Helle herunter, und gießet den Bodensatz durch. Uebrigens merke ich an, daß der Grad von Sud, welchen wir unserm Zucker gegeben haben, der einzige anwendbare ist, wenn man diese Substanz zur Gestalt eines Oels bringen will. Uebrigens muß diese Operation mit desto mehr Vorsicht behandelt werden, da dieser Grad von Konsistenz nicht weit von derjenigen entfernt ist, die man dem gebrannten Zucker (caramel) giebt; kömmt er in letztern Zustand, so ist die Arbeit fehlerhaft.

Da wir nicht wieder auf diesen Gegenstand zurückkommen werden, so bemerke ich nur noch, daß, wenn man die Menge Zucker um ein Zehntel des Ganzen über die für jede der vorhergehenden Formeln vorgeschriebenen Menge erhöhet, und ihm gleichen Grad

von

von Konsistenz giebt, als der zuletzt vorgeschriebene ist, alle die Liqueure, zu welchen dieser ölichte Sirop kömmt, die Farbe und den Geschmack der ausgepreßten Oele erhalten.

Karminativöl von Anis und Fenchel
(huile carminative d'anis et de fenouil).

Der beste Fenchel wächst in Etrurien und um Rom herum, man bringt ihn aus Florenz zu uns; er ist mit einem süßen gewürzhaften Oele angefüllet, schmackhafter, wohlriechender und weniger scharf als der gewöhnliche, man wählt ihn vorzüglich zu den Liqueuren. Der Anis, die größere und die kleinere Sorte hat im Aeussern und Innern einige Aehnlichkeit mit dem Fenchel, man kann sich gleicher Verhältnisse von beiden bedienen, um eine gleiche Menge Liqueur von beiderlei Art zu verfertigen. Der meiste Anis kömmt aus dem Thüringischen und Bambergischen, doch hält man den aus der Insel Malta für den besten. Der Sternanis soll in China, in der Tartarei und auf den philippinischen Inseln wachsen, er kommt aus Ostindien und Rußland. Der aus China ist von dem gewöhnlichen, wegen seines hitzigen Oeles, sehr unterschieden. Alle diese drei Samen scheinen ihre Kräfte im harzichten Theile und in ihrem wesentlichen Oele zu haben, weshalb die geistigen Aufgüsse und Destillationen vor den wässerigen Destillationen und Aufgüssen, wie man leicht sieht, vorgezogen werden müssen.

Man nimmt zum Beispiele vier Pfund Anissamen, stößt ihn im Mörsel zu einem gröblichen Teige, welchen man mit neun Pinten gemeinem Weingeiste in eine Blase im Wasserbade schüttet, den blinden Helm auf-

aufsetzt, die Fugen verkleibt, und die Flüssigkeit drei Tage lang im ein und siebenzigsten Wärmegrade erhält, während, daß man, so oft die Flüssigkeit erkaltet, dieselbe umrühret. Dann nimmt man den Helm ab, setzt den mit seinem Abkühler versehenen Hut auf, legt Schlangenröhre und Vorlage an, verkittet die Fugen, und destilliret bis zum Grade des kochenden Wassers. Wenn diese Arbeit ungefähr zur Hälfte ist, gießet man zwei oder drei Pinten heißes Wasser durch das Kohobationsrohr, und fährt fort, die Flüssigkeit herüber laufen zu lassen, bis sie weis wird.

Will man die Zusammensetzung vornehmen, so schäumet man ein und zwanzig Pfund Zucker ab, lässet, wenn der aufgestiegene Schaum weis ist, den Sirop zum Bruche einsieden, und macht ihn, wie beim Zimtelixir erwähnt worden, zum Oel; nimmt das Gefäß alsdann vom Feuer, gießt zwei Kaffeelöffelvoll Zitronensaft (esprit acide de citron) hinein, rühret den Sirop mit dem Schaumlöffel um, und gießet, wenn er wohl erkaltet ist, und er nicht mehr nach dem Sude schmeckt, den Anisgeist dazu, worin man vorher sieben bis acht Tropfen unserer ätherischen Ambraessenz hat zergehen lassen; man rührt das Gemisch stark um, gießt es in große gläserne Flaschen, läßt es vier bis fünf Tage stehen, kläret es mit Eiweis, ziehet das Helle herunter, und seihet den Bodensatz durch.

Will man diesen Liqueur roth färben, so bindet man zwei Stückchen Lakmus in Leinewand, schüttet sie in zwei Pinten Wasser, thut zwei Unzen Koschenille dazu, läßt es bis zur Hälfte einkochen, seihet es bis zur Flüssigkeit durch, wirft das Ueberbleibsel in das Gefäß, schüttet eine gleiche Menge Wasser dazu, läßt es eben so weit einsieden, und seihet es ebenfalls durch.

Diese

Diese Tinktur setzt man zu dem Sirope, welcher blos
mit der hinzukommenden, färbenden Flüssigkeit ver=
dünnet wird. Das Ueberbleibsel dieser Farbemateria-
lien schüttet man in den aufgehobenen gewürzhaften
Anisgeist, um das färbende Wesen vollends heraus zu
ziehen, welches durch einen vier und zwanzigstündigen
Aufguß geschehen kann, wenn man eben so verfährt,
wie man bei dem Aufgusse des Anises selbst gethan hat.
Wann dies geschehen ist, so gießt man den Geist sammt
dem Satze in den zubereiteten Sirop, rührt das Ge=
misch um, füllet es in große gläserne Flaschen und läßt
es helle werden.

Man bereitet noch eine andere Gattung gelbes
Anisöl, dessen Wirksamkeit jenem nicht nachstehen
wird.

Gelbes Anisöl.

Man nimmt drei Pfund heurigen Anis von Mal=
ta, bringt ihn in einer reinlichen und trocknen Pfanne
über sehr gelindes Feuer, rühret ihn um, und reibt ihn
so lange zwischen den Händen, bis die kleinen Stiele
und die fest dran hängenden stäubigen Schälchen los=
gehen, wirft ihn dann in ein Haarsieb, welches weit=
löcherig genug ist, um diese Theilchen durchfallen zu
lassen, man fährt fort, den Anis in der Hand zu rei=
ben, und wann er völlig seine fremden Theile abgelegt
hat, so schüttet man ihn mit neun Pinten unsers rekti=
fizirten Brantweins in eine Blase im Wasserbade, be=
deckt sie mit dem blinden Helme, verkleibt die Fuge,
und erhält die Flüssigkeit drei oder vier Tage lang im
siebenzigsten Wärmegrade und rühret die Flüssigkeit in=
des mit einem Stabe um, wie erwähnt worden ist.
Ist nun alles wohl erkaltet, so nimmt man das Gefäß
ab, seihet die Flüssigkeit durch, setzt sieben bis acht

Tropfen unserer Ambraessenz hinzu, und hebt es auf; schüttet dann denselben Samen in die Blase nebst vier Pinten Flußwasser, setzt sie ins Bad, deckt den mit seinem Abkühler versehenen Hut darauf, destilliret bis zum kochenden Wasserpunkte, und mischt das Produkt mit der Anistinktur.

Will man nun die Zusammensetzung vornehmen, so klarifizirt man dieselbe Menge Zucker, als man zum Anisöle der erstern Zusammensetzung genommen hat, und macht ihn gleichfalls zum Oele. Wann der Sirop erkaltet ist, so gießt man die Anistinktur dazu, rührt das Gemisch um, füllet es in große Flaschen und läßt es, wie gewöhnlich, aufklären.

Vanilleöl (huile de vanille).

Die beste Vanille kömmt von Mexiko über Cadix. Ihre Farbe muß dunkelbraun, glänzend, doch nicht spiegelnd (luisante) seyn. Die peruanische läßt sich der Farbe nach leicht mit der mexikanischen verwechseln, wenn letztere nicht einen feinern und durchdringendern Geruch hätte. Wenn man nun Vanille gewählt hat, deren Schoten sechs Zoll lang, ziemlich dick, schwer, voll, von gutem Geschmacke, lebhaftem, durchdringendem und angenehmem Geruche sind, so schneidet man vier Unzen davon klein, schüttet sie nebst neun Pinten unsers rektifizirten Brantweins in eine Blase im Wasserbade, bedeckt sie mit dem blinden Helme, verkittet die Fuge sehr genau, und erhält die Flüssigkeit acht Tage lang im siebenzigsten Wärmegrade, läßt sie noch fünf bis sechs Tage in demselben Gefäße, kläret, während dieser Zeit, ein und zwanzig Pfund Zucker ab, und macht ihn zu Oel, nimmt dann die Pfanne vom Feuer, und stellt sie vier bis fünf Tage

Von den Liqueuren.

Tage an die freie Luft, um diesem öligen Sirope den Sudgeschmack zu benehmen, welcher einen Theil des Wohlgeruchs der Vanille verschlucken würde; man gießt die Tinktur nebst dem Vanillestückchen in den Sirop, setzt noch fünf bis sechs Tropfen unsrer ätherischen Ambraeßenz hinzu, rührt das Gemisch stark um, und füllet es in Gefäße, die man wohl verstopft erhält, läßt es vierzehn Tage lang stehen, kläret es dann, läßt es sich aufhellen, ziehet das Klare herunter, und seihet den Bodensatz durch.

Auf diese Weise erhält man einen öligen Liqueur, welcher desto angenehmer ist, da er alle Grundtheile der Vanille enthält. Will man ihm dann eine schöne Goldfarbe geben, so schüttet man eine halbe Unze Koschenille in den Sirop, oder in die Vanilletinktur, und will man ihm eine schöne Röthe beibringen, so befolgt man gleiches Verfahren, wie beim Karminativöle des Anises gedacht worden ist.

Mit gemeinem Wasser, mit einem schicklichen Sirope, und mit Weingeiste kann man aus der Vanille eine ölig=harzige, feine und wohlriechende Flüßigkeit herausziehen, da dann die Schote keinen Saft und keinen Geruch mehr hat.

Man sagt, daß, wenn man die Vanilleschoten auf der Pflanze überreif werden, und sie allzu lange darauf hängen läßt, sie zerplatzen, und eine kleine Menge schwarzen und riechenden Balsams auströpfeln, den man unter den Schoten in kleinen Gefäßen sammelt, doch bekommt man diesen Balsam hier nicht zu sehen.

Vom versüßten Gewürznelkenöle.

Der Gewürznelkenbaum hat eine große Aehnlichkeit mit dem Lorbeerbaume, und wächst auf den molukkischen Inseln, nahe an der Linie; die Holländer ziehen ihn sorgfältig auf der Insel Ternate, und versehen ganz Europa mit Gewürznelken. Die Gewürznelken sind die vom Oktober bis zum Februar abgenommenen Kelche, der mit vielen purpurfarbenen Staubfäden und vier blauen Blumenblättern versehenen Blüte dieses Baums. Sie werden abgenommen, wenn die Blüten noch nicht aufgebrochen sind, und auf Horden geräuchert, zuletzt aber an der Sonne vollends ausgetrocknet, und so versandt. Die reife Frucht, die von selbst im zweiten Jahre abfällt, heist Mutternelke.

Da die mit Weingeist ausgezogene Tinktur der Gewürznelke besonders die harzichten Theile derselben enthält, und deshalb so scharf und brennend schmeckt, daß sie unsere Organen allzusehr zu erhitzen schien, so glaubte ich durch einen wässerigen Aufguß dieser Substanz die Wirkung dieses harzichten Wesens zu dämpfen. In der That bemerkte ich auch, daß das Nelkenwasser meine Absicht erfüllte, da dieses Wasser nicht nur schmackhafter ist, sondern in Absicht des Geruchs auch vollkommen mit der Gewürznelke übereinkommt. Da nun dieses Wasser die Grundlage zu unserm öligem Gewürznelken-Liqueure ausmachen soll, so will ich zuerst von der Destillation dieses Wassers Erwähnung thun.

Destillirtes und mit Würznelken aromatisirtes Nelkenwasser.

Bei dieser Operation soll das wässerige und geruchhafte Wesen, welches in der Nelke liegt, durch Auf-

Von den Liqueuren.

Aufguß und Destillation herausgeschieden werden. Man sucht zu diesem Ende Nelken, von schöner, lebhafter, dunkelrother Farbe, von gutem Geruche, und solche aus, die gleich nach Aufgange der Sonne in einer trocknen Zeit gesammlet worden sind; säubert sie von ihren Kelchen, wiegt zwanzig Pfund davon ab, stampft sie mit einem Pfunde Kochsalze in einem marmornen Mörsel zum Teige, welchen man mit acht Pinten Flußwasser anrührt, und in einer Wärme, welche etliche Grad über die Luftwärme geht, weichen läßt, drückt ihn alsdann stark aus, gießt die Flüssigkeit in eine Blase, verdünnet die Trester mit sechs Pinten laulichten Wassers, erhält das Gemisch drei bis vier Stunden lang in eben der Wärme, läßt es erkalten, drückt es, wie gesagt, aus, und gießt diesen zweiten Aufguß, nebst dem erstern in eine Blase; bedeckt sie mit dem mit seinem Abkühler versehenen Hute, legt die Schlangenröhre nebst der Vorlage an, verkleibt die Fugen, und destilliret so lange, bis man acht Pinten Flüssigkeit erhalten hat, welche man aufhebt; man verändert die Vorlage, setzt die Destillation so lange fort, bis das Herübergehende keinen Geruch mehr hat, und hebt dieses letztere Produkt zu einem anderweitigen Gebrauche auf.

Nun sucht man drittehalb Unzen Gewürznelken aus, welche schwarz, schwer, fett, brennend, von herrlichem Geruche, welche, wenn man sie drückt, eine ölige Flüssigkeit gehen lassen [9]). Man stößt sie gröblich zu Pulver, schüttet sie nebst den aufgehobenen acht Pin-

---

9) Die gewöhnliche schlechtere Sorte Gewürznelken ist schon größtentheils ihres wesentlichen Oels durch eine Destillation beraubt worden, welche unter den Händen der Holländer geschiehet. Hab.

Pinten Nelkenwasser in eine Blase, stellt sie in ihren Ofen, bedeckt sie mit dem blinden Helme, verkittet die Fuge, und erhält die Flüssigkeit drei Tage lang, im zwei und siebenzigsten Grade, mit untermischtem Umrühren, wie oben; dann nimmt man den Helm ab, setzt den mit seinem Abkühler versehenen Hut auf, legt Schlangenröhre und Vorlage an, verkleibt die Fugen, und destilliret so lange, bis man vier Pinten Flüssigkeit erhalten hat, welche man aufhebt. Dann vermindert man das Feuer, und gießet, um der Destillation Einhalt zu thun, eine Pinte kaltes Wasser in die Blase, nimmt den Hut herunter, setzt die Blase ins Wasserbad, gießt neun Pinten gemeinen Weingeist hinein, rührt es mit dem Rückbleibsel um, bedeckt das Gefäß mit dem blinden Helme, verkittet die Fuge, und erhält die Flüssigkeit zwei Tage lang im siebenzigsten Grade der Wärme; man läßt sie erkalten, nimmt den Deckel ab, setzt, statt dessen, den mit seinem Abkühler versehenen Hut auf, legt die Schlangenröhre und Vorlage an, und läßt bis zum Grade des kochenden Wassers destilliren, man nimmt die Vorrichtung ab, hebt den gewürzhaften Geist auf, und schüttet das Uebrige weg.

Obgleich diese zwei verschiedenen Gattungen von Geistern durchs Alter mehr Güte erhalten können, so kann man doch drei Monate nach der Destillation zur Zusammensetzung übergehen. Zu diesem Behufe schäumet mnn ein und zwanzig Pfund Zucker ab, und macht ihn zu Oele, nach oben angegebener Methode; ziehet, wann dies zu Ende ist, das Gefäß vom Feuer, setzt es fünf bis sechs Tage lang der freien Luft aus, und da dieser Sirop nur durch die vier Pinten Nelkenwasser, die dazu kommen sollen, verdünnet werden darf, o erinnere ich einmal für allemal, daß dieser ölige
Sirop

Sirop blos mit den gewürzhaften Wässern dünner ge=
macht werden muß, die ihm den gehörigen Grad von
Konsistenz geben. Wann dieser Sirop erkaltet ist, so
wird er zum Theil zu einer festen Masse, als etwa die
gefrornen Oele. In diesem Zustande gießet man das
gewürzhafte Wasser dazu, setzt das Gefäß auf sehr ge=
lindes Feuer, und rührt die Flüssigkeit, bis der Sirop
aufgelöst ist; dann nimmt man das Gefäß vom Feuer,
läßt es verkühlen, und gießt den gewürzhaften Nelken=
geist dazu, in welchem man vorher sechs bis sieben Tropfen
unserer Ambraessenz hat zergehen lassen; rühret dann
das Gemisch stark um, füllet es in große gläserne Fla=
schen, läßt es vierzehn Tage stehen, kläret es nach un=
serer Art, und man erhält auf diese Weise ein versüßtes,
sehr angenehmes Gewürznelkenöl.

Nelkenöl (huile d'oeillet).

Von allen verschiedenen Gattungen der bekann=
ten Nelken bedienen wir uns blos derer, welche von
dunkler Scharlachfarbe sind, nach Gewürznelken rie=
chen, und gewöhnlich Ratafianelken genannt werden.

Hat man dergleichen Blumen gewählt, so reinigt
man sie von ihren Stempeln, wiegt zwölf Pfund da=
von ab, und schüttet sie nebst neun Pinten unsers rek=
tifizirten Brantweins in ein Gefäß von Steinzeug,
verstopft es und verkittet es genau; hierin läßt man
diese Blumen einen Monat lang im Aufgusse stehen,
dann seihet man die Flüssigkeit durch ein Haarsieb, drückt
die Hülsen mit den Händen aus, schüttet das Ueber=
bleibsel nebst vier bis fünf Pinten Flußwasser in eine
Blase im Wasserbade, bedeckt sie mit dem Helme, legt
Schlangenröhre und Vorlage an, verkleibt die Fugen,
und destilliret bis zum Punkte des siedenden Wassers;
dann

dann nimmt man die Vorrichtung ab, gießt das Produkt in die Nelkentinktur, läßt eine halbe Unze Zimt darin im Aufgusse stehen, und nimmt nach einem Monate die Zusammensetzung vor.

Zu diesem Ende schäumet man ein und zwanzig Pfund Zucker ab, und siedet ihn zum Oele, setzt diesen Sirop fünf bis sechs Tage der freien Luft aus, verdünnet ihn dann mit zwei Pinten unsers destillirten und mit Gewürznelken aromatisirten Nelkenwassers, gießt darauf die aufgehobene geistige Tinktur herein, rührt das Gemisch stark um, füllet es in große gläserne Flaschen, läßt es vierzehn Tage lang stehen, und kläret es nach unserer Methode.

Rosenöl (huile de rose).

Dieser Liqueur bestehet aus dem destillirten Wasser der bleichen Rosen und dem gewürzhaften Geiste des Rosenholzes.

Das rhodiser oder Rosenholz kömmt von einem vornehmlich in Syrien und den Inseln Rhodus und Zypern wachsenden strauchähnlichen Baume, ist fest und hart, von bräunlich gelber oder pomeranzenhafter Farbe, einem öligen, bitterlichen, balsamischen Geschmacke, und einem durchdringenden, rosenhaften, sehr annehmlichen Geruche. Man muß das schwere, dichte, fette, harzichte gerade Holz von dunkelgelber, etwas ins Rothe oder Bräunlichte fallender Farbe aussuchen, welches zuerst einen starken, nachgehends angenehmen Rosengeruch spüren läßt. Die darin enthaltene Menge wesentlichen Oeles ist, nach der verschiedenen Güte des Holzes, verschieden, man bekömmt vom Pfunde zuweilen eine halbe Unze, zuweilen zwei bis drei Quentchen, zuweilen auch nur etliche Skrupel.

Wenn

Von den Liqueuren.

Wenn man ein Pfund solchen Rosenholzes ausgesucht hat, so raspelt man es, oder schneidet es in sehr dünne Splitter, schüttet es in einen Mörsel, befeuchtet es von Zeit zu Zeit mit ein wenig Wasser, und stößt es so lange, bis die Holztheilchen zu gröblichem Pulver geworden sind. Dann schüttet man dieses Pulver nebst neun und einer halben Pinte gemeinen Weingeistes in eine Blase im Wasserbade, bedeckt sie mit dem blinden Helme, verkittet die Fuge, und erhält die Flüssigkeit drei Tage lang im ein und siebenzigsten Wärmegrade, nimmt dann den Deckel ab, setzt dafür den mit seinem Abkühler versehenen Hut auf, fügt Schlangenröhre und Vorlage an, verkleibt die Fugen, und destilliret bis zum Punkte des kochenden Wassers. Man nimmt die Vorrichtung aus einander, schüttet das Ueberbleibsel weg, spült das Gefäß aus, und gießt das Produkt nebst drei bis vier Pinten Flußwassers hinein, erhitzt die Flüssigkeit wie vorher, nimmt den Deckel ab, setzt den Hut auf, legt Schlangenröhre und Vorlage an, und destilliret bis zum ein und achtzigsten Grade; dann nimmt man eine andere Vorlage, und lässet die Flüssigkeit bis zum Punkte des siedenden Wassers herüber gehen. Man nimmt alles aus einander, reiniget das Gefäß, gießt das Produkt mit gleicher Menge Wasser hinein, setzt abermals den Hut auf, zündet das Feuer an, und schreitet zur zweiten Rektifikation, welche vom vier und siebenzigsten bis neun und siebenzigsten Grade vollendet werden muß. Man verändert die Vorlage, und setzt die Destillation bis zum Siedepunkte des Wassers fort, gießt letzteres Produkt zu dem Aufgehobenen, und bedient sich desselben bei einer zweiten Bereitung, doch nur nach vorgängiger Rektifikation.

Vermittelst dieser Rektifikationen erhält man einen sehr angenehmen Rosengeist, ohne alle fremde Schärfe.

Schärfe. Doch merke ich an, daß dieser aromatische Geist mehr Güte durchs Alter erlangt, oder auch, wenn man ihn vier bis fünf Tage im siebenzigsten Wärmegrade zirkuliren läßt.

Wenn man die Zusammensetzung vornimmt, so schäumet man ein und zwanzig Pfund Zucker ab, siedet ihn zu Oele, und stellt dann den Sirop so lange an die freie Luft, als man die Farbeflüssigkeit zurechte macht. Hiezu misset man drei Pinten gutes Rosenwasser, schüttet zwei Unzen ganze Koschenille und dann zwei Stück in Leinewand gewickelten Lakmus, rühret das Gemisch zwei oder dreimal des Tages um, bis die Flüssigkeit stark mit rother Farbe geschwängert ist, seihet sie hierauf durch, hebt sie auf, und wirft das Rückbleibsel in das Gefäße, worin der Rosengeist ist, rührt es gleichfalls so lange um, bis dieser Geist alles färbende Wesen in sich genommen hat, und verdünnet den öligen Sirop mit den drei Pinten des gefärbten Rosenwassers; seihet den gewürzhaften Rosengeist durch, löset etwa ein halbes Quentchen Cedraessenz und sieben bis acht Tropfen unserer Ambraessenz darin auf, drückt den Satz von der Koschenille gelinde aus, und wirft ihn weg; dann mischt und rührt man diese beiden Flüssigkeiten stark unter einander, füllet den Liqueur in große gläserne Flaschen, läßt sie acht Tage lang stehen, und kläret auf unsere Art.

Vom Rosenwasser weiter unten.

Venusöl (huile de Venus).

Vom verstorbenen Herrn Sigogne rühret dieser Liqueur, so wie die Kunst, her, den Zucker zur Gestalt eines Oeles zu bringen.

Von den Liqueuren.

Wenn Herr Demachy das ächte Rezept von diesem Liqueure zu haben meint, und man dasselbe in Ausübung bringen wollte, so müßte man das Verhältniß der Gewächse vierfach nehmen, mit Weingeiste im Aufgusse stehen, destilliren lassen, und nach unserer Art rektifiziren, auch die Menge des Zuckers vermehren und dem Sirope eine festere Konsistenz geben. Da ohnedies dieser Liqueur keinen bestimmten Karakter hat, so steht es jedem frei, Ingredienzen dazu zu wählen, die diese Absicht am besten erreichen. Ich verfahre folgender Gestalt.

Man wählet Vanille, wie oben gedacht, schneidet zwei Unzen davon klein, schüttet sie in eine Blase im Wasserbade, gießt acht Pinten unsers rektifizirten Brantweins darauf, setzt den blinden Helm auf, und erhält die Flüssigkeit sieben bis acht Tage lang im ein und siebenzigsten Grade der Wärme; dann läßt man sie noch so lange im Gefäße, bis man ein und zwanzig Pfund Zucker abgeschäumt und zu Oele gesotten hat; ist dies zu Ende, so nimmt man das Gefäß vom Feuer, stellt es vier bis fünf Tage an die freie Luft, gießt eine Pinte doppeltes Zimtwasser und eben so viel destillirtes und mit Gewürznelken aromatisirtes Nelkenwasser in den fertigen Sirop, welcher nur eilf Pinten überhaupt betragen darf. Ist nun alles so weit in Bereitschaft, so nimmt man das Gefäß ab, welches die Vanilletinktur enthält, gießt sie nebst einem Schoppen Pomeranzengeiste von obiger Bereitung in den Sirop, rührt das Gemisch stark um, füllet es in große gläserne Flaschen, und kläret nach unserer Methode.

Die Aerzte mögen über die verschiedenen Tugenden unseres Venusöls und dessen vom Herrn Demachy den Ausspruch thun.

Kaffeeöl (huile de café).

Dieser Liqueur bestehet aus rektifizirtem Weingeiste, der aus dem gebrannten Kaffee gezogenen Tinktur und Zucker, den man dazu vorher vorbereitet.

Man schäumet zu dem Ende zehn Pfund Zucker ab, und wann der Sirop zum Bruche eingesiedet worden ist, so nimmt man ihn geschwind vom Feuer, und rühret ihn mit einem Spatel stark und so lange um, bis dieser Sirop zu einem eben so festen und eben so trocknen Pulver wird, als der Hutzucker ist. Wenn diese erste Arbeit zu Ende ist, so stellt man das Gefäß vier bis fünf Tage lang an einen trocknen Ort an die freie Luft, lieset dann zwei Pfund Mekkakaffee, brennt ihn bei einem gelinden Feuer, und wenn er eine schöne Kastanienfarbe, die ins Violette fällt, erhalten hat, so schüttet man ihn in ein Gefäß, in welchem man ihn schwinget, sowohl um alle, durch das Brennen losgegangenen Schalen davon zu bringen, als auch um allen ausdampfenden Rauch verfliegen zu lassen; dann wirft man diese noch ganz heisen Bohnen in eine Blase, in welche vorher vier Pinten laulichtes Wasser gegossen worden sind, setzt sie ins Wasserbad, bedeckt sie mit dem blinden Helme und erhält die Flüssigkeit zwei Stunden lang im acht und siebenzigsten Grade, man läßt es eine halbe Stunde verkühlen, nimmt den Helm ab, gießt die Flüssigkeit durch, und wirft die nun kraftlosen Bohnen weg, gießt die Kaffeetinktur auf den zugerichteten Zucker, und mischet, wann er gänzlich zergangen und kalt werden ist, vier Pinten rektifizirten Weingeist dazu, rührt das Gemisch stark um, füllet es in dicke gläserne Flaschen, läßt es vier bis fünf Tage stehen, kläret es dann, ziehet den hellen Liqueur herunter und seihet den Bodensatz durch.

Eben so gut und vielleicht noch besser kann man die Kaffeetinktur ohne diese Vorrichtung erhalten, wenn man gleiche Menge Bohnen noch ganz heis in einen, mit vier Pinten saulichten Wassers angefüllten Kaffeetopf schüttet, und dann die Flüssigkeit zwei Stunden lang im achtzigsten Wärmegrade erhält.

Garuselixir (elixir de Garus).

Dieses Elixir bestehet aus Myrrhe, Aloe, die vorher in rektifizirtem Weingeiste aufgelöst worden, Zimt, Gewürznelke, Muskatennuß und Frauenhaar.

Man sucht zwei Unzen Myrrhe aus, von derjenigen, die man troglotidische nennt, von dem Lande, woher sie kömmt, und die die beste unter allen ist. Sie ist ein wenig grünlicht, durchscheinend und frist fast die Haut der Kehle an, wenn man sie kostet. Man bringt uns noch eine andere Gattung weiser Myrrhe, die nach der troglotidischen die geschätzteste ist; sie wird blaß, wenn man sie berührt, ist von starkem Geruche und wächst in unebenen Gegenden. Man muß bei der Wahl dieser Substanz auf seiner Hut seyn, da die andern Gattungen widrig, und fast kraftlos sind. Da sich die Myrrhe sehr schwer auflöst, so pulvert man sie, wenn man gute ausgesucht hat, schüttet sie, nebst vier Pinten rektifizirten Weingeistes, in eine Blase im Wasserbade, bedeckt sie mit dem blinden Helme, verkittet die Fuge, und erhält die Flüssigkeit zwei Tage lang im siebenzigsten Wärmegrade; dann wählt man vier Unzen der reinsten Aloe von gelblicher Röthe, glänzend und durchscheinend; macht sie gröblich zu Pulver, wirft es in das Gefäß, worin die Myrrhe ist, mit zwei Quentchen Muskatennus, und läßt alles zusammen zwei Tage lang in oberwähntem Wärmegrade in Digestion stehen,

hen, gießt dann durch das Kohobationsrohr zwei Pinten destillirtes Wasser hinein, und unterhält die Wärme gleiche Zeit lang; nimmt den Helm ab, setzt den mit seinem Abkühler versehenen Hut auf die Blase, fügt Schlangenröhre und Vorlage an, beginnet die Destillation, und setzt sie bis zum Punkte des siedenden Wassers fort. Man nimmt die Vorrichtung aus einander, wirft das Rückbleibsel weg, gießt zwei Pinten destillirtes Wasser zu dem Produkte im Gefäße und schüttelt es um; schreitet dann acht Tage nach dieser Vermischung zu der Rektifikation, die man bis zu obigem Grade fortsetzt, und das Produkt aufhebt.

Will man nun die Zusammensetzung vornehmen, so schüttet man zwei Unzen kanadisches Frauenhaar, nebst drei Pinten Wasser in ein Gefäß, und unterhält die Flüssigkeit zwei Stunden lang im achtzigsten Wärmegrade, nimmt das Gefäß vom Feuer, läßt es erkalten, und seihet die Flüssigkeit durch; wieget dann eilf Pfund Hutzucker ab, schlägt ihn in Stücken und thut ihn in eine Pfanne, läßt ihn in dem Frauenhaaraufgusse, in welchen ein Eiweis geschlagen worden, auflösen, schäumet ihn ab, und verwandelt ihn in Oel; gießet, wann dieser Sirop recht erkühlet ist, einen Schoppen doppeltes Zimtwasser, und einen Schoppen mit Gewürznelken destillirtes Nelkenwasser hinein, mischet alles unter einander, füllet es in gläserne Gefäße, die wohl verstopft worden, läßt es acht Tage setzen, kläret es, und zieht das Helle nach unserer Art herunter.

Dieser Liqueur ist angenehmer, als des Garus seiner, und muß wenigstens gleiche Tugenden haben, als man diesem beigemessen hat.

Siebenſaamenöl (huile des sept graines).

Man nimmt vier Unzen Saamen von Anis, zwei Unzen von Angelik, zwei Unzen Karbe (carvi), zwei Unzen Kramerkümmel (cumin), sechs Unzen Koriander, vier Unzen Fenchel, und zwei Unzen Dill, stößt diese Saamen, und schüttet sie nebst acht Pinten gemeinem Weingeiste in eine Blase im Wasserbade, bedeckt sie mit dem blinden Helme, verkittet die Fuge, und erhält die Flüssigkeit zwei Tage lang im ein und siebenzigsten Wärmegrade; gießt dann noch drei Pinten laues Wasser durch die Tubulirung ein, rührt das Gemisch mit einem eingebrachten Stabe um, und setzt diese Operation, wie oben, fort; nimmt dann den Deckel ab, setzt den mit seinem Abkühler verwahrten Hut auf, legt Schlangenröhre und Vorlage an, destilliret, und lässet die Flüssigkeit bis zum siedenden Wasserpunkte herübergehen, nimmt die Vorrichtung ab, schüttet das Ueberbleibsel weg, und hebt das Produkt auf.

Nimmt man nun die Zusammensetzung vor, so schäumet man ein und zwanzig Pfund Zucker ab, und siedet ihn zum Oele, setzt ihn vier bis fünf Tage an die freie Luft, gießt dann den aufgehobenen gewürzhaften Geist in den Sirop, rührt das Gemisch stark um, füllet es in dicke gläserne Flaschen, läßt es acht Tage setzen, und kläret es nach unserer Methode.

Aus dieser Zusammensetzung entstehet ein aromatisch-öliger Liqueur, welcher alle diesen sieben Saamen beigelegten Tugenden besitzt.

Aus dem bisher Gesagten scheinet zur Gnüge zu erhellen, daß die Liqueure bis ins Unendliche vervielfältiget werden können, daß die ölichte Konsistenz derselben blos von der Menge des Gewächses, des brennennenden Geistes, des Zuckers und dem Siedegrade abhängt, den man letzterer Substanz giebt, und daß die Liqueure, in welchen zwei Theile Wasser gegen einen Theil aromatischen Geistes kömmt, wodurch mehr als die Hälfte Zucker wegfällt, Gattungen Liqueure, welche unsere Destillirer feine nennen, mehr zur Befriedigung des Geschmacks erfunden worden sind, als um arzeneilichen Nutzen dadurch zu bewirken.

Pomeranzenblütwasser (eau de fleur-d'orange).

Hat man zwölf Pfund auf oben angeführte Weise ausgesuchte Pomeranzenblüte, so trennet man die Kelche und Stempel davon, und hebt sie zu unten angeführtem Gebrauche auf, schüttet die Blumenblätter und Staubfäden in eine Blase, nebst acht Pinten Flußwasser, doch darf die Blase nur bis auf zwei Drittel ihrer Höhe voll werden [10]); man setzt sie in ihren Ofen, bedeckt sie mit dem mit seinem Abkühler versehenen Hute, fügt die Schlangenröhre nebst der Vorlage an, verkleibt die Fugen und destilliret mit fadenförmigem, doch ununterbrochnem, Strale (au petit filet). Wenn man vier Pinten Flüssigkeit erlangt hat, so verändert man die Vorlage, gießt vier Pinten warmes Wasser durch die Kohobationsröhre in die Blase, rührt die Flüssigkeit mit einem Stabe um, und setzt die Operation fort, bis man noch drei Pinten Flüssigkeit erhalten hat. Man nimmt dann alles aus einander, und hebt diese beiden verschiedenen Pomeranzenblütwasser auf, nämlich das erstere, auf welchem das wesentliche Oel schwimmt, in einem Gefäße von Steinzeuge, woran unten ein zinnerner Hahn ist, um sich desselben nur sechs
Monate

---

10) Des Uebersteigens wegen. Hah.

Monate nach der Destillation zu bedienen; und das zweite, welches einfach ist, in einem gläsernen Gefäße, doch so, daß man sich desselben nur nach wiederhohlter Destillation über frische Blumen bedienet.

Was die Kelche und Stempel anlangt, so zerstößt man sie gelind, schüttet sie nebst acht Pinten Flußwasser in eine Pfanne, und erhält die Flüssigkeit drei Stunden lang im sechzigsten Grad der Wärme; läßt sie zwölf Stunden verkühlen, schüttet dann alles zusammen in eine Blase, und destilliret, bis man vier bis fünf Pinten Flüssigkeit erhalten hat, die man zu dem einfachen Pomeranzenblütwasser mischt und zu gleichem Gebrauche bestimmt.

Man muß bei der Wahl der Pomeranzenblüte auf seiner Hut seyn, da die meiste käufliche einen grusichten Geschmack hat, und in kupfernen Gefäßen aufgehoben worden ist.

Einfaches Melissenwasser (eau melisse simple).

Man nimmt eine gute Menge frisch gesammlete und wohl ausgewachsene Melisse, stößt sie, mit ein wenig Kochsalz, in einem Mörsel, und wirft die Masse in einen Topf von Steinzeuge, oder unglasurtem Thone. Dann befeuchtet man diesen Teig mit vorjährigem Melissenwasser oder mit Flußwasser, bedeckt den Topf und läßt die Masse so lange im Aufgusse stehen, bis diese Pflanze allen ihren grusichten Geschmack und Geruch verloren hat; dann drückt man sie unter der Presse aus, gießt die Flüssigkeit in eine mit ihrem Hute bedeckte Blase, das Rückbleibsel aber schüttet man in denselben Topf, verdünnet es mit laulichtem Wasser, und läßt es noch zwei Tage in Digestion stehen, preßt die Masse, wie vorher aus, füllet die Flüssigkeit durch die Kohobazionsbazionsröhre in dieselbe Blase, wirft die Treber weg, und destilliret, bis man die Hälfte von dem Wasser erhalten hat, welches man auf die Melisse gegossen hatte.

Will man die Vollkommenheit dieses Melissenwassers beschleunigen, so setzt man das Gefäß der Sonnenwärme aus, oder gießet die Flüssigkeit in eine Blase im Wasserbade, bedeckt sie mit ihrem blinden Helme, und erhält die Flüssigkeit acht Tage lang im funfzigsten Wärmegrade. In beiden Fällen muß das die Flüssigkeit enthaltende Gefäß genau verstopft erhalten werden, sonst würde die Wirksamkeit des Feuers oder der Sonne die gewürzhaften Theile verflüchtigen, während sie sie entwickelt.

In Rücksicht des zusammengesetzten Melissenwassers habe ich Herrn Baumés Methode in Gewohnheit, da ich bemerkte, daß die dadurch erhaltene Flüssigkeit jeder, auf alle andere Art erhaltenen, vorzuziehen sey.

Von der Destillation des Rosenwassers.

Diese Behandlung gründet sich auf die Trennung der wässerigen und geruchhaften Theile, welche in den Rosenblättern sich befinden, vermittelst der Digestion und der Destillation.

Es giebt Künstler, die die Rosen aus dem Wasserbade destilliren, da die schleimichte Substanz dieser Blumen sich leicht auf dem Boden des Gefäßes anhänget und anbrennet, wann man dieselben aus freiem Feuer destilliret. Da ich aber beobachtete, daß das gewürzhafte Wesen, als einer der Bestandtheile der Rose, sich leichter mit dem aus freiem Feuer destillirten Wasser erhebet, so glaubte ich diese Methode unter folgenden Einschränkungen vorziehen zu müssen.

Man

Von den Liqueuren.

Man nimmt zwei und zwanzig Pfund bleicher Rosen, vom stärksten Geruche, von schöner lebhafter Farbe, frisch und vor dem Aufgange der Sonne abgenommen; da die nach dem Aufgange der Sonne gesammelten nicht so kräftig sind. Man reiniget sie von ihren Kelchen, schüttet sie in einen marmornen Mörsel, stößt sie zu einem Teige, und schüttet denselben in ein Gefäß von Steinzeug oder unglasurtem Thone. Dann läßt man ein Pfund Kochsalz in fünf Pinten Flußwasser zergehen, verdünnet diesen Teig mit dieser Lake, und läßt diese Flüssigkeit in einer Digestion stehen, deren Wärme zuletzt die atmosphärische oder die Luftwärme übertrift, dann gießt man das Ganze auf ein grobes Tuch, drückt es stark unter der Presse aus, gießt die Flüssigkeit in eine Blase, verdünnet die Trebern nochmals mit fünf Pinten laulichten Wassers, und erhält diese Flüssigkeit vier bis fünf Stunden lang in gleich lauer Wärme, läßt sie dann verkalten, preßt sie wie zuvor aus, und gießt diese zweite Tinktur in dieselbe Blase, die man dann in den Ofen setzt, sie mit dem mit seinem Abkühler versehenen Hute bedeckt, Schlangenröhre und Vorlage anlegt, die Fugen verkleibt, und so lange destilliret, bis man vier Pinten Flüssigkeit erhalten hat. Dann verändert man die Vorlage und setzt die Destillation fort, bis die übergehende Flüssigkeit geruchlos wird. Dies letztere Produkt setzt man bei Seite, um sich desselben bei einer zweiten Bereitung zu bedienen. Dann löset man vier Tropfen wesentliches Cedraöl und vier bis fünf Tropfen unserer ätherischen Ambraessenz in einer Achtelpinte rektifizirtem Weingeiste auf, gießet diese Auflösung in das Gefäß, welches das erstere Produkt enthält, rührt alles stark um, und man erhält auf diese Weise ein vortrefliches Rosenwasser, welches man aufhebt, sich aber desselben nicht eher als sechs Monate hernach bedienet.

Vom Ratafia, oder den künstlichen Weinen.

Hier ist nicht von Erregung einer künstlichen Weingährung die Rede, da durch sie nicht nur der belebende Geist, das Eigenthümliche der Früchte, zerstreuet, sondern auch ihr saftiges Wesen zerstöret wird, dergestalt, daß zwar andere Gattungen Weine daraus entstehen, die aber weniger geistig, schärfer, saurer, und weniger angenehm sind, als die aus der Traube bereiteten.

Vielmehr ist unsere Absicht, uns des saftigen, geruchhaften und schleimichten Wesens dieser Früchte zu bemächtigen, und dieses Wesen in seiner ganzen Vollkommenheit aufzubewahren, um eine andere Klasse herzstärkender, geschmackvollerer, angenehmerer und gesünderer Weine daraus zusammen zu setzen, als alle die durch künstliche Gährung erhaltenen Weine sind.

Pomeranzenwein (vin d'orange).

Hat man die feinsten und reifesten portugiesischen Pomeranzen ausgesucht, so schneidet man sie in der Mitte durch, stellt ein Haarsieb auf einen steinzeugenen Kump, nimmt ein Stück Pomeranze nach dem andern, nimmt es zuvörderst zwischen den Daumen und Zeigefinger der einen Hand, und drückt mit der andern aus, nimmt es dann zwischen beide Hände, und drückt es auf der entgegengesetzten Seite aus, bis kein Saft mehr heraus gehet; man sammlet die Kerne auf einem

Winkel des Siebes, denn, wenn man über diesen Kernen ausdrückte, so würde die Säure des Pomeranzensaftes etwas davon mit sich nehmen, welches dann der Flüssigkeit eine unangenehme Bitterkeit beibringen würde. Hat man nun eine gewisse Menge dieser Kerne und Fasern, die beim Ausdrücken dieser Pomeranzenstücke losgegangen sind, so wirft man sie weg. Ist nun diese Arbeit zu Ende, so gießt man die Flüssigkeit in dicke gläserne Flaschen, die man wohl verstopft erhält, und lässet sie so lange stehen, bis sich der Bodensatz in den Flaschen niedergeschlagen hat, man ziehet das Helle mit einem Heber herunter, seihet den Bodensatz durch einen Filtrirsack, und misset die Flüssigkeit, setzt dann ein Neuntel derselben gutes Pomeranzenblütwasser darzu, und läßt zwölf Unzen Zucker, auf jede Pinte gerechnet, darin zergehen. Wann der Zucker wohl zergangen ist, so gießt man die Flüssigkeit in dieselben Gefäße, verstopft sie wohl, und schüttelt sie vierzehn Tage lang, wenigstens einmal des Tages, wohl um, misset dann nochmals, und setzt einen Schoppen Weingeist zu jeder Pinte Flüssigkeit, schüttelt das Gemisch stark um, und hebt es in einem Fasse auf, sobald man eine hinlängliche Menge Flüssigkeit hat, wenigstens in einem Gefäße, welches groß genug ist, um das Ganze zu fassen, und so läßt man es liegen.

Der Pomeranzenwein ist vielleicht das angenehmste und gesundeste Getränk unter allen bekannten Liqueurweinen; hat aber gleiche Unbequemlichkeit als die spanischen Weine von der besten Güte, die nicht eher recht trinkbar werden, als bis sie verschiedene Jahre alt sind. Hiervon habe ich mich desto leichter überzeugen können, da ich dergleichen aufgehoben habe, den ich im vierten Jahre nach seiner Bereitung zu verkaufen anfieng, nun ist er im achtzehnten Jahre und von unendlich

endlich besserer Güte, als er damals war, da ich ihn zu verkaufen anfieng.

Muskattraubenwein (vin de raisin-muscat).

Man sucht die reifsten Muskattrauben aus, beeret sie ab, lieset die grünen oder verfaulten Beere heraus, zerdrückt die ausgelesenen und thut zwei Unzen Fliederblüte auf jede funfzig Pfund Beeren, schüttet alles zusammen in eine große auf einem Ofen gestellte Pfanne, läßt einen gelinden Wall (bouillon couvert) über die Flüssigkeit laufen, und gießt sie dann in ein hölzernes Gefäß. Vier und zwanzig Stunden nach dieser Arbeit legt man hölzerne Geflechte (clayons) auf steinzeugene Näpfe, und wirft die Anfangs mit einem Schaumlöffel abgenommenen Hülsen darauf; läßt dann die Flüssigkeit vier bis fünf Stunden ruhen, gießt das Helle herunter, schüttet den Bodensatz auf die Hülsen, und schüttet sie, wenn sie wohl abgetröpfelt sind, in ein grobes Tuch, drückt sie unter der Presse aus, und misset die Flüssigkeit; läßt dann zehn Unzen Hutzucker auf jede Pinte Flüssigkeit gerechnet, darin schmelzen, und setzt zu jeder Pinte einen Schoppen Weingeist; hebt die Flüssigkeit auf, und bedient sich derselben nur nach einem Jahre nach geschehener Verfertigung.

Wein oder Ratafia von schwarzen Trauben (Franc — pineau.)

Man sucht die möglichst reifsten Trauben aus, beert sie ab und wirft alle verdorbene oder grüne Beeren weg; zerstößt sie in einem marmornen Mörsel mit einer buchsbäumernen Keule; läßt dann einen gelinden Wall über diese flüssige Materie laufen, und vier und zwanzig Stunden lang erkalten, stellt hölzerne Siebe auf

auf Näpfe von Steinzeug, wirft die mit dem Schaumlöffel abgenommenen Hülsen darauf, läßt die Flüssigkeit noch vier bis fünf Stunden ruhen, gießt das Helle herunter, schüttet zu diesen Hülsen den auf dem Boden der Näpfe befindlichen Satz, und wenn alles wohl ausgetröpfelt ist, so schüttet man die Trebern in ein grobes Tuch, und drückt es unter der Presse aus; misset die Flüssigkeit, lässet zehn Unzen Zucker, auf jede Pinte gerechnet, darin zergehen, und setzt zu jeder derselben einen Schoppen Weingeist; rühret das Gemisch um, hebt es auf, und bedient sich dieses Getränks ein Jahr hernach.

Pfirschenwein.

Man suchet reife Magdalenenpfirschen aus, deren Schale von schöner rothen, gilblichen und lebhaften Farbe ist, und verwirft alle diejenigen, an deren Schale etwas Grünliches und Mißfärbiges ist. Man theilt sie in zwei Theile, wirft die aus den Pfirschen genommenen Kerne in ein mit rektifizirtem Brantweine halb angefülltes Gefäß, und legt jede Hälfte der Früchte eine neben der andern in einen Napf von Steinzeuge; zerdrückt sie blos mit dem Daumen, den man auf die Schale jeder dieser Hälften legt, und befeuchtet, wenn man drei Schichten davon gemacht hat, dieselben mit Wasser, welches mit einem Löffel voll Zitronengeist [11] gesäuert ist, einen Löffel voll in jede Pinte dieser Flüssigkeit auf fünf und zwanzig Pfirschen gerechnet. Dieses Schichten und Anfeuchten jeder dieser drei Schichten setzt man fort, und wenn der Napf voll

---

11) Wo bei Dübuisson Zitrongeist ohne weitere Bestimmung vorkommt, ist Zitronensaft darunter zu verstehen. Hab.

voll ist, so läßt man ihn so funfzehn bis zwanzig Stunden stehn, zerdrückt dann alle Theile dieser Früchte völlig, läßt es nochmals vier und zwanzig bis dreißig Stunden stehen, thut diese feuchte Masse in ein grobes Tuch und drückt sie Anfangs gelinde unter der Presse aus, bis nichts mehr herab läuft. Wann alles wohl ausgedrückt ist, so wirft man die Hülsen weg; man misset die Flüssigkeit, und lässet zehn Unzen Zucker, auf die Pinte, darin zergehen. Sobald der Zucker wohl geschmolzen ist, so füllet man das Ganze in ein Gefäße auf zwei Drittheile seines Inhalts, verstopft es wohl und giebt Acht, wann in der Flüssigkeit eine gelinde gährende Bewegung sich zeigt, welches gewöhnlich den achten, neunten, oder zehnten Tag geschiehet. Dann gießt man das Helle herunter, misset die aus den Pfirschkernen mit rektifizirtem Brantweine gezogene Tinktur, gießt einen Theil derselben in das Gefäß, welches den Pfirschensaft enthält, rührt stark um, und misset die übrige Menge Brantwein, die noch zu der Flüssigkeit kommen soll, nämlich einen Schoppen auf jede Pinte, wenn die erstere Menge nicht hinreichend gewesen ist. Diesen Brantwein gießet man wiederum auf die Kerne, läßt sie damit einen Monat lang im Aufgusse stehen, oder schüttet alles zusammen in eine Blase, setzt sie ins Bad, bedeckt sie mit dem blinden Helme, verkleibt die Fuge und erhält die Flüssigkeit acht und vierzig Stunden lang im siebenzigsten Wärmegrade; wann es erkaltet ist, so nimmt man den Deckel ab, gießt das Helle herunter, füllet diese zweite Tinktur in ein Gefäß und gießet eine hinlängliche Menge Flußwasser auf die in der Blase gebliebenen Pfirschkerne, setzt den mit seinem Abkühler versehenen Hut auf, legt Schlangenröhre und Vorlage an, und destilliret bis zum Grade des kochenden Wassers; nimmt die Vorrichtung aus einander, wirft das Rückbleibsel weg,

weg, und gießt das Produkt, so wie die aufgehobene Tinktur in das den Liqueur enthaltende Gefäß, man rührt stark um, und lässet es setzen.

Dieser Wein ist nicht weniger lieblich und, nach dem Ausspruche der Aerzte, eben so heilsam, als der Pomeranzenratasia, doch muß man ihn ebenfalls unter die Zahl der weinichten Liqueure rechnen, die nur durchs Alter vorzügliche Güte erlangen. Ich habe noch wirklich dergleichen, welcher achtzehn Jahr alt ist, und die bestmöglichste Güte erreicht hat.

Kirschwein.

Hat man Kirschen 12) in ihrer höchsten Reife, so reiniget man sie von ihren Stielen, nimmt die Kerne heraus, und hebt sie auf, um sie zu künftig anzuführendem Gebrauche anzuwenden. Gleichermaßen nimmt man recht schwarze Vogelkirschen (merises) und pflückt sie blos von ihren Stielen ab. Wann diese Früchte so vorbereitet worden sind, wiegt man fünf Theile Kirschen und einen Theil Vogelkirschen ab, stößt sie in einem marmornen Mörsel mit einer buchsbäumernen Keule, und schüttet sie in eine Konfektpfanne. Wann das Gefäß voll ist, so bringt man es auf den Ofen, und macht Feuer; wann ein gelinder Wall über die Flüssigkeit gelaufen ist, so gießt man sie in ein hölzernes Gefäß, welches man an die freie Luft stellet. So lässet man diese Flüssigkeit vier und zwanzig Stunden lang erkalten, legt dann hölzerne Geflechte auf Näpfe von

---

12) Gewöhnlich werden unter cerises saure Kirschen oder Weichsel verstanden, die übrigen Sorten guignes, griottes, bigareaux, merises, coeurets, u. s. w. sind größtentheils süßer Art.   Hah.

von Steinzeug, wirft Anfangs die mit dem Schaum=
löffel abgenommenen Hülsen darauf, lässet die zuerst
durchgelaufene Flüssigkeit vier bis fünf Stunden ruhig
stehen, gießt dann das Helle herab, schüttet den Bo=
densatz auf die Hülsen, schüttet, wann es wohl aus=
getröpfelt ist, die Treber auf ein grobes Tuch, und
drückt es unter der Presse stark aus; misset dann die
Flüssigkeit, lässet zehn Unzen Hutzucker auf jede Pinte
Flüssigkeit darin zergehen, und setzt, wann er wohl auf=
gelöst ist, noch auf jede Pinte einen Schoppen Wein=
geist, rührt das Gemisch um, füllet es auf ein Gefäß
und bedient sich desselben erst nach einem halben Jahre.

Auf diese Weise hat man einen Kirschwein, der
desto heilsamer ist, da die Bestandtheile dieser Früchte
unversehrt erhalten worden sind.

Was die aufgehobenen Kerne anlangt, so schüt=
tet man sie nebst ein wenig Wasser in einen Napf, reibt
sie gegen einander mit den Händen, bis alle Haut los=
gehet, die fest an der Schale der Kerne anhängt; dann
läßt man sie trocken werden, wie bei Gelegenheit des
Maraskins gesagt worden ist, und macht dann daraus
das Kirschkernwasser oder Oel, nach oben angeführter
Formel.

Die meisten Künstler zerstoßen die frisch ausge=
machten Kerne, und nehmen sie nicht nur zu dem
Kirschweine oder Ratafia, sondern setzen auch noch Nel=
kenblätter, Zimt, Himbeeren, Muskatenblumen und
Gewürznelken dazu. Ob nun gleich diese verschiede=
nen Substanzen, wenigstens von den meisten derselben
des Geschmacks halber dazu genommen werden, so ist
es doch nicht weniger einleuchtend, daß diese gewürz=
haften Substanzen den Geruch und Geschmack des
Kirschsaftes verschlingen. Mich dünkt, es würde viel

besser

besser gethan seyn, im Fall man diesem Weinliqueure mehr magenstärkende Kräfte mittheilen wollte, nichts als die Vanille dazu zu nehmen, da eine verhältnißmäßige Menge dieser Substanz vorher in dem Weingeiste infundirt, welcher einen Theil dieser Zusammensetzung ausmachen soll, nach meiner Ueberzeugung bessere Wirkung thun würde, besonders, da ich noch überdies beobachtet habe, daß der Geruch und der Geschmack der Vanille mehr Aehnlichkeit mit dem ausgedrückten Kirschsafte habe, als alle andere aromatische Substanzen.

Wein von den vier rothen Früchten
(vin des quatre fruits rouges).

Dieser Ratafia bestehet aus Kirschen, Johannisbeeren und Vogelkirschen oder Maulbeeren, wozu man etwas weniges Vanille nimmt. Man nimmt dreißig Pfund recht reife Kirschen von lieblichem Geschmacke, pflückt sie von den Stielen, die man wegwirft, und nimmt die Kerne heraus, die man zu vorhin angegebenem Gebrauch aufhebt; schüttet diese Kirschen nebst sechs Pfund Vogelkirschen in einen marmornen Mörsel, zerdrückt sie wohl durch Umführung der Keule, schüttet dann diese Masse in eine auf ihrem Ofen stehende Kanne, lässet einen gelinden Wall darüber laufen, und füllet die Flüssigkeit in ein hölzernes oder unglasurtes irdenes Gefäß. Man nimmt gleichfalls sechs Pfund Johannisbeeren und acht Pfund Himbeeren, die man auch von ihren Stielen und Kämmen reiniget; schüttet zuerst die Johannisbeeren in den Mörsel und zerdrückt sie, thut dann die Himbeeren hinzu, und zerdrückt sie ebenfalls durch gelinde aber doch hinlänglich lange Umtreibung der Keule, damit diese beiden Früchte wohl unter einander kommen; schüttet diese Flüssigkeit in ein Gefäße von Steinzeug, lässet sie vier und zwanzig Stunden lang ruhig stehen, mischt sie dann mit der Kirschmasse, rühret diese beiden Flüssigkeiten stark und hinlänglich lange unter einander, lässet es sechs Stunden ruhen, legt hölzerne Siebe auf steinzeugene Näpfe, schüttet zuerst die abgenommenen Hülsen darauf, und breitet sie mit dem Schaumlöffel aus einander, seihet durch und drückt aus, wie oben; misset die Flüssigkeit, und lässet zehn Unzen Zucker, auf die Pinte, darin zergehen, misset dann eben so viel Schoppen Weingeist ab als Pinten Flüssigkeit sind, gießt diesen Geist in eine Blase und schüttet eine halbe Unze Vanille, auf jede acht Pinten Weingeist, dazu hinein, setzt die Blase ins Bad, bedeckt sie mit dem blinden Helme, verkittet die Fugen und erhält die Flüssigkeit acht und vierzig Stunden lang im ein und siebenzigsten Grade, lässet sie erkalten, und gießt das Ganze in den zubereiteten Fruchtsaft; rührt das Gemisch stark um, und hebt es auf, um sich desselben sechs Monate hernach zu bedienen.

Schwarzer Johannisbeerwein
(vin de cassis).

Der Strauch, der diese Gattung Johannisbeeren trägt, ward in Frankreich vor etwa fünf und dreißig Jahren auf Veranlassung einer Schrift eingeführet, unter dem Titel: Abhandlung von der schwarzen Johannisbeere (traité du cassis). Ob nun wohl diese Pflanze die ausschweifenden Lobeserhebungen dieses Verfassers nicht verdienet, so bin ich doch überzeugt, daß diese Beeren nicht kraftlos sind, und in dieser Ueberzeugung entschließe ich mich, die Vorschrift von einer Art Wein von schwarzen Johannisbeeren hier mit zu theilen, welcher, dem Geruche und Geschmacke nach,

dem

dem Weine von Alikante beikommt, wenn unser Ratafia zwei bis drei Jahr alt geworden ist.

Den Wein von schwarzen Johannisbeeren zu bereiten, nimmt man diese Frucht in ihrer größten Reife, beert sie ab, und zerdrückt dieselben durch Umtreibung der Keule in einem Mörsel, thut dann eine Pinte Wasser auf acht Pfund Früchte hinzu, bewegt die Keule nochmals gelinde herum, doch so lange, bis diese beiden Flüssigkeiten wohl unter einander gemischt sind; schüttet die Flüssigkeit in eine Pfanne, und setzt sie, wann sie voll ist, auf den Ofen, macht Feuer, und läßt einen gelinden Wall über die Flüssigkeit laufen; gießt sie dann in ein hölzernes Gefäß, setzt es an die freie Luft, und befolgt übrigens gleiches Verfahren, wie beim Kirschweire.

Himbeerwein (vin de framboises).

Dieser Wein bestehet aus einem Theile Johannisbeeren, und einem Theile Maulbeeren gegen fünf Theile Himbeeren. Da aber die Maulbeeren eine spätere Frucht sind, so verfertiget man diesen Wein zu zwei verschiedenen Zeiten, wie folget.

Man nimmt dreißig Pfund schöne rothe Himbeeren, und sechs Pfund frisch gesammelte Johannisbeeren, reiniget sie von ihren Stielen und Kämmen, schüttet dann einen Theil Johannisbeeren in den Mörsel, und zerdrückt sie, thut dann auch einen Theil Himbeeren hinzu, quetscht nochmals durch gelinde Umführung der Keule, doch hinlänglich lange, daß diese beiden Früchte innig vermischt werden, und fähret so fort, bis alle Frucht verbraucht ist. Diese Flüssigkeit schüttet man in ein Gefäß von Steinzeug, läßt es vier und zwanzig Stunden ruhen, gießet es dann auf grobe

Tücher aus, die man anfänglich gelind, eines nach dem andern, unter der Presse ausdrücket. Nachgehends misset man die Flüssigkeit und lässet acht Unzen Zucker, auf jede Pinte gerechnet, darin zergehen; misset dann eben so viel Schoppen Weingeist, gießet sie in das Gefäß, worin der Saft dieser Früchte ist, rühret das Gemisch stark um, und hebt es auf, bis die Maulbeeren reif zum Sammlen sind.

Dann wiegt man fünf Pfund dieser Frucht und zerquetscht sie, setzt drei Schoppen Wasser darzu, lässet einen gelinden Wall darüber laufen, und dann die Flüssigkeit sechs und dreißig Stunden lang erkalten. Man gießet sie auf grobe Tücher, drückt sie unter der Presse aus, misset die Flüssigkeit, lässet acht Unzen Zucker auf die Pinte darin zergehen, und setzt eben so viel Schoppen Weingeist dazu, als Pinten Flüssigkeit sind. Man gießet das Gemisch zu der aufgehobenen Flüssigkeit, rühret das Gefäß im ersten Monate drei bis viermal stark um, und lässet das Getränk ein Jahr durch zu seiner Reife kommen.

Der Himbeerwein hält sich so lange, als die andern Liqueurweine, erlanget so gar durchs Alter mehr Güte, doch findet man nach Verfluß von sieben bis acht Jahren den Wohlgeruch dieser Frucht dergestalt verschlungen, daß er kaum mehr zu spüren ist, ob man gleich das Gefäß sorgfältigst verstopfet und verwahret hat.

Von den im Brantwein eingemachten Früchten.

Obgleich die verschiedenen Gattungen von Getränken, wovon eben die Rede gewesen ist, eher unter die

nahr-

nahrhaften Substanzen, als unter die arzneilichen zu rechnen sind, so haben sie doch unsere Aufmerksamkeit um desto mehr zu verdienen geschienen, da sie mit der Kunst unmittelbar zusammen hängen, die Früchte so lange als möglich zu erhalten, um sie in einer Jahrszeit genießen zu können, worin die Erde uns, so zu sagen, alle Gattungen von Nahrungsmitteln entziehet.

Wenn wir noch nicht dahin gelanget sind, die lebhafte Mischung der Farben aller Früchte, die wir in diese Klasse setzen zu müssen geglaubt haben, ebenmäßig zu erhalten, so können wir uns doch rühmen, Mittel gefunden zu haben, ihre Bestandtheile, ihre natürliche Gestalt, wie nicht weniger den jeder dieser Früchte eigenen Geruch und Geschmack unverletzt erhalten zu können.

Doch wußten nur vor vierzig Jahren unsere Destillirer durchaus nichts von dieser Kunst. Alle ihre Geschicklichkeit lief dahin aus, mit Kirschen, Pflaumen, Aprikosen, Pfirschen u. s. w. Gefäße halb voll, oder bis auf zwei Drittheile anzufüllen, dann Zucker in einer bestimmten Menge Wassers auflösen zu lassen, den zerschmolzenen Zucker nebst gleichen Theilen Brantwein auf die Frucht zu gießen, die Flüssigkeit umzurühren, die Gefäße zu verstopfen, und sie der Sonnenwärme auszusetzen. Da man nun bemerkte, daß der Brantwein sich vom Zucker trennete, um in das Innere der Frucht einzudringen, und sie dergestalt zu verhärten, daß, wenn man sie kostete, man keinen andern Geschmack, als den Brantweingeschmack empfand, so sahe man um desto eher die Nothwendigkeit ein, diesem Fehler abzuhelfen, da er von mehrern begleitet ward; denn dieser Brantwein nahm auch die natürliche Farbe dieser Früchte weg, welches ebenfalls auf den Gedanken brachte, die Früchte vorher im Wasser zu bleichen, um sie dann in Zucker einzumachen. Ob nun gleich beide Mittel die einzigen zur Erreichung dieser Endzwecke waren, so erinnere ich doch, daß man sie nicht ohne Unterschied und absichtslos anwende, da ich bemerkt habe, daß die saftigen Früchte den größern Theil ihres Wohlgeruchs durchs Bleichen in reinem Wasser verlieren, und daß, wenn man die Reireclaude und die Mirabellenpflaumen in einem allzu dicken Sirope bleichen läßt, diese Arten Früchte runzlicht werden und zusammen schrumpfen. Wäre hingegen der zur Bleichung der Kirschen, Pfirschen und Aprikosen bestimmte Sirop so sehr mit Wasser verdünnet, als der zu den Pflaumen anzuwendende, so würden auf der andern Seite diese genannten Früchte zerweichen und zur Marmelade werden. Ist nun ein Künstler Willens, eine dieser Früchte zu bearbeiten, so muß er nicht blos auf die Gattung, sondern auch auf die Menge Wässerigkeit welche die Frucht enthält, und auf den Grad ihrer Reife Rücksicht nehmen, nach unserer Beobachtung, daß in dem einen oder in dem andern Falle einige Grade von Sude mehr oder weniger dem Sirope gegeben werden müssen, den man zur Bleichung, oder zur Vorbereitung dieser Früchte bestimmet. Diese Gründe haben mich auch vermogt, zu schließen, daß die erste Sorgfalt des Künstlers, nach geschehener guten Auswahl der Früchte, dahin gehen müsse, dieselbe in drei Theile zu theilen, und den Anfang des Bleichens mit den festesten und härtesten zu machen, und so fort.

Obgleich der Grad von Hitze, den man bei jeder dieser Früchte anbringen muß, so wie die Zeit, wie lange sie in dem zur Durchdringung derselben zubereiteten Sirope liegen soll, fast stets von der Einsicht des
Künst=

Künstlers abhängt, so will ich mich doch befleißigen, diese Gegenstände hinlänglich verständlich vorzutragen, damit unsere Zöglinge desto eher in Stand gesetzt werden mögen, sie zur gehörigen Vollkommenheit zu bringen.

Im Brantwein eingemachte Kirschen.

Hat man Kirschen von der besten Güte ausgesucht, so wiegt man fünf Pfund ab, schneidet die Stiele halb durch, und sticht mit einer starken Nadel vier bis fünfmal in die Frucht. Dann läßt man vier Pfund Zucker abschäumen, und nimmt, wann der Sirop zum Faden gesotten ist, das ist, wenn ein Tropfen, zwischen zwei Fingern ausgedehnt, einen kleinen Faden bildet, das Gefäß vom Feuer, lässet ihn fünf bis sechs Minuten erkühlen, gießt dann eine Sechzehntelpinte (demi poisson) mit Gewürznelken übergezogenes Nelkenwasser, oder, wenn man lieber will, eine gleiche Menge unsers doppelten Zimtwassers; schüttet darauf die so vorbereiteten Kirschen hinzu, und rührt sie unter diesen Sirop durch allmäliges aber langes Schütteln des Gefäßes. Vier und zwanzig Stunden hernach setzt man es auf ein sehr gelindes Feuer, und macht die Flüssigkeit etwas über lau warm, während, daß man von Zeit zu Zeit umrühret, damit alles gleichförmig erwärmt werde. Man nimmt das Gefäß vom Feuer, und wiederholet nach acht und vierzig Stunden gleiche Behandlung, schüttet darauf eine Pinte Weingeist hinzu, und rühret das Gemisch gelind und so, daß die Frucht nicht zerquetschet werde; nimmt alles mit einem großen silbernen Löffel heraus, und hebt es in einem weithälsigen wohlverstopften Gefäße auf. Zwei Monate hernach gießt man nochmals ungefähr einen Schop-

Schoppen Weingeist dazu, verstopft das Gefäß nochmals genau, und schüttelt es um.

Auf diese Weise behalten die Kirschen zwei bis drei Jahre lang ihre völlig lebhafte Farbe, und man hat stets völlig eßbares Obst (compotes), dessen Farbe und Geschmack eben so angenehm, als es selbst heilsam ist.

Brantweinpfirschen (pêches á l'eau de vie).

Man sucht vierzig schöne Magdalenen, oder so genannte Krappfirschen (garance) aus, deren Schalen eine schöne lebhafte rothe und gilbliche Farbe haben; denn ich habe angemerkt, daß diejenigen, die an ihrer Schale etwas Grünliches oder Dunkelfarbiges haben, viel schlechter sind.

Wenn man nun dergleichen gute Früchte ausgewählet hat, so wischt man sie eine nach der andern mit einem feinen Tuche ab, durchsticht sie mit einer starken Nadel, und liest aus den Reifen die Härtern aus.

Nach dieser Vorbereitung der Frucht schäumet man fünf Pfund Zucker ab, und wenn er zum Faden gesotten ist, nimmt man das Gefäß vom Feuer, schüttet nach vier bis fünf Minuten zuerst die hältern Pfirschen hinein, rührt sie mit einem hölzernen Löffel in den Sirop, setzt dann das Gefäß auf ein sehr gelindes Feuer, und fährt fort, die Frucht dergestalt umzurühren, daß sie in allen ihren Theilen gleichförmig erwärmt werde; man nimmt sie heraus, und legt diejenigen auf ein Sieb, welche die Farbe verändert haben, denn an diesem äußern Kennzeichen und am Berühren erkennet man, ob die Frucht hinlänglich gebleichet ist.

Nach

Nach dieser Behandlung nimmt man das Gefäß vom Feuer, und legt eine Pfirsche nach der andern wieder in den Sirop, gießt auch den durch das Sieb gelaufenen Saft dazu; setzt nach vier und zwanzig Stunden den Sirop auf ein sehr gemäßigtes Feuer, treibt die Frucht von Zeit zu Zeit in dem Gefäße herum, und wann alles leidlich heis ist, so nimmt man das Gefäß vom Feuer und wiederholet acht und vierzig Stunden hernach gleiche Behandlung. Man lässet es verkühlen, nimmt eine Pfirsche nach der andern heraus, legt sie neben einander in Siebe, gießt drei Schoppen Weingeist in den Sirop, rühret das Gemisch stark unter einander, seihet es durch ein Tuch und gießt diese Flüssigkeit in ein dazu bestimmtes Gefäß; läßt eine Pfirsche nach der andern hineinlaufen, und setzt das wohlverstopfte Gefäß bei Seite, schüttelt es aber gelinde alle drei Tage, bis alle Früchte zu Boden gefallen sind. Zwei Monate hernach gießet man noch etwa einen Schoppen Weingeist hinein.

Die Mignonpfirsche, deren Geruch jene an Güte übertrift, wird auf gleiche Art behandelt.

Diese so eingemachten Früchte erhalten ihren natürlichen Geruch und Geschmack, wie auch die ihnen eigene Farbe ein Jahr hindurch.

Pflaumen.

Die Pflaumen leisten große Dienste bei der Tafel, die verschiedenen Arten, sie dazu geschickt zu machen, übergehe ich, so wie die unzähligen Abarten dieser Früchte, und will nur ein Wort von denen sagen, die zum Einmachen im Brantweine vorgezogen werden, und die besten hiezu scheinen.

Die weise damascener Pflaume, sonst Aprikosenpflaume genannt, ist weis, dick, rund, und erlangt mit der Zeit einen kleinen röthlichen Anstrich, der sie einer kleinen Aprikose ähnlich macht. Sie ist von angenehmem Geschmacke, und ihr Wohlgeruch ist vortreflich. Die Reineclaudepflaume ist eine Gattung großer weiser damascener Pflaume, hellgrün, etwas gilblich, rund, an beiden Enden breit gedrückt und ziemlich spät reifend. Sie ist von festem, dickem Fleische, lässet, wann sie gut und zur rechten Zeit gesammlet ist, ihren Kern los, und ist eine der süßesten, und eingemacht von grüner Farbe.

Die Mirabelle ist eine Abart der kleinen damascener Pflaume, welche hartverdaulich ist (qui charge beaucoup). Diese Pflaume läßt ihren Kern los, und ist süß genug; roh oder eingemacht ist sie gleich gut, im letztern Zustande aber ziehet man sie vor.

Ueberdem ist es mit den Pflaumen, wie mit den Aepfeln und Birnen; so zahlreich ihre Gattungen auch seyn mögen, so hat man sie doch für bloße Spielarten eines und desselben Geschlechtes anzusehen.

Da die Pflaumen alle auf einerlei Art eingemacht werden, so wollen wir die Reineclaudepflaumen zum Beispiele wählen.

Man sammlet diese Pflaumen vor Aufgang der Sonne, wann sie anfangen reif zu werden. Hat man nun eine gute Wahl getroffen, so wiegt man sechs Pfund davon ab, durchsticht sie mit einer starken Nadel, läßt vier und ein halb Pfund Zucker abschäumen, welchen man mit einer größern Menge Wasser verdünnet, als man oben nahm, und schüttet hierein die sechs Pfund zurechte gemachten Pflaumen. Diese Flüssigkeit erhitzet man bei einem sehr gemäßigten Feuer, rühret

ret sie mit einem hölzernen Löffel gelinde um, und nimmt, wann diese Pflaumen anfangen gelb zu werden, das Gefäß vom Feuer und stellt es an die freie Luft. Vier und zwanzig Stunden hernach setzt man das Gefäß wieder übers Feuer, und wann die Flüssigkeit über lauwarm ist, so nimmt man es vom Feuer, und wiederholet diese Operation drei bis viermal, jeden zweiten Tag, doch daß man alsdann die Flüssigkeit bis zum achtzigsten Grade erhitzt. Vier und zwanzig Stunden nach dieser letzten Behandlung, nimmt man die Pflaumen mit einem Löffel heraus, legt sie auf Siebe, gießt drei Schoppen Weingeist in den Sirop, seihet ihn durch, und erfüllet mit diesem Gemische ein Gefäß bis zu zwei Drittheilen seiner Weite an, lässet die Früchte sachte herein laufen, verstopft das Gefäß, hebt es auf, und setzt nach drei Monaten einen Schoppen Weingeist hinzu.

Russeletbirnen (poires de rousselet).

Es ist wohl keine bekanntere und geschätztere Birne, als diese. Sie ist von mittlerer Größe, schlank, gegen den Stiel zu dünne, von Farbe grau, rothgilblich auf der einen Seite, und dunkelroth auf der andern, mit untermischten grünen Stellen, die zur Zeit ihrer Reife gelb werden. Das Fleisch ist zart, fein, ohne Fasern, ihr Saft ist angenehm, und von einem Wohlgeruche, den man blos bei ihr findet. Diese Birnen reifen gewöhnlich Ausgangs des Augusts und in den ersten Tagen des Septembers. Am wohlriechendsten ist die auf hohen Bäumen gezogene. Die Russeletbirne hat ihrer Vorzüge ungeachtet den Nachtheil, daß sie leicht im Innern teigicht wird, weshalb man, um nicht betrogen zu werden, sie sehr genau untersuchen muß.

Hat man nun eine gute Wahl derselben getroffen, so wiegt man sechs Pfund davon ab, thut sie in kaltes Wasser, setzt das Gefäß übers Feuer, und erhitzet es, ohne es ins Kochen kommen zu lassen, bis die Birnen sich weich anfühlen. Da aber stets einige dieser Früchte eher zeitigen, als die andern, so nimmt man dieselben, wann man merkt, daß sie ihre Farbe verändern, mit einem Löffel heraus, und legt sie in kaltes Wasser. Nach dieser Vorbereitung schabet man die Stiele ab, schälet die Schale dünne ab, und wirft die Frucht in ein anderes Gefäß, welches auf drei Viertheile mit kaltem, recht hellem Wasser angefüllet ist. Man schäumet fünf Pfund Zucker ab, verdünnet den Sirop noch etwas mehr, als der zu den Pflaumen war, thut die Frucht hinein, und läßt das Gemisch eine Viertelstunde lang sieden. Diese Behardlung wiederholet man alle vier und zwanzig Stunden drei bis vier Tage hindurch, nimmt darauf die Früchte mit einem Löffel heraus, legt sie auf Siebe und gießet drei Schoppen Weingeist und eine Viertelspinte gutes Pomeranzenblütwasser in den Sirop, rühret das Gemisch stark um, seihet es durch den Filtrirsack, füllet die Flüssigkeit in ein Gefäß, thut die Frucht dazu, verstopft das Gefäß, hebt es auf, und setzt nach drei Monaten noch etwa einen Schoppen Weingeist dazu.

Andere Art die Russeletbirne einzumachen.

Man nimmt eben die Menge Birnen, bedeckt sie mit gluenden Kohlen, um die Schale zu rösten, die man dann abschälet, und darauf diese Früchte in kaltes Wasser legt. Man schäumet gleiche Menge Zucker ab, verdünnet den Sirop mit noch mehr Wasser, und unterhält seine Flüssigkeit, so lange sie zum Sieden der Frucht Dienste leistet. Bemerkt man, daß einige dieser

ser Birnen eher weich werden, als die andern, so nimmt man sie mit einem Löffel heraus, legt sie auf ein Sieb, und wann die übrigen im gleichen Grade gar sind, so thut man sie wiederum in den Sirop, welcher dann viel stärker seyn muß, und befolgt übrigens gleiches Verfahren, wie oben.

Wenn diese Birnen gleich nicht den Vorzug haben, eben so weis zu seyn, als die anders behandelten, so sind sie doch nicht weniger lieblich.

Aprikosen.

Es giebt verschiedene Sorten Aprikosen, die im Geschmacke und in der Größe von einander abweichen, doch kommen die besten von hochstämmigen Bäumen, sie sind größer, schönfarbig, weder zu wenig, noch allzu reif, lieblich am Geschmacke, und die Kernen gehen leicht vom Fleische herunter.

Hat man nun sechs Pfund Aprikosen, die nahe an ihrer vollkommenen Reife sind, ausgewählt, so liest man die festesten aus den reifesten heraus, schäumet dann fünftehalb Pfund Zucker ab, und wann dieser Sirop die gehörige Konsistenz hat, so legt man zuerst die härtesten Aprikosen hinein, und nimmt sie, wann sie ihre Farbe zu verändern anfangen, und sich etwas weich anfühlen, mit einem Löffel heraus, legt sie auf Siebe und nimmt darauf das Gefäß vom Feuer, lässet den Sirop erkalten, gießet anderthalbe Pinte Weingeist und eine Viertelpinte gutes Pomeranzenblütwasser hinein, rühret das Gemisch stark um, seihet es durch den Filtrirsack, füllet die Flüssigkeit in ein Gefäß, lässet die Frucht sachte hineinlaufen, verstopft es genau, und hebt es auf, während daß man aller zwei Tage das Gemisch umschüttelt, bis die Frucht zu Boden gefallen ist, dann thut man noch ohngefähr einen Schop=

Schoppen Weingeist hinzu, schüttelt alles unter einander, hebt es auf, und bedienet sich desselben zwei bis drei Monate hernach.

Muskatellerbeeren (raisin - muscat).

Man sucht die größten und reifsten Trauben aus, beeret sie ab, und lässet die Kerne heraus machen, wieget sechs Pfund von dieser Frucht ab, lässet dann eine halbe Unze Fliederblüten in zwei Pinten Wasser ausziehen, gießet die Flüssigkeit durch, bricht fünftehalb Pfund Zucker in Stücken, schläget ein Eiweis in dem Fliederaufgusse, gießet einen Theil davon auf den Zucker, setzet das Gefäß aufs Feuer, und gießt, sobald der Sirop Blasen wirft, den übrigen Aufguß dazu. Sobald der Sirop abgeschäumt und zum Fluge eingesotten ist, schüttet man die Beeren herein, und nimmt, wann die Flüssigkeit dem Kochen nahe ist, das Gefäß vom Feuer, setzet die Flüssigkeit nach vier und zwanzig Stunden wieder übers Feuer, und erhitzet sie zu gleichem Wärmegrade, wiederholet diese Behandlung noch einmal, und setzt, wann alles wohl erkaltet ist, zwei Pinten Weingeist dazu, rühret das Gemisch lange und gelinde um, und füllet es endlich in ein wohl zu verstopfendes Gefäß, welches man bei Seite setzt, um davon erst nach drei oder vier Monaten Gebrauch zu machen.

Agrestbeeren (verjus).

Man sucht die größten unreifen Trauben aus, beeret sie ab, reiniget sie von ihren Kernen, schäumet fünf Pfund Zucker ab, und siedet den Sirop zum Fluge. Uebrigens befolgt man gleiches Verfahren, wie bei den Muskatellerbeeren.

Von wässerigen Liqueuren.

Ehe ich zu den blos wässerigen Flüssigkeiten übergehe, glaube ich, etwas von den andern Arten Getränken sagen zu müssen, die das Mittel zwischen den vorhergehenden und den künftig abzuhandelnden Flüssigkeiten halten, und gleichsam den Uebergang zu ihnen machen. Ich muß aber erinnern, daß, da diese wässerigen Liqueure sich nur einige Tage länger, als die kühlenden Getränke, halten, der Künstler nur so viel davon bereiten müsse, als er vor der Hand davon zu verbrauchen denkt, ob er gleich die dazu gehörigen verschiedenen Substanzen stets in hinlänglicher Bereitschaft haben soll.

Liqueurwasser aus Kirschen (liqueur anodine des cerises).

Man nimmt zwei und ein viertel Pfund Kirschen von gutem Geschmacke, pflückt die Stiele ab, macht die Kerne aus, und hebt sie auf, schüttet die Frucht in einen marmornen Mörsel, quetscht sie durch Umführung der Keule, doch daß die Schale der Kirschen nicht allzu sehr zertheilet werde; gießet drei Viertelpinten Wasser in die Masse, treibet die Keule nochmals gelinde herum, doch so lange, bis die Theile wohl vereiniget sind, gießet diese Flüssigkeit in einen Napf von Steinzeug, und thut einen Kaffeelöffel Zitronensaft darzu, welche Menge man einigermaßen erhöhen kann, wann die Kirschen durch ihre Reife einen Theil ihrer Säuerlichkeit verlohren haben; man rührt das Gemisch mit einem hölzernen Löffel sachte um, lässet es zwei Stunden, und, wann die Luft kalt ist, noch etwas drüber stehen; man wäscht die aufgehobenen Kerne und reibet sie gegen einander, um die scharfe Haut los zu schie-

schieben, die fest äußerlich an dem Kerne hängt, stößet sie dann in einem Mörsel, und schüttet sie mit acht Unzen weisen Zucker in einen Topf von Steinzeuge oder Delfter, welchen man mit einem groben Tuche bedeckt, und die Flüssigkeit dadurch laufen läßt; die Hülsen presset man aus, rühret die Flüssigkeit stark um, und lässet die Kerne noch eine halbe Stunde damit im Aufgusse stehen. Dann gießet man die Flüssigkeit durch einen tuchenen Filtrirsack, bis die Flüssigkeit recht helle ist, setzet drei Sechzehntheilpinten unsers rektifizirten Brantweins dazu, rühret das Gemisch um, und stellt es an einen kühlen Ort, um sich desselben nach Gefallen zu bedienen.

Die Zuthat dieser Säure trägt, wenn sie in gutem Verhältnisse dazu gesetzt wird, ungemein viel zur Entwickelung des gewürzhaften Grundtheils der Kirsche bei. Auch entstehet aus der Vermischung dieser Säure mit dem rektifizirten Brantweine in unserm Liqueure eine Verbindung, die einen neuen und angenehmen Geruch und Geschmack erzeuget, so daß ich den Zitronensaft für wesentlich dabei zu halten nicht umhin kann.

Will man unserm Liqueurwasser noch mehr Kräfte mittheilen, so setzt man eine Sechzehntheilpinte doppeltes Zimtwasser, oder eben so viel unsers mit Gewürznelken aromatisirten Nelkenwassers, oder auch eine Vermischung beider zu gleichen Theilen zu.

Liqueurwasser aus Erdbeeren (liqueur anodine de fraises).

Man nimmt die runde, etwas längliche Erdbeere, die man gewöhnlich Buscherdbeere nennt, oder solche, die von dieser in unsere Gärten gepflanzte Art kommen. Sie müssen wohlriechend, von purpurhaftrother

rother und lebhafter Farbe, und vor Aufgang der Sonne frisch gesammelt seyn.

Hat man nun dergleichen gute Früchte, so reiniget man sie von ihren Stielen, wieget ein halbes Pfund davon ab, schüttet sie in einen marmornen Mörsel und quetscht diese Frucht durch Umführung der Keule; giesset dann drei Viertelpinten recht helles Flußwasser dazu, und führet die Keule nochmals gelinde herum; füllet die Flüssigkeit in ein unglasurtes Gefäß, setzt einen großen Kaffeelöffel voll Zitronensaft dazu, rühret das Gemisch sachte mit einem hölzernen Löffel um, lässet es zwei Stunden lang zusammen stehen; wieget dann acht Unzen weißen Zucker ab, schüttet ihn in einen Topf von Steinzeuge oder Delfter, bedeckt denselben mit einem groben Tuche, gießet die Flüssigkeit durch, und presset die Hülsen aus. Wann der Zucker völlig zergangen ist, so seihet man die Flüssigkeit durch einen tuchenen Filtrirsack, setzet drei Sechzehntheilpinten rektifizirten Brantwein und eine Sechzehntheilpinte oder auch nur einen Kaffeelöffel voll Pomeranzenblütwasser zu, rühret das Gemisch um, und hebt es an einem kühlen Orte auf, um sich desselben nach Nothdurft zu bedienen.

Liqueurwasser aus Himbeeren.

Man verfertiget dies Getränke mit eben so viel Himbeeren, als man bei vorigem Erdbeeren genommen hat. Die Himbeeren müssen geruchvoll, von schöner, lebhafter Scharlachfarbe und frisch vor Aufgang der Sonne gesammelt seyn. Man reiniget sie von ihren Stielen, zerquetscht sie, wie die Erdbeeren, verdünnet sie mit eben der Menge Flußwasser, und eben so viel Zitronensaft, wie beim vorigen; lässet das Gemisch zwei Stunden lang stehen, seihet es durch ein grobes

Tuch, drückt die Hülsen aus, läßt acht Unzen weisen Zucker in der Flüssigkeit zerschmelzen, filtrirt das Gemisch durch einen tuchenen Sack, und setzet eben so viel rektifizirten Brantwein, und eine Sechzehntheilpinte oder auch nur einen Löffel voll mit Gewürznelken aromatisirtes Nelkenwasser hinzu, und hebt den Liqueur zum Gebrauche auf.

Liqueurwasser aus Johannisbeeren (liqueur anodine de groseilles).

Man suchet reife, durchsichtige Johannisbeeren von angenehmer Säure aus, deren Beeren nicht allzu groß sind, beeret sie ab, wieget anderthalb Pfund davon, nimmt noch vier Unzen von ihren Stielen gereinigte Himbeeren dazu, schüttet beide Früchte in einen marmornen Mörsel, quetschet sie mit der Keule, doch daß die Kerne nicht zerstoßen werden, thut drei Viertelpinten Wasser dazu, reibet nochmals, gießet die Flüssigkeit in ein Gefäß, lässet sie eine Stunde stehen, thut zwölf Unzen Zucker in einen Topf, den man mit einem groben Tuch bedeckt und hiedurch die Flüssigkeit gießet, drücket die Hülsen aus, und seihet, wann der Zucker zergangen ist, die Flüssigkeit durch den Filtrirsack; setzt drei Sechzehntheilpinten rektifizirten Brantwein dazu, und hebt das Getränke zum Gebrauche auf.

Liqueurwasser von Zitronen (liqueur anodine de citrons).

Man läßt zwölf Unzen weisen Zucker in einer Pinte recht hellen Wassers zergehen, und suchet vier bis fünf italienische oder portugiesische Zitronen aus, wischt sie äußerlich mit einer weisen Leinwand ab, schneidet sie mitten durch, nimmt jede Hälfte derselben zwischen
den

den Daumen und den Zeigefinger, und drückt mit der rechten Hand dergestalt aus, daß die Saftzellen dieser Frucht zerdrückt und eröfnet werden. Alle diese Schalen lässet man in Zuckerwasser fallen, nimmt sie aber, wann die Arbeit zu Ende ist, eine nach der andern wieder heraus, und drückt sie zwischen beiden Händen gegenseitig, doch so stark aus, daß die kleinen Zellen der gelben Schale dieser Frucht, worin das wesentliche Oel sitzt, sich aufthun; dann seihet man die Flüssigkeit durch den Filtrirsack, setzet eine Achtelpinte einfaches Melissenwasser, und drei Sechzehntheilpinten rektifizirten Brantwein dazu, rühret das Gemisch stark um, und hebt es in einem wohl verstopften Gefäße zum Gebrauche auf.

Liqueurwasser von Pomeranzen (liqueur anodine d'oranges).

Man läßt zehn Unzen weisen Zuckers in einer Pinte recht klaren Wassers zergehen, und lieset vier bis fünf portugiesische Pomeranzen aus, deren Schale fein, und von schöner Goldfarbe ist, wischt sie ab, schneidet sie in zwei Hälften, drückt sie, wie die Zitronen aus, seihet dann die Flüssigkeit durch den Filtrirsack, setzt eine Achtelpinte guten doppelten Pomeranzenblütwassers und drei Sechzehntheilpinten rektifizirten Brantweins hinzu, rühret das Gemisch stark um, und setzt es an einen kühlen Ort in einem wohl verschlossenen Gefäße zum beliebigen Gebrauche.

Wässeriger Theliqueur (liqueur anodine de thé).

Man thut ein Quentchen heysvener Thee, nebst drei Viertelpinten kalten Wassers in einen Kaffeetopf, setzt das Gefäß ans Feuer, und erhält die Flüssigkeit zehn Minuten lang in einer Wärme von zwei Graden unter dem Punkte des kochenden Wassers, nimmt das Gefäß vom Feuer, wirft zweimal so viel, als man mit ein Paar Fingern fassen kann, gepulverten Zucker hinein, und gießet, wann die Flüssigkeit wohl erkaltet ist, das Helle herunter. Man lässet sieben bis acht Unzen weisen Zucker darin zergehen, und gießet, wann er wohl aufgelöset ist, eine Sechzehntheilpinte Agrest (verjus) und drei Sechzehntheilpinten rektifizirten Brantwein dazu, rühret das Gemisch stark um, und gießet es in ein Gefäß, welches man wohl verstopft, und zum Gebrauche aufhebt.

Den Agrest habe ich zu diesem und folgendem Liqueure genommen, weil ich bemerkte, daß dieser saure Saft, weder den angenehmen Geruch noch Geschmack der hinzukommenden Substanzen hinweg nimmt, doch muß man sich diesen Saft, wie unten folgt, selbst bereiten, nicht aber bei den Weinessigbrauern kaufen, der stets eine widrige Bitterkeit aus den Kernen bei sich führet.

Wollte man diesem Tranke noch mehr Kräfte beibringen, so könnte man einige Tropfen unserer ätherischen Ambraessenz, etwas Vanilletinktur, oder eine Tinktur von irgend einer andern gewürzhaften Substanz dazu setzen, welche mit dem Thee Aehnlichkeit hat.

Pomeranzenblütwasserliqueur (liqueur anodine d'eau de fleurs d'orange).

Man misset drei Viertelpinten Flußwasser ab, die man in ein Gefäß nebst drei Sechzehntheilpinten gutem, doppeltem Pomeranzenblütwasser gießt, wozu man noch eine Sechzehntheilpinte sauren Agrestsaft setzt. In diesem Gemische läßt man sieben Unzen Zucker zergehen

gehen, und wenn er wohl geschmolzen ist, so fügt man drei Sechzehntheilpinten rektifizirten Brantwein dazu, rühret das Gemisch um, und hebt es zum Gebrauche auf.

Liqueurwasser aus eingemachten Pomeranzenblüten (liqueur anodine de fleurs-d'oranges confites).

Man schüttet eine halbe Unze überzuckerte (pralinèes) Pomeranzenblüten in eine Pinte kaltes Wasser, bringt das Gefäß übers Feuer, und erhält es zwei Grade unter dem Punkte des kochenden Wassers, bis die Flüssigkeit eine tiefe Zitronenfarbe erhalten hat; dann nimmt man das Gefäß vom Feuer, und gießet, sobald alles wohl verkaltet ist, das Helle herab; lässet in der Flüssigkeit sechs Unzen weißen Zucker schmelzen, und setzet, wann er wohl zergangen ist, eine Sechzehntheilpinte Agrest und drei Sechzehntheil rektifizirten Brantwein dazu, rühret das Gemisch stark um, füllet es in ein Gefäß, und hebt es wohlverstopft zum Gebrauche auf.

Zimtliqueurwasser (liqueur anodine de canelle).

Zuerst gießt man drei Sechzehntheilpinten doppeltes Zimtwasser auf sieben bis acht Unzen weißen Zucker, und eine Sechzehntheilpinte Agrest. Sobald diese beiden Substanzen sich wohl mit dem Zucker vermischet haben, gießet man drei Viertelpinten recht helles Flußwasser dazu, lässet, wann der Zucker gänzlich zergangen ist, zwei Tropfen unserer ätherischen Ambraessenz in drei Sechzehntheilpinten rektifizirtem Brantweine zergehen, gießet dieses in unsere Flüssigkeit,

sigkeit, rühret das Gemisch stark um, und hebt es in einem wohlverschlossenen Gefäße zum Gebrauche auf.

Rosenliqueurwasser (liqueur anodine de roses).

Man thut sieben bis acht Unzen weisen Zucker in ein Gefäß, und gießet eine Viertelpinte Rosenwasser und ein Sechzehntel Agrest darüber. Sobald sich diese beiden Substanzen innig mit dem Zucker verbunden haben so mischet man drei Viertelpinten recht helles Flußwasser dazu, rühret das Gemisch mit einem hölzernen Löffel um, lässet dann zwei Tropfen Ambraessenz, und einen Tropfen wesentliches Cedraöl in drei Sechzehntelpinten rektifizirtem Brantweine zergehen, welchen man dann in die Flüssigkeit gießt, und das Gemisch stark umrühret, u. s. w.

Melissenliqueurwasser (liqueur anodine de melisse).

Man läßt gleiche Menge weisen Zucker in einer Viertelpinte einfachem Melissenwasser zergehen, und gießet, wann der Zucker wohl aufgelöset ist, drei Viertelpinten recht helles Wasser dazu, drücket den Saft von zwei mittelmäßigen Zitronen hinein, seihet die Flüssigkeit durch ein leinenes Tuch, setzt drei Sechzehntelpinten rektifizirten Brantwein dazu, rühret das Gemisch stark um, u. s. w.

Liqueurwasser aus eingemachten Zitronenschalen (liqueur anodine d'écorces de citron confites).

Man gießt eine Pinte kaltes Wasser in ein Gefäß, welches frei von allem Geruche ist, thut anderthalb Unzen frisch eingemachte Zitronenschalen dazu, bringt das Gefäß übers Feuer, und erhält die Flüssigkeit einen Grad unter der Hitze des kochenden Wassers, bis die Flüssigkeit eine schöne Zitronenfarbe erlangt hat, nimmt das Gefäß vom Feuer, gießt, wenn alles erkaltet ist, das Helle herunter, lässet sechs Unzen weisen Zucker darin zergehen, drückt den Saft von zwei kleinen Zitronen hinein, gießt die Flüssigkeit durch, setzet drei Sechzehntelpinten rektifizirten Brantwein dazu, rührt das Gemisch stark um, u. s. w.

Liqueurwasser aus eingemachten Pomeranzenschalen (liqueur anodine d'écorces d'oranges confites).

Man wieget anderthalb Unzen mit Zucker eingemachte Pomeranzenschalen ab, schüttet sie in eine Pinte kaltes Wasser, und befolgt in allen Stücken gleiches Verfahren, wie beim Vorhergehenden.

Diese wässerigen Liqueurtränke lassen sich, wie man sieht, noch weit mehr vervielfältigen; dies sey demnach zur Probe genug.

Vom Kaffee.

Nach Herrn Jussieu's Berichte ward der Kaffee ungefähr im Jahre 1655 in Europa bekannt; die Holländer brachten diesen Baum zuerst aus Arabien nach

Batavia und in den Garten zu Amsterdam; und nach Frankreich kam er durch Herrn von Ressons. Der Name Kaffee rührt von dem türkischen Cahoué (Kaeve) her, unter welchem Namen diese Völker das aus Kaffeebohnen zubereitete Getränk verstehen. Sein eigentlicher Geburtsort ist das Königreich Yemen in Arabien, wo er in Menge wächst. Schon in dem Jahre 1750 hatte sich der Anbau dieses Baums in den französischen Pflanzungen dergestalt vermehret, daß von tausend Zentnern, die damals in Frankreich, dem französischen Flandern, Deutschland und den nördlichen Ländern verbraucht wurden, zum wenigsten neunhundert Zentner aus unsern Pflanzungen waren.

Man glaubt, daß ein gewisser Molah, Schach Dely genannt, der erste Araber gewesen, welcher, um sich von einer Schlaftrunkenheit zu befreien, die ihn in seinen nächtlichen Betäubungen störten, vom Kaffee zuerst Gebrauch gemacht habe; seine Derwische ahmten ihm nach, und ihr Beispiel hatte Nachfolger. Nur erst im Jahre 1650 fiengen die Brantwein- und Scheidwasserdestillirer, die schon unter dem Namen Liqueurhändler bekannt waren, an, Kaffee öffentlich in Paris zu verschenken, und man will angemerkt haben, daß dies neue Getränk viel Einfluß auf die Umbildung der Sitten der Einwohner dieser Hauptstadt gehabt habe. In England soll ein gewisser Eduard 1652 das Kaffeegetränke in London zuerst eingeführet haben, da er von einer Reise in die Türkei nach Hause gekommen war.

In Rücksicht des Unterschieds haben bis jetzt unstreitig noch die arabischen Bohnen den Vorzug. Die von Bourbon und Java gleichen demungeachtet denselben, sowohl in Absicht der Farben, als der Größe

der

der Bohnen, so vollkommen, daß man sie von jenen nicht anders, als durch den durchdringendern und angenehmern Geruch und Geschmack unterscheiden kann, welchen die levantischen besitzen. Auch lassen sich letztere von einem geübten Auge durch den größern Glanz unterscheiden, welcher die arabischen Bohnen umziehet, und ihnen einzig eigen ist. Der von Martinique, Dominko, Cayenne und Guadelupe läßt sich durchs bloſe Ansehen leicht von dem Kaffee von Mekka, von Bourbon und von Java unterscheiden, da erstere Sorten größer und von einer bleichgrünen, mehr braunen als gelben Farbe sind, einige sich auch wohl ins Graue, andere hingegen ins Weislichte ziehen. Ueberhaupt sind diese geringern Sorten von sehr dunkler Farbe.

Der Kaffee von Dominko unterscheidet sich, von den übrigen, besonders durch die plattere und länglichtere Gestalt der Bohnen, wie nicht weniger durch einen ihm eigenen Geschmack, um dessen willen, wie man sagt, die Kaufleute der Nordländer uns diesen Kaffee vorzugsweise vor dem martiniqueschen und cayenneschen abnehmen, obgleich letztere Gattungen den Kaffee von Dominko an Güte übertreffen, der in die niedrigste Klasse zu setzen ist.

Was die Bohnen von Martinique, Guadelupe und Cayenne anlangt, so sind sie in Absicht der Gestalt einander fast gleich, und man kann die besten unter ihnen blos der Farbe nach unterscheiden, welche hellgrün, mehr gilblich, und fast der Farbe des bourbonnischen Kaffees gleich sind, auch wann die Bohnen voll sind, und eine glattgespannte Oberfläche haben.

Man hat allen Kaffee für mittelmäßig oder für schlecht anzusehen, dessen Bohnen grünbraun, dunkelgrau oder weislicht sind, oder deren Oberfläche runzlicht

licht ist, indem diese Kennzeichen ein fast gewisses Merkmal sind, daß diese Arten Kaffee vor ihrer gehörigen Reife geerndtet worden sind. Daher kommts, daß diese Sorten stets einen scharfen und herben Geschmack besitzen.

Die so sehr verschiedene Größe der Kaffeebohnen hat, nach meiner Ueberzeugung, ganz und gar keinen Einfluß auf die Güte. Die Farbe aber, ich kann es nicht oft genug wiederholen, muß allemal hellgrün, gelblich, ja mehr gelb als grün, die Bohnen selbst hingegen müssen voll, die sie umgebende Haut aber glatt, und dergestalt gespannt seyn, daß sie zu glänzen scheinen; die einzigen äußern Kennzeichen, woran man erkennen kann, ob die Bohne ihre hinlängliche Reife auf dem Baume und ihre gehörige Trockenheit erlangt hat.

Nicht die verschiedenen Erdstriche und Landarten machen die mehrern Sorten Kaffee an Güte verschieden, sondern die verschiedenen Grade der Reife, und hie und da einige Fehler in der Austrocknung der Bohnen.

Um die Kaffeebohnen wirksam zu machen, ist es nöthig, sie zu rösten, das ist, ihr balsamisches Oel durch die angebrachte Hitze so zu verändern, daß es im Wasser auflösbar wird.

Zu dem Ende ladet man die bekannte Trommel dergestalt mit Bohnen, daß sie nicht über den durchgehenden Spies hervorragen, bringt sie über ein anfänglich gemäßigtes Feuer, und drehet sie einige Zeit links, dann aber wiederum rechts u. s. w. herum. Sobald der Kaffee zu dampfen anfängt, so rühret man ihn stark herum, durch wiederholtes Hin= und Herschütteln der Trommel, und nach Maßgabe der Dicke des Dampfs. Sobald nun die die Bohne einhüllende Schale losprasselt, so nimmt man die Trommel vom

Von den Liqueuren. 123

vom Feuer und fährt fort, hin und her zu schütteln, bis der Kaffee eine schöne helle Kastanienbräune, die sich ins Violette zieht, erhalten hat. Dann schüttet man diesen gebrannten Kaffee in eine Molde oder flaches Gefäß, welches man an die freie Luft setzet, und schwinget ihn, so wohl in der Absicht, um die losgegangenen Schalen davon zu bringen, die dem Kaffee einen brenzlichten Geschmack mittheilen würden, als auch, um diese Bohne desto geschwinder verkühlen zu machen. Nun füllet man sie in eine geruchlose Büchse, und nimmt davon nur so viel zum Mahlen, als man nöthig hat.

Art, den Kaffeeaufguß zu verfertigen.

Wenn man den gebrannten Kaffee zum Pulver gemacht hat, so verdünnet man eine Unze davon mit einem Schoppen kalten oder warmen Wasser, welches fast gleichgültig ist, wenn man nur kein kochendes nimmt; doch wollte ich rathen, vorzüglich kaltes Wasser dazu zu nehmen. Im letztern Falle bringt man das Gefäß ans Feuer, steckt, wann die Flüssigkeit zu sieden anfängt, einen hölzernen Löffel herein, und bringt dadurch den seifenartigen Schaum des Kaffees auf die Oberfläche, welcher sich niedergeschlagen hat; nimmt dann das Gefäß vom Feuer, und streuet ein Paar Finger voll gepülverten Zucker auf diesen Schaum, lässet die Flüssigkeit funfzehn bis zwanzig Minuten stehen, und gießet das Helle herunter [13]). Hat man diese Be-

---

[13]) Nur der allzu sehr gebrannte Kaffee giebt ein schwer hellwerdendes Getränk. Aber was hindert uns, nächst der guten Art des Verfassers, den Kaffeeaufguß zu verfertigen, was hindert uns, diesen fertigen Aufguß durch Beuteltuch Nr. 80. im Filtrirtrichter durch zu seihen, und so heller

Behandlung mit gehöriger Genauigkeit beendiget, so spüret man, daß dieser Kaffee gesünder, angenehmer und öligter ist, als wenn er längere Zeit gekocht hätte, oder als wenn man Hausenblase oder gepülvertes Hirschhorn herein gethan hätte; denn man muß bemerken, daß, wenn diese beiden Dinge die Eigenschaften besitzen, den Kaffee klärer zu machen, sie auch im Stande sind, nächst dem Kaffeesatze, das gummichte Oel zugleich mit zusammen zu ziehen und nieder zu schlagen, welches dieser Flüssigkeit jenes fette und markige Wesen (onctuosité) mittheilt, welches macht, daß die Bitterkeit des Kaffees ihre Trockenheit verliert, und angenehmer wird, zugleich aber auch die große Wirksamkeit des Kaffees lindert. Endlich glaube ich auch, daß die Methode, den Kaffee mit einem dieser Dinge zu klären, gleiche Wirkung darin hervorbringt, als wenn er zu lange gekocht worden, oder vier bis fünf Stunden am Feuer geblieben wäre. Denn es ist mit dem Kaffee, wie mit den verschiedenen Tinkturen, Abkochseln, oder Aufgüssen, die man aus allen Gewächsen erhält, diese Flüssigkeiten wirken immer nach dem Grade der erlittenen Kochung, Verfeinerung oder Veränderung. Sobald man den Kaffee abgegossen hat, gießt man Wasser auf den Satz, rührt es um, und lässet einen einzigen Wall darüber laufen, läßt den Kaffee setzen, gießt das Helle von dieser zweiten Tinktur herunter,

ler zu machen. Hierdurch vereiniget man die Vortheile derer, die den gemahlnen Kaffee in den Filtrirtrichter geschüttet, mit kochendem Wasser übergießen, und so einen hellen Trank erhalten, welcher bei einer größern Menge aufgewendeten Kaffeepulvers doch nicht so wohlschmeckend wird, als der einige Augenblicke gekochte; man vereiniget, sage ich, diese Helligkeit mit der Wohlgeschmacktheit des Kaffees derer, die ihn auf Dübuissons Art durch bloßen Aufguß verfertigen. Hab.

ter, und thut noch eine verhältnißmäßige Menge frischen Kaffee dazu, denn diese Flüssigkeit hat noch einen gewissen Grad von Stärke, den man nach der verschiedenen Absicht erhöhen kann. Daß ich diese Methode, Kaffee zu kochen, allen übrigen vorziehe, geschiehet nicht nur ihrer Leichtigkeit und Einfachheit wegen, sondern auch, weil mich sie eine lange Erfahrung als die beste gelehrt hat.

Milchkaffee.

Einige Jahre, nachdem das Kaffeetrinken in Paris eingeführet worden war, ersannen die Destillirer dergleichen ohne Wasser zu bereiten. Ob nun gleich dieser Gebrauch völlig aufgehöret hat, so glaubte ich doch, die Verfertigung dieses Kaffees angeben zu müssen, damit man im Stande sey, zu urtheilen, ob man aus Gründen oder aus Liebe zur Neuheit denselben eingeführet oder verworfen habe.

Zu diesem Behufe setzte man eine gewisse Menge Milch in einer kupfernen Pfanne, oder einem ehernen Kessel übers Feuer, warf, als die Milch zu kochen anfieng, anderthalb Unze gemahlnen Kaffee, auf die Pinte Milch gerechnet, herein, ließ es ungefähr eine halbe Stunde lang gelinde sieden, rührte mit einem Spatel von eichenem Holze stark um, und vereinigte auf diese Weise die Milch- und Kaffeetheile inniger mit einander, schüttete noch, ehe man das Gefäß vom Feuer nahm, eine verhältnißmäßige Menge Bruchzucker (caramel) dazu, rührte nochmals die Flüssigkeit um, um das Gemisch gleichförmiger zu machen, und füllete es dann in einen Kaffeetopf von verzinntem Bleche. Da aber der Satz sich nur sehr schwer niederschlug, so bereitete man diesen Kaffee Abends, goß den Morgen darauf

darauf das Helle ab, wärmte ihn aber in heißem Wasser wieder auf, und die genauesten Künstler hielten ihn so lange in diesem Bade, bis er alle verschenkt war.

Thee.

Thee ist das Blatt eines Strauchs, der in Japan und China wächst. Die Blätter dieser noch botanisch unbestimmten Pflanze werden zu verschiedenen Jahreszeiten gewöhnlich zweimal, auch wohl dreimal des Jahres gesammelt, auf heißen eisernen Platten erhitzet, und einigermaßen geröstet, dann aber auf einer Matte gerieben, und in die Form gekräuselt, wie er zu uns kömmt. Diese Bereitung der Theeblätter hat mehr als eine Ursache zum Grunde, man will denselben entweder durch diese Hitze das flüchtignarkotische und betäubende Wesen benehmen, oder sie durch diese Austrocknung und Zusammenrollung zum Versenden und Aufbewahren desto geschickter machen. Nach Kämpfern hat man in Japan dreierlei Sorten, den Kaiserthee, oder den gemahlnen (tiki-tsjaa Tikitscha), welches die feinsten und jüngsten Blätter einer auf einem Berge bei Udsi, einer kleinen Stadt unweit Meaco befindlichen Theeplantage sind; dann folgt die zweite Sorte, Too-tsjaa (Tootscha) oder auf Chineser Art bereiteter Thee. Die dritte nennen sie Bautsjaa. Die Chineser Theestaude weicht wenig von der japanischen ab. Der rothe Thee, welchen man Thebu (bohea, bouhie, boût) nennt, scheint mehr stärker geröstet und gerieben zu seyn.

Im Handel hat man acht wesentlich verschiedene Sorten von Thee, obgleich unsere Naturkündiger nur drei Arten des Theestrauchs kennen. Ihre Namen sind:

sind: der feinste Heysventhee, Heysvensekinthee, Theebu-pecko, Saot-chaonthee, Campchon und Tonkai, Theebu, und geringer grüner Thee.

Die Japaneser bringen ihre Theeerndten größtentheils durch Handel nach China und nach Canton, wo die Europäer diese kostbare Waare laden. Man weiß, daß die Holländer sie zuerst zu Anfange des vorigen Jahrhunderts nach Europa in den Handel brachten, und daß unsere Destillirer zu Paris das Theegetränke erst in den Jahren 1634 oder 1636 öffentlich feil zu haben anfiengen.

Die Chineser, deren Methode die meisten Europäer gefolgt sind, gießen kochendes Wasser auf die Theeblätter, die man zu dem Ende vorher in den Theetopf (tayère) gethan hat, sie gießen diese Tinktur aus, und trinken sie ganz heis. Am gewöhnlichsten nehmen sie, wann sie Thee trinken, ein Stück weisen Zucker oder Kandiszucker in den Mund, welches jedoch die Japaneser selten thun, dann gießen sie zum zweiten Male Wasser auf denselben Thee und lassen ihn nochmals ausziehen, da sie dann nach Verbrauch dieser schwächern Tinktur die Blätter wegschütten. Andere, vorzüglich aber die Japaneser, pulvern ihren Thee sehr fein, thun von diesem grünen, wohlriechenden Pulver mit kleinen Löffeln etwas in ihre Tassen, gießen kochendes Wasser darauf, rühren es mit kleinen Rohrstäbchen um, bis sich ein Schaum erhebt, da sie dann diese Flüssigkeit trinken.

Es giebt noch eine andere Methode, Thee zu bereiten, welche sehr gebräuchlich ist. Die Liqueurhändler schütten die Theeblätter in heises Wasser, lassen sie einige Minuten kochen, und schütten dann etwas kaltes Wasser hinzu, damit die Blätter niedersinken. Da ich

ich bemerkt habe, daß diese verschiedenen Methoden, die Tinktur des Thees zu bereiten, den größern Theil der in diesen Blättern liegenden flüchtig geruchhaften Salze ausdampfen lassen, und von diesem gewürzhaften Grundtheile die diesem Getränke wesentlichen Eigenschaften abhängen, so hielt ich es für meine Schuldigkeit, meine Behandlung aufzuzeichnen, die mir desto besser ausgeschlagen ist, da man hiedurch die aus den andern Methoden entspringenden Nachtheile vermeidet. Sie bestehet darin, daß man die Theeblätter in ein blos zu diesem Gebrauche bestimmtes Gefäß schüttet, und es mit kaltem Wasser anfüllet. Sobald das Gefäß wohl bedeckt worden ist, so erhitzet man es bis zu einem Grade unter dem Punkte des kochenden Wassers, rückt, wann man bemerkt, daß sich eine Art weisen Schaums auf der Oberfläche der Flüssigkeit zeigt, das Gefäß ein wenig vom Feuer, und wirft ein Paar Finger voll gepülverten Zucker, auf jede Tasse Thee gerechnet, hinein. Sobald die Blätter auf den Boden des Gefäßes gesunken sind, so gießet man das Helle ab, und wird bemerken, daß die Tinktur um so stärker und durchdringender ist, da sie eine größere Menge riechender Salze aufgenommen, und daß sie auch schlüpfriger und schmeidiger (onctueuse) ist, da der gepülverte Zucker, den man hinein geworfen hat, die innigere Vereinigung des harzichten und gummihaften Theils der Theeblätter und ihre gleichförmigere Vermischung mit dem Wasser bewirkte.

Hebt man dieselben Theeblätter in dem Gefäße sorgfältig auf, so geben sie nach vier und zwanzig Stunden noch einen zweiten Aufguß, welchen man eben so lieblich finden wird, als den auf irgend eine andere Methode zuerst bereiteten Aufguß. Diese Behandlung kann auch auf Kaffeehäusern ausgeübet werden, da aber

aber die schnelle Bedienung der Gäste stets heißen Thee verlangt, und der Grad von Hitze, in welchem man ihn zu unterhalten genöthigt ist, nothwendig die Ausdampfung der riechenden Salze dieser Tinktur veranlasset, so wird man durch Befolgung folgenden Verfahrens diesem Nachtheile entgehen.

Man nehme zwei, blos zu diesem Gebrauche bestimmte Gefäße, schütte in eins davon eine hinlängliche Menge Theeblätter, um daraus auf unsere Art eine zwiefache oder doppeltstarke Tinktur zu ziehen, nehme das Gefäß völlig vom Feuer, und verstopfe es genau. Dann habe man ein anderes mit hellem Wasser angefülltes Gefäß, welches man immer fast im Kochen erhält, und mischet dazu, wenn man das Getränk verlanget, eine hinlängliche Menge unserer Theetinktur; man wiederholet, wann letztere alle zu werden anfängt, gleiches Verfahren in dem zweiten Gefäße; schüttet, sobald die Tinktur im ersten Gefäße völlig erschöpft ist, die Blätter wiederum hinein, füllet es mit kaltem Wasser an, thut eben so viel Theeblätter dazu, setzt das Gefäß ans Feuer, unterhält es zehn Minuten lang in einer Hitze von einem Grade unter dem Punkte des siedenden Wassers, nimmt das Gefäß, wie oben, vom Feuer, und schüttet, wann auch diese zweite Tinktur verbraucht ist, die Blätter weg.

Mittelst dieser Genauigkeit erhält man einen schicklich bereiteten, heilsamen und annehmlichen Thee, den man stets geschwind aufzutragen im Stande ist.

Von der Mitte des vorigen an, bis zu den erstern Jahren dieses Jahrhunderts, nahm man bei den Liqueurhändlern den Thee in Porzelantassen eben so ein, wie man jetzt sich zum Kaffeetrinken versammelt, von dieser Zeit an aber fieng man an, dieses Getränk unter dem Namen Baiertrank (bavaroise) zu verschenken. Ein bairischer Arzt, oder, welches das Wahrscheinlichste ist, die drei bairischen Prinze, die um diese Zeit Frankreich besuchten, haben zuerst diesem Getränke den Ursprung obgedachten Namens gegeben, da sie öfters zum verstorbenen Herrn Procope kamen, und sich Thee in kristallenen Karasinen reichen ließen, wozu sie, statt des Zuckers, Frauenhaarsirop nahmen, welches hinlänglich war, diese neue Form des Theetranks in Aufnahme zu bringen, und zu verursachen, daß aller Thee von der Zeit an in Karasinen, unter dem Namen Bavaroise, in den Kaffeehäusern ausgeschenkt ward, und zwar auf zweierlei Weise, Thee mit Wasser bereitet und Milchthee. Anfangs nahm man zwar Frauenhaarsirop dazu, nachdem man aber bemerkte, daß er den lieblichen Geruch und Geschmack des Thees zum Theil verschlang, so nimmt man gewöhnlich, statt dessen, abgeschäumten und zur Sirop=Konsistenz gesottenen Zucker.

Der Milchthee wird mit der Hälfte, das ist, mit einem Drittel, gegen das Ganze gerechnet, unserer Theetinktur, und mit vorher gesottener Milch bereitet. Will man den Thee kräftiger machen, so nimmt man, statt der Milch, süßen Rahm, oder auch wohl süße Mandelmilch, und etwas Pomeranzenblütwasser dazu. Ein ander Mal kann man, statt des gewöhnlichen Sirops, den Sirop von Frauenhaar, auch wohl von Zimt, der Vanille, den Blättern und Staubfäden der Pomeranzenblüte, oder wohl einige Tropfen unserer ätherischen Ambraessenz noch dazu nehmen, nach dem Gefallen eines jeden.

Schokolade.

Die zur Schokolade erforderlichen Ingredienzen, die ich wenigstens seit einer vierzigjährigen Ausübung als die besten und dienlichsten gefunden habe, sind Kakaobohnen, Zimt, Vanille und grauer Amber.

Die Kakaobohnen sind die Saamen einer gurkenähnlichen Frucht, die an einem mittelmäßig großen Baume in verschiedenen Gegenden von Westindien in ziemlicher Anzahl wächst. Sie enthält am gewöhnlichsten fünf und zwanzig solcher Kerne. Natürlich wächst dieser Baum in dem heißen Erdgürtel von Amerika, vorzüglich zu Mexiko in den Provinzen von Nicaraka und Guadimala, auch längst den Ufern des Amazonenflusses und auf der Küste von Karaka, von Comana bis Carthagena und der Goldinseln. Man hat sogar einige in den martinikischen Gehölzen gefunden. Nach der Hand hat man mehrere Pflanzungen davon angelegt, um die Jahre 1649 bis 1660, nachdem lange vorher die Spanier und Portugiesen die Nutzung dieser Frucht für sich geheim gehalten hatten. Da es nur eine Gattung von diesem Baume giebt, so ist die große Verschiedenheit der Güte der Kakaobohnen aus den verschiedenen Gegenden auffallend. Sie scheint nicht sowohl von dem verschiedenen Boden der verschiedenen Gegend, oder von der verschiedenen Reife dieser Frucht herzukommen, sondern vorzüglich von der so abweichenden Art, wie die Bohnen nach ihrer Einsammlung zum Schwitzen oder in die Röste gebracht werden, indem die Bohnen in den spanischen und holländischen Kolonien aller Wahrscheinlichkeit nach unter einem gewissen Sande, in den Französischen aber, blos in Rohrblätter eingehüllt, zum Schwitzen gebracht werden, daher vermuthlich die geringere Güte der letztern. Man hat nur drei Hauptgattungen, überhaupt aber
fünf

fünf Untergattungen von Kakaobohnen. Die große und die kleine Kakao, die man uns von Nicaraka bringt, und die man gewöhnlich Groß- und Kleincaraka nennt, aus den spanischen Pflanzungen. Zweitens, den die Holländer auf der Insel Berbiche bauen und welcher den Namen von diesem Lande führet. Drittens, die große und kleine Kakao von den französischen Inseln. Die erstere Sorte, als die beste, ist, wie man sie zu uns bringt, mit einem sandigen, etwas dunkelfarbigen Sande überzogen, auch die in der Masse befindlichen Kieselsteinchen sind von gelbbrauner Farbe. Die berbicher Kakaobohne ist erhabener an Gestalt, und nicht so platt, als die karakische, sie kömmt zu uns über Holland. Die Schale der berbicher Bohne ist mit einem sehr feinen aschfarbigen Staube überzogen, auch ist sie glatter und viel feiner, als die karakische Kakao; man findet keine Holzsplitter, und wenig Kieselsteinchen in den Säcken, worin die Masse eingeschlossen ist. Diese Gattung erhält, ob sie gleich an Güte der karakischen sonst nicht gleich ist, gleichwohl eben denselben Geschmack, wenn sie drei bis vier Jahre auf einem recht trocknen Warenboden aufbewahret worden ist. Beide Sorten, die karakische sowohl, als die berbicher, sind nur mittelmäßig bitter, geschmackvoller, ob sie gleich trockner zu seyn scheinen, und von angenehmern Geschmacke, als die beste Sorte von den französischen Kolonien, auch wird der Schokoladeteig, aus jenen bereitet, fester, als der vom besten Kakao aus unsern Pflanzungen.

Die Wurmstiche sind kein hinlänglicher Grund, Kakaobohnen zu verwerfen, ich habe sie in den besten Sorten gefunden, besonders da die Kakao nicht wie die Mandeln durchs Alter ranzicht werden. Die Kakao muß inwendig eine violetbraune Farbe haben, wenn sie

sie gut seyn soll, die aber inwendig weis sind, sind verdorben, allzu viele Nässe hat in ihnen eine Gährung erzeugt, welche die Bestandtheile zerstört hat. Sonderbar ists, daß man diese Verdorbenheit und Haverei nur bei den karakischen Kakaobohnen antrift. Die Bohnen aus den französischen Pflanzungen sind kleiner und runder als die karakischen, ihre Schale aber ist fein, gleich, ohne erdige Rinde, kleiner und abgerundeter als die karakische Kakao. Doch unterscheidet sich die beste Gattung davon durch die dunkelere Farbe, und dadurch, daß die besten Bohnen, wann die Schale herunter ist, glatt und von dunkelbrauner Farbe sind. Die Schale des schlechtern ist heller von Farbe, und der Kern selbst röthlich. Durchs Destilliren, noch mehr aber durch das Auspressen und Kochen erhält man aus den besten Bohnen ein festes butterartiges Oel, welches durch letztere Behandlung bis auf fünf und eine viertel Unze aus dem Pfunde steigt, auf einem heißen Steine aber gerieben, und mit drei Pfunden kochenden Wasser verdünnet, kann man über neun Unzen dieses talgartigen Oeles aus einem Pfunde Kakao abscheiden. Den mit Gewürzen vermischten Kakaoteig nennen die Einwohner von Mexiko Sukolada, wir aber Schokoladeteig.

Zimt ist die feine, innere, dicht auf dem Holze eines lorbeerartigen, blos in Zeylan wachsenden Baumes liegende Borke, die von der äußern, grauen, unkräftigen Schale abgesondert, und an der Sonne getrocknet, sich als ein dünnes Rohr zusammen rollet. Von der besten Sorte dieser Rinde erhält man bis auf zwei Drachmen wesentliches Oel aus dem Pfunde.

Vanille ist eine kleine fast runde, etwas platte, ungefähr sechs Zoll lange, und vier Linien breite, runzlichte, rothgelbliche, weiche, fette, doch brechende Schote

Schote eines in Mexiko und Peru, auch zu Dominko, wachsenden windenartigen Gewächses. Das Aeussere derselben sieht lederartig aus, das Mark ist rothgilblich, mit unzähligen kleinen gewürzhaften Samen angefüllet, die einen angenehmen Geruch nach peruanischen Balsam besitzen. Wir erhalten sie über Cadix. Man unterscheidet drei Gattungen der Vanille, die erste, eine dickere, plattere und kürzere Schote, von den Spaniern Pompona oder Bova genannt. Die zweite, als die ächte, eine dünnere und längere Schote. Die dritte endlich eine durchaus in allen Verhältnissen kleinere Schote, Bastartvanille oder Simarona genannt. Die erste hat einen stärkern, aber unangenehmen Geruch, welcher Kopfschmerzen und Mutterkrämpfe erregt. Die zweite ist die einzige ächte Vanille, die man anwenden soll, da der größte Theil der dritten Gattung, so zu sagen, weder Geruch noch Geschmack hat. Das feine durchdringende Oel der Vanille läßt sich leicht völlig durch Weingeist ausziehen. Zu unserm Behufe muß man die beste mexikanische Vanille auswählen, die von der peruanischen blos durch ihren feinern und durchdringendern Geruch unterschieden ist. Die Schoten müssen lang, ziemlich dick, schwer, voll, von gutem Geschmacke, von lebhaftem, angenehmem Geruche und von dunkelbrauner, glänzender, doch nicht spiegelnder Farbe seyn. Man muß sich hüten, daß sie nicht schimlicht ist. Wann sie einige Zeit an einem warmen und feuchten Orte aufgehoben worden, so müssen sie mit sehr feinen benzoeartigen Salzblumen überzogen und besprenkelt seyn, und dann ist es die höchste Zeit, sie zum Gebrauche anzuwenden. Will man die schlechteste ihrer Wohlfeilheit wegen anwenden, so ist sie zum Gebrauche doch allemal viel theurer, als die beste, da sie unendlich unkräftiger ist. Die mit eingeriebenem Oele angefrischte Vanille

nille sieht zwar glänzend aus, aber, in einer Büchse verschlossen, bekommt sie gar bald einen ranzichten Oelgeruch.

Ich nehme seit fünf und dreißig Jahren stets grauen Amber, so theuer er auch ist, zur Schokolade, statt daß andere Moschus und Zibet dagegen nehmen, und mit einer sehr kleinen Menge desselben einen ungeheuren Geruch in ihre Schokolade bringen. Durch den sanften und lieblichen Geruch des Ambers suche ich in meiner Schokolade die gewürzhaften Bestandtheile des Zimtes und der Vanille zu entwickeln und zu erhöhen, so daß ich gewiß bin, daß die mit einer verhältnißmäßigen Menge grauen Ambers verfertigte Schokolade jeder andern, ohne diese aromatische Substanz bereiteten, von jedermann ohne Bedenken vorgezogen werden wird.

Der beste graue Amber, den man vorzuziehen hat, besonders der geriefte und aderichte, hat weislichte, gilbliche oder schwärzliche Flecken; der weise aber und der schwarze sind ungemein viel schlechter.

Die Spanier waren die ersten Schokoladefabrikanten in Europa, nur erst ums Jahr 1650 ward die Bereitung dieses Getränks von den Liquoristen und Destillirern in Paris eingeführt. Gar bald übertrafen unsere Künstler die Bereitungen der Spanier durch Verbesserung und Vervollkommnung dieses Getränks, ob es gleich anfänglich nicht so vielen Beifall fand, als Kaffee und die kühlen Getränke.

Da die spanischen Bereiter kniend vor ihren Steinen den Schokoladeteig rieben, so befolgten unsere Künstler, die sich dieser neuen Arbeit unterzogen, diese Methode bis zum Jahre 1732, ohne daß jemand damals auf die Gedanken gekommen wäre, daß sie

durch

durch eine so gezwungene Stellung nicht nur die Hälfte Kraft verlören, sondern daß auch dadurch der Körper ausnehmend gekrümmet würde. Diese unglücklichen Künstler konnten deshalb eine so gewaltsame Strapaze nicht lange aushalten. Die leidende Menschheit brachte mich auf die Gedanken, den Reibetisch zur Schokolade verfertigen zu lassen, welchen Herr Demachy weitläuftig beschrieben hat. Obgleich die Erfindung dieses Tisches nicht unter die Erfindungen gehört, mit denen man sich brüsten könnte, und welche besondere Aufmerksamkeit und Lobsprüche nach sich ziehen; so gewähret mir doch diese Vorrichtung noch jetzt die süße Beruhigung, eben diese Arbeiter ins Alter hinübergehen zu sehen, ohne andern Zufällen ausgesetzt zu seyn, als solchen, die vom Alter unzertrennlich sind.

Es giebt Künstler, welche diejenige, wozu blos Zucker ohne irgend ein anderes Gewürz kömmt, Gesundheitsschokolade nennen. Wieder andere nennen gleichfalls Gesundheitsschokolade diejenige, in welche Zucker und Zimt kommt. Ich kann nicht sagen, ob diese beide Gattungen besondern Körpern vorzüglich dienlich sind, doch, wenn man auf die Bestandtheile der Kakao und auf die Eigenschaften dieser drei verschiedenen Gewürze Rücksicht nimmt, welche die berühmtesten Aerzte für die einzig fähigsten halten, die Schokolade so gesund zu machen, als sie nur werden kann, so wird man leicht einsehen, daß die angenehmste Gesundheitsschokolade, welche allen Temperamenten durchgängig am besten bekömmt, unstreitig diejenige Komposition ist, in welche eine verhältnißmäßige Menge dieser Gewürze kömmt. Die übrigen Zusammensetzungen der sogenannten Gesundheitsschokolade mögen nun in ungegründeten Vorurtheilen, in der Unwissenheit oder der Raubgierde einiger Fabrikanten

ihren

Von der Schokolade.

ihren Grund haben, so kann ich an meinem Theile versichern, und glaube nicht des Gegentheils überführt zu werden, daß diejenige Schokolade, zu welcher ich, wie stets, angeführte Gewürze genommen, immer die vortreflichsten Dienste geleistet hat, welche die Aerzte nur davon erwarten konnten; und gesetzt, sie wäre dem einen oder dem andern nicht gleich gut bekommen, so sehe ich nicht ein, wie irgend eine andere, geizigere Komposition denselben bessere Dienste geleistet haben würde. Nun zur Bereitung selbst, die mir durch eine lange Erfahrung stets die gründlichste und fähigste geschienen hat, die Absichten der Aerzte zu erreichen.

Sobald man die gehörige Sorte Kakao ausgewählt hat, so schüttet man sie in ein Sieb, dessen Maschen oder Löcher nicht so weit sind, daß die ganzen Bohnen hindurch fallen können. Durch diese erste Arbeit werden alle ganze Bohnen von Staube, Steinen, und abgebrochnen Stückchen Bohnen gereiniget, die an einander klebenden Bohnen aber getrennet. Hierauf schwinget man alles, was durchs Sieb gegangen ist, um allen Staub und kleine Kieselsteinchen aus diesem Gemische zu bringen; das in der Molde Uebergebliebene schüttet man auf einen Tisch und lieset die guten Kakaostückchen allesamt einzeln heraus, das Uebrige aber wirft man weg.

Man bringet eine weite, eiserne Pfanne auf einen Ofen, welcher im Stande ist, eine heftige Hitze mitzutheilen; schüttet, sobald der Boden dieser Pfanne fast durchgängig glühet, ungefähr vier Zoll hoch, ausgelesene Kakao herein, rühret mit einem langen, hölzernen Spatel alle Bohnen dergestalt unter einander, daß sie gleichförmig rösten, und dergestalt, daß bei diesem Umrühren der Spatel nicht vom Boden der Pfanne komme, sonst würde man die Bohnen zerdrücken, welche dann verbrennen würden, statt sich zu rösten. Man unterhalte das Feuer stets im größtmöglichsten Grade, bis die holzigte Schale dieser Bohne eine braune, ins Schwärzliche fallende Farbe erlangt hat. Man schüttet sie dann in eine Molde, setzet sie an die freie Luft, und breitet sie darin aus. Man setze die Pfanne wieder übers Feuer, und wiederhole dieselbe Arbeit mit den übrigen Bohnen, mit gleicher Geschwindigkeit, bis alle Kakao geröstet ist. Sobald man die zweite Pfanne voll in die Molde geschüttet hat, so läßt man, während daß die dritte über dem Feuer stehet, die beiden ersten Portionen stark schwingen, sowohl, um allen Rauch und allen Staub, der sich an die Schalen gehangen hat, davon zu jagen, als auch durch die Berührung der freien Luft, die Bohnen desto geschwinder zu erkalten. Sobald alle Kakao geröstet und die Pfanne über die Hälfte abgekühlet ist, lässet man alle Bohnenstücken, die man ausgelesen und aufgehoben hat, allmälig und bei einem sehr gemäßigten Wärmegrade rösten, schüttet, sobald diese Stückchen eine gilbliche Farbe bekommen haben, dieselben auf einen Tisch und liest nochmals alle weislicht gebliebenen mit der Hand aus, da diese Farbe ein gewisses Zeichen ist, daß diese Bohnenstücken verdorben sind.

Vier und zwanzig Stunden nach Röstung der Kakao thut man diese Bohnen zu kleinen Parthien auf einmal auf einen großen Bogen über einen hölzernen Tisch ausgespannten Papiers, um sie nur obenhin mit einer buchsbäumernen Rolle zu brechen (écraser), und blos in der Absicht, um die Schalen davon zu bringen. Da immer einige Bohnen der Rolle entwischen oder einige darunter sind, deren Schale fester anhängt, so schläget man alles durch ein zu diesem Behufe bestimmtes Sieb und bringt es wieder aufs Papier,

pier, oder löset mit den Händen alle die nicht zerbrochnen Schalen ab, wann alle Kakao durch das Sieb gegangen ist; so schwinget man sie, wie man mit dem Getreide zu thun pflegt, und säubert sie dergestalt, daß nichts von Schale, von Steinchen, noch Holzsplittern darin bleibe.

Ist nun die Kakao auf diese Weise vorbereitet, so macht man sie folgendermaßen gröblich zum Teige. Man hat einen von Glockengute gegoßnen Mörsel, denn ein eiserner würde nach seiner Erhitzung dem Teige einen üblen Geschmack mittheilen. Dieser Mörsel muß so groß seyn, daß man leicht fünf Pfund Kakao auf einmal darin stoßen kann. Diesen Mörsel erhitzet man nebst seiner eisernen Keule dadurch, daß man ihn zur Hälfte mit glüenden Kohlen anfüllt. Dann wieget man fünf Pfund vorbereitete Kakao ab, und schüttet sie in die eiserne Pfanne; lässet sie, bis zu einem sehr mäßigen Grade von Hitze heis werden, denn, wenn das Feuer lebhaft wäre, so würde das Pflanzenöl einen ranzichten oder brenzlichten Geschmack annehmen; rühret ohne Unterlaß mit einem hölzernen Spatel um, damit die Wärme sich in alle Bohnen gleichförmig vertheilen könne, und schüttet, sobald eine Hand voll davon, herausgenommen und ein wenig gedrücket, einen noch erträglichen Grad von Hitze von sich giebt, die Kakao geschwind in den zubereiteten Mörsel; wieget, während diese Menge zu Teige gestoßen wird, fünftehalb Pfund eben dieser Bohnen ab, und erhitzet sie ebenfalls, wie gesagt. Sobald der erstere Theil wohl gestoßen worden ist, so thut man ihn auf einen Bogen weises Papier, unter den man vorher einen Bogen grobes Papier gelegt hat; schüttet den zweiten Theil in den Mörsel und wieget gleichfalls fünftehalb Pfund andere Bohnen ab, erhitzet sie völlig auf dieselbe Art, und bildet, sobald diese drei Theile zu Teige

gemacht

gemacht worden sind, einen Kuchen daraus, am Gewichte vierzehn Pfund, alles Mögliche, was ein Arbeiter in seinem Tagewerke stoßen kann. Dies wiederholet man mit steter Befolgung derselben Ordnung, bis die ganze Arbeit zu Ende ist.

Was die ausgesuchten und aufgehobenen Kakaostückchen anlangt, die man gewöhnlich Bruch (cassons) zu nennen pflegt, so macht man sie zu Teige, und bildet besondere Kuchen daraus, oder theilet sie in eben so viel Theile, als man Kakaokuchen hat, wozu sie mit genommen werden.

Bedenklichere Künstler verkaufen diesen Bruch an andere kleine Schokoladefabrikanten, oder nehmen ihn zu schlechterer Schokolade.

Wollte man die Kakao ohne vorhergegangene Säuberung und Abscheidung der zerbrochnen Bohnenstückchen der Wirkung des Feuers aussetzen, so würden nicht nur diese Stückchen Bohnen allzu sehr gebrannt werden, sondern es würden auch die verschiedenen Unreinigkeiten, mit denen die Kakaobohnen stets angefüllet sind, durch die Hitze des Feuers entwickelt, den gesunden und ganzen Bohnen einen erdichten und widrigen Geschmack mittheilen.

Wäre der Grad von Hitze, den man zur Röstung der Bohnen anwendet, weniger heftig und nicht so ununterbrochen, als der hier angeführte, so würde das aus dem Innern der Bohne sich nach und nach in die Oberfläche ziehende Oel der unmittelbaren Einwirkung des Feuers ausgesetzt werden, sich zersetzen, und einen brenzlichten Geschmack annehmen, und der daraus zu bereitenden Schokolade alle von ihr zu fodernde Eigenschaften rauben, da der wesentlichste Theil dieses Ingredienz aus seiner Mischung gesetzt worden.

Da

Von der Schokolade.

Da nun das Brennen geendiget seyn muß, ehe die Hitze ihre Gewalt auf das Innere der Kakaobohne ausgeübet hat, so wird man leicht einsehen, wie wesentlich es sey, diese Bohnen der Wirkung des Feuers nicht gar zu lange Zeit auszusetzen. Wollten unsere Künstler sich die Mühe nehmen, sorgfältig und aufmerksam die verschiedenen Wirkungen zu beobachten, die das Resultat dieser Arbeit sind, so würden sie überzeugt werden, daß dieser Theil ihrer Kunst ihrer vorzüglichen Aufmerksamkeit werth sey, und mit mir den Schluß machen, daß die Vollführung dieser Operation, die nichts anders als die Trennung der Schalen von diesen Bohnen zur Absicht haben kann, schlechterdings mit der größtmöglichsten Geschwindigkeit veranstaltet werden müsse, damit die Bestandtheile der Kakao in ihrer Vollkommenheit unversehrt erhalten werden mögen.

Noch bemerken wir, daß, wenn man unterließe, die Kakaobohnen auszubreiten und stark zu schwingen, sobald sie geröstet worden sind, der Geruch des aus den frisch gebrannten Schalen ausdampfenden Rauchs unfehlbar wieder in die Bohnen zurück gehen, und ihnen einen widrigen Geschmack mittheilen würde; eben dies wäre der Fall, wenn man sie vor ihrer Erkaltung und vier und zwanzigstündigen Ausstellung an die freie Luft nach ihrem Rösten brechen wollte.

Auch muß man bemerken, daß es viel besser gethan ist, die Kakaobohnen von ihren Schalen zu reinigen durch einzelne Abschälung mit den Fingern, da bei aller angewandten Vorsicht beim Quetschen mit der buchsbäumernen Rolle stets der unvermeidliche Nachtheil entsteht, daß die erdichten Theile, die sich fest an die Kakaoschalen hängen, losgerissen werden, und sich mit den zerbrochnen Bohnen vermischen, sie beschmuzen, und einen Theil des natürlichen Geschmacks der Kakao in sich nehmen.

Wann nun alle Kakao zum Teige gemacht und zu Kuchen gebildet ist, wie ich erwähnt habe, so bereitet man die Schokolade auf folgende Weise, und gleichförmig mit den verschiedenen Verhältnissen, die ich unten vorgeschrieben habe.

Abends legt man auf den Stein einen von den erwähnten Kakaokuchen nebst dem zum Reiben der Schokolade bestimmten Zylinder, setzet unter diesen Stein zwei Pfannen voll glüender Kohlen, die hinlänglich mit heißer Asche bedeckt sind, damit die Wärme gelinde sey, und lange genug anhalte, damit der Stein heis erhalten und der Kakaoteig erweicht werde. Dann bedeckt man diesen Stein mit großen Bogen Papier, die man gerade auf den Teig legt, und darüber noch ein breites Stück Tuch breitet.

Den Morgen drauf nimmt man den Kakaokuchen hinweg, den man zur Hälfte erweichet findet, legt ihn auf einen kleinen viereckigen, zu dieser Absicht bestimmten Stein, und erhält ihn durch drunter gesetztes Feuer mäßig heis. In Ermangelung dieses Steins thut man die Kakao in eine Pfanne, man behält ungefähr zwei Pfund dieses Teigs auf dem Reibesteine, erhält ihn in einer sehr gelinden Hitze, und reibet ihn mit dem stählernen gedreheten und polirten Zylinder durch. Wann dieser Theil gerieben worden ist, so schiebt man ihn an der vordern Seite des Steines zusammen, reibet ihn zum zweiten Male durch, bis man beim Rollen keine Spur mehr bemerkt, welche irgend ein Theilchen ungeriebene Kakao auf dem Steine zurückläßet. Ist nun diese Portion hinlänglich fein gerieben worden, so nimmt man sie weg, thut sie in eine große
Pfanne

Pfanne über gelindes Feuer, damit der Teig flüssig erhalten werde; thut dann wiederum auf den Stein dieselbe Menge Teig, reibet, wie gemeldet worden, und fähret so fort, bis der ganze Kakaokuchen fein gerieben worden. Sobald diese Operation zu Ende ist, so lässet man den Zylinder, um ihn hinlänglich heis zu erhalten, auf dem Steine, bedeckt es, wie zuvor, erhöhet und verstärket das untergesetzte Feuer dergestalt, daß dieser Stein zwei bis drei Grad über die Wärme erhitzet werde, die er hatte, da die Kakao allein gerieben ward. Gleichergestalt vermehret man auch das Feuer unter der Pfanne, welche den geriebenen Teig enthält, thut in zwei bis drei verschiedenen Malen neun Pfund grob gepulverten Zucker hinein, rühret dies Gemisch mit einem hölzernen Spatel um, bis der Zucker sich wohl mit der Kakao vereiniget hat; bedeckt diesen Teig mit einem großen weißen Papiere, macht ein sehr gelindes Feuer unter die Pfanne, um den Teig stets flüssig zu erhalten; thut ungefähr zwei Pfund davon auf den Reibestein, den man immer in demselben, jetzt gemeldeten Grade von Wärme erhält; reibet von neuem, und schiebet, sobald diese beiden Pfunde durchgerieben worden, dieselben auf dem Vordertheile des Steins zusammen, um sie zum zweiten Male zu reiben; dann nimmt man diesen Teig hinweg, thut ihn in eine Pfanne und erhält ihn flüssig. Wann alle Kakao mit dem Zucker vermischt hinlänglich durchgerieben worden, so bringt man alsbald den Zimt, die Vanille und den Amber dazu, die zu sehr feinem Pulver gemacht, und durch ein seidenes Sieb geschlagen worden sind; rühret mit dem Spatel um; setzt dann drei Pfund ebenfalls durch ein seidenes Sieb geschlagenen, gepulverten Zucker dazu; fähret fort, dies Gemisch so lange umzurühren, bis diese Pulver vertheilt und mit dem Teige wohl vereiniget sind. Dann theilet man die noch ganz heiße Masse

Masse in halbe Pfund= oder Viertelpfundstücke, die man entweder auf einem weisen Bogen Papier in Zylinder rollet, oder sie in Formen von weisem Bleche thut, diese Formen aber gelinde auf den Tisch schlägt, bis die Schokolade geliefert und gleichförmig ausgebreitet worden ist. In diesen Formen lässet man die Schokolade erkalten; sie verhärtet darin und nimmt eine feste Konsistenz an; hieraus kann man sie leicht bringen, entweder durch Klopfen an die Formen, oder durch wechselseitiges Drücken bald auf diesem, bald auf jenem Ende. Diese Schokoladentafeln wickelt man in weises Papier und hebt sie an einem trocknen Orte auf, indem sie auf ihrer Oberfläche schimmelt, sobald man sie an einem feuchten Orte aufhebt.

Die Schokolade dauert verschiedene Jahre, und ich habe bemerkt, daß diejenige, die man erst ein halbes Jahr nach ihrer Verfertigung anwendet, besser ist, als die vor dieser Zeit gebrauchte.

Wenn der Stein mehr, als lauwarm wäre, wann die Kakao allein gerieben wird, so würde der Teig schwarz werden, und dergestalt zerfließen, daß immer eine ziemliche Menge unzerriebene Kakaotheilchen entwischen würden, weil die zu große Flüssigkeit dieses Teigs macht, daß die Stückchen unter der Rolle ausglitschen.

Reibet man hingegen die Kakao mit dem Zucker, so muß der Stein in einer Hitze erhalten werden, daß man beinahe den Rücken der Hand nicht drauf leiden kann, weil die vorzügliche Absicht, die sich der Künstler durch diese Vermehrung der Hitze zum Augenmerk nimmt, blos dahin gehet, den öligen Theil der Kakao dergestalt zu verfeinern, daß er im Wasser auflöslicher wird, und weil es kein Mittel giebt, wodurch diese

Absicht

Absicht besser erreicht würde, als die hinlängliche Abreibung mit Zucker unter der Anwendung desjenigen Grades von Hitze, der dieser Operation angemessen ist.

Der Zucker, den man zur Zusammensetzung der Schokolade bestimmt, muß weis, trocken und geruchlos seyn; man stößt denselben, und schlägt ihn durch ein Haarsieb, wenn er mit der Kakao gerieben werden soll; denjenigen aber, den man blos deswegen zumischet, um den Teig trocken und fester zu machen, siebet man durch das seidene Sieb.

Man schneidet die Vanille in kleine Stücken, bricht den Zimt entzwei, stößt beides zusammen, und schlägt es oft durch das seidene Sieb mit dem Deckel (tambour de soie), sonst würden die feinsten Theile mit Verlust verstieben. Wenn man ungefähr drei Viertel dieses Pulvers durchgesiebet hat, so reibet man den grauen Amber mit dem Reste, und rühret, wann die Operation zu Ende ist, dieses Pulver gelinde mit einem silbernen Löffel darunter, damit diese drei verschiedenen Gattungen Gewürze desto gleichförmiger unter einander gemischt werden mögen. Wann man eine Menge dieser Gewürze für etliche Tagewerke auf einmal pulvert, so theilet man diese Pulver in gleiche Theile, denn die Trockenheit und die beim Pulvern dieser Substanzen verfliegenden Theilchen machen, daß man dasselbige Gewicht nicht wieder erhält.

Unterließe man, von Zeit zu Zeit ein wenig Wasser auf den Zimt zu spritzen, wann man ihn allein stößt, so würde die Trockenheit dieser Rinde einen ansehnlichen Theil verflüchtigen.

Die Wahl des seidenen Zeuges zum Trommelsiebe, diese Pulver durchzuschlagen, ist nicht gleichgültig, denn wenn das Zeug zu weitlöcherig ist, so lässet es die nicht allzu feinen Theilchen durchgehen, welche sich dann in dem Schokoladengetränke zu Boden

den setzen. Wäre im Gegentheile dieses seidene Zeug allzu dicht, so würde das gewürzhafte Pulver schwer hindurch gehen.

Wollte man ferner den Schokoladeteig nach der Hinzuthuung der gewürzhaften Pulver und des durch Seide gesiebten Zuckers nochmals reiben, so würde die Theilung des Teigs in kleine Portionen nicht nur vielmehr Mühe machen, sondern die Hitze des Steins, die Bewegung und das Reiben des Zylinders würde auch alsdann eine ziemlich beträchtliche Menge des feinen Grundtheils dieser verschiedenen Gewürze verflüchtigen. Deswegen achte ich es für viel besser, die Vermischung dieser Pulver durch Umrühren mit dem hölzernen Spatel, wie erwähnet worden, in der Pfanne zu bewerkstelligen.

Nachdem ich jedes Verfahren an die Hand gegeben habe, welches die Fabrikation der Schokolade begleiten soll, so will ich zu den verschiedenen Zusammensetzungen fortgehen, die man so wohl in Absicht der Güte, der Gattungen Kakao, als auch in Rücksicht der verschiedenen Verhältnisse von Gewürzen, die dazu kommen sollen, vornehmen kann, da nur von den besten Sorten der Gewürze hier die Rede seyn wird, so wird man sich erinnern, was ich über die Vanille gesagt habe.

Ich werde auch die reinen Produkte der Kakao angeben, und bei alle den Substanzen, die diese verschiedenen Zusammensetzungen ausmachen sollen, die gewöhnlichen Preise bestimmen, nebst dem Fabrikenaufwande, dergestalt, daß mittelst dieser Anschläge, die so genau als möglich seyn werden, das Publikum in Stande seyn wird, den wesentlichen Preis jeder dieser verschiedenen Sorten Schokolade zu schätzen, und folglich der Habsucht der Betrüger weniger ausgesetzt, denen es stets ein Opfer ist.

Die

Von der Schokolade.

Die Kakao von Karaka, die man das Pfund zu funfzig Sous kauft, kömmt gewöhnlich, nach gehöriger Reinigung und Abscheidung der Schale, auf vier Livres, drei bis vier Sous zu stehen, indem diese Unreinigkeiten dieser Kakaoart fünf und zwanzig aufs Hundert Verlust am Gewichte geben.

Der berbicher Kakao, zu fünf und vierzig Sous das Pfund, kömmt gemeiniglich auf drei Livres, neun bis zehn Sous zu stehen, da dieser Kakao zwei und zwanzig aufs Hundert verlieret. Die Kakao aus den französischen Inseln, die man zu zwanzig Sous kauft, kömmt im Pfunde auf vier und zwanzig bis fünf und zwanzig Sous, da sie nur zwanzig bis ein und zwanzig im Hundert verliert. Der Zucker, zu zwanzig Sous das Pfund, kommt fast stets auf zwei und zwanzig Sous, wegen des Papiers, des Bindfadens, und desjenigen, was während dem Stoßen und dem Durchsieben versliegt.

Gesundheitsschokolade.

Karakakakaoteig, vierzehn Pfund schwer	38 L. 9 Sous.
Gepulverter Zucker, zwölf Pfund	13 — 4 —
Zimt, vier Unzen	3 — 10 —
Mexikanische Vanille, drei Unzen	21 — = —
Grauen Amber, ein Quentchen	4 — = —
Für Faßon und Fabrikunkosten	13 — · —

Produkt, 26 Pfund Schokolade   113 L. 3 Sous.

Hieraus folgt, daß diese Sorte Schokolade das Pfund auf vier Livres, sieben Sous, drei Deniers kommt.

Andres.

Karakakakaoteig, sieben Pfund.
Berbicherkakaoteig, sieben Pfund.
Gepulverter Zucker, zwölf Pfund.

Und gleiche Menge Zimt, Amber und Vanille geben ebenfalls sechs und zwanzig Pfund Schokolade, wovon das Pfund vier Livres, zwei Sous, sechs Deniers zu stehen kömmt.

Andres.

Karakakakaoteig, zehn Pfund,
Kakao aus den Inseln, drei Pfund,
Gepulverter Zucker, dreizehn Pfund,
geben mit gleicher Menge gepulverten Gewürzen sechs und zwanzig Pfund Schokolade, wovon das Pfund drei Livres, neunzehn Sous, drei Deniers zu stehen kömmt.

Der Geschmack dieser Schokolade ist nicht nur weniger angenehm, sondern der daraus entstehende Trank auch von geringerer Konsistenz, als der aus den zwei erstern Sorten. Wenn nun also blos Sparsamkeit der Grund von den verschiedenen Mischungen ist, so würde man noch räthlicher handeln, wenn man noch eine vierte Sorte Schokolade zusammensetzte, wozu noch ein Drittel Kakao von Karaka, gegen zwei Drittel berbicher genommen wurde, und ich halte dafür, daß, wenn diese Gattungen Kakao wohl gewählt würden, die aus diesem Gemische entstehende Schokolade auch von gutem Geschmacke seyn, und eben die guten Wirkungen hervorbringen würde, als die dritte Gattung.

Man kann die Menge Vanille, die wir für jede von diesen Gattungen Schokolade zum Verhältnisse bestimmet haben, erhöhen, ja dreifach nehmen; die Menge Zimt und Amber aber, welche vorgeschrieben worden, muß dieselbe bleiben.

Man nennet auch Gesundheitsschokolade diejenige, wozu kein anderes Gewürz, als Zimtpulver kömmt.

Andres.

Verbicher Kakaoteig, sieben Pfund,
Großkakao aus den Inseln, sechs Pfund,
Gepulverter Zucker, dreizehn Pfund,
Zimt, Amber und Vanille, gleiche Menge.

Produkt, sechs und zwanzig Pfund Schokolade, wovon das Pfund drei Livres, ein Sous, sechs Deniers kommt.

Auch diese Schokolade würde, wie mich dünkt, noch sehr gesund, und vielen Menschen angemessen seyn. Wollte man nun noch die Gewürze weglassen, die den Preis ungemein erhöhen, und an die Stelle zwei Unzen unfühlbar gepulverte Gewürznelken nehmen, so würde in diesem Falle das Pfund Schokolade von gleicher Güte nur auf zwei Livres, einen Sou, sechs Deniers zu stehen kommen.

Noch kann man eine andere Gattung wohlfeilerer Schokolade fabriziren, die sich für den gemeinen Mann noch besser schicken würde.

Teig von Kakao aus den Inseln, dreizehn Pfund,
Gepulverter Zucker, dreizehn Pfund,
Gepulverte Würznelken, zwei Unzen.

Produkt, fünf und zwanzig und ein halb Pfund Schokolade, wovon das Pfund einen Livre, funfzehn Sous, sechs Deniers zu stehen kommt.

Hat man nun den wahren Werth aller dieser verschiednen Zusammensetzungen wohl inne, und den Vortheil ausgemittelt, welchen ehrliche Fabrikanten oder Kaufleute bei jeder dieser Sorten Schokolade haben dürfen, so kann man völlig überzeugt seyn, daß alle diejenigen Gattungen, welche unter diesem von uns bestimmten Preise verkauft werden, verfälschte Sorten sind, deren man sich nicht wird bedienen können, ohne sich den Nachtheilen auszusetzen, welche aus einem ungesunden Nahrungsmittel entstehen, welches desto schädlicher wird, da die mehresten Personen, die Schokolade trinken, von zärtlicher Leibesbeschaffenheit sind.

Obgleich dasjenige, was ich über diesen Gegenstand gesagt habe, mich überheben zu können scheint, noch ferner etwas hierüber zu erinnern, so kann ich doch nicht umhin, die Verfälschungen aller Art zu entdekken, die in diesen dunklen Werkstädten ausgeübet werden; wo Geldgier und schmuzige Liebe zu unrechtmäßigem Gewinn mit dem Beutel und der Gesundheit der Menschen zu spielen belieben. Deshalb werde ich nur noch ein Mal anmerken, daß man nicht aufmerksam genug auf die Wahl eines Nahrungsmittels seyn könne, welches so mächtigen Einfluß auf die Gesundheit hat, und daß man alle die Schokolade verwerfen müsse, deren Geruch und Geschmack auf unsere Sinnwerkzeuge nicht gleiche Empfindung bewirken, die bei denen aus unsern verschiedentlich angegebenen Formeln merklich entstehen müssen, indem alle Schokolade, die nach den Regeln der Kunst verfertiget worden, und wozu nichts Fremdartiges gekommen, stets den natürlichen Kakaogeschmack, wie auch den natürlichen Geruch und Geschmack der verschiedenen Gewürze haben wird, die man zu ihrer Zusammensetzung genommen.

Weis

Weis man so viel, so begreift man leicht, daß die Verfälscher keine andere Zuflucht haben, als die schlechtesten Sorten Kakao, die bittersten, die schärfsten, und die von der letzten Erndte auszusuchen, weil diese Sorten eine größere Menge Zucker zu vertragen im Stande sind, welches den Preis der Schokolade um eben so viel vermindert.

Keine andere Zuflucht, als Vanille und Zimt von der niedrigsten Sorte zu nehmen, und die Menge zu vermindern.

Als allen grauen Amber wegzulassen, und an die Stelle Moschus, oder Zibet zu nehmen, da sie hundert Pfund Schokolade mit Moschus oder Zibet am Werthe zwanzig Sous parfümiren können, statt daß sie dafür zwei Unzen grauen Ambra für sechzig bis achtzig livres nehmen könnten, ohne daß diese gewürzhafte Substanz eine andere merkliche Empfindung erregte, als daß sie der Schokolade, wozu diese übermäßige Menge Ambra gekommen ist, mehr Schmackhaftigkeit und einen durchdringendern und angenehmern Geruch mittheilt, während daß durch ein einziges halbes Quentchen Moschus oder Zibet, welches nur dreißig Sous kosten würde, aller Geruch und Geschmack der übrigen Bestandtheile der Schokolade dergestalt verschlungen werden würde, daß man nichts als Moschus und Zibet darin unterscheiden könnte.

Vom Schokoladegetränke.

Ob man wohl alle frisch bereitete Schokolade zum Getränke bereiten kann, so fällt dies Getränke doch ungleich besser aus, wenn man sich des Schokoladeteigs nur erst nach einem halben Jahre seiner Bereitung bedienet, weil während dieser Zeit das süße Salz des

Zuckers das Kakaoöl desto besser zu verfeinern im Stande ist, und die gewürzhaften Theile sich indes dem Teige noch inniger einverleiben können, folglich der Verflüchtigung während dem Kochen weniger ausgesetzt sind, welches nothwendig zur Verwandlung der Schokolade in eine Flüssigkeit erfodert wird.

Diese Operation, so einfach sie an sich selbst ist, da die Masse schon völlig vorbereitet ist, erfodert gleichwohl, wie man sehen wird, mehr Aufmerksamkeit, als man glauben sollte.

Gemeiniglich theilet man jedes Pfund Schokolade in zwölf Theile, welche eben so viel Tassen Getränke ausmachen. Man bricht sie in Stücken, und schüttet sie in einen Schokoladetopf, in welchem man vorher die zu so viel Tassen, als man Schokolade machen will, gehörige Menge Wasser gegossen hat. Sobald das Gemisch zu sieden anfängt, so rückt man es ein wenig vom Feuer, rührt die Flüssigkeit stark mit dem Schaumquirle (moussoir) um, setzt das Gefäß wieder ans Feuer, läßt es sechs bis sieben Minuten lang allmälig sieden, und quirlet nochmals. Hat man nun diese Behandlung fünf bis sechsmal wiederholet, so erhält man die Flüssigkeit zwei Stunden lang einen halben Grad unter dem Punkte des kochenden Wassers, und fähret fort, von Zeit zu Zeit zu quirlen, indem diese Bewegung alle Theile desto inniger verbinden, und die Flüssigkeit gleichartiger machen hilft. Dies Getränk wird noch besser, wenn man es den Abend vorher bereitet, und es die ganze Nacht durch in heißer Asche erhält; denn man muß wissen, daß Schokolade, so gut sie auch auf dem Steine gerieben seyn mag, sich immer noch sehr schwer mit Wasser vereiniget, besonders wenn der nahrhafte Bestandtheil der Kakao noch unverletzt darin befindlich ist.

Will

Will man nun die Schokolade zu Schaum machen, wodurch sie jedoch nicht kräftiger wird, so rühret man gepülverten Zucker unter Eiweis, lässet diese flüssige Vermischung zu einer festern Konsistenz eintrocknen, macht kleine Kugeln in der Größe einer Haselnuß daraus, wirft, sobald man die Schokolade trinken will, in den Schokoladentopf so viel dieser Kugeln, als man Tassen Flüssigkeit hat, quirlet stark, und gießet, sobald diese Kugeln zergangen sind, die Schokolade dergestalt aus, daß man den auf der Oberfläche des Tranks gebildeten Schaum mit dem Quirlstiele herausbringen hilft.

Von den kühlen Getränken.

Man nennet diese Flüssigkeiten kühlend, da sie die Eigenschaft besitzen, den Durst zu löschen, und die Heftigkeit des Kreislaufs zu mindern. Nicht eher, als bei Entstehung der Liqueurhändler unserer Hauptstadt hat man angefangen, sich dieser Getränke zu bedienen, denn vor dieser Zeit kannte man keine andere beruhigende und kühlende Flüssigkeit, als Lecksäfte oder Pflanzenmilche.

Das persische Wort Julep bedeutet nach Lemery ein süßes Getränk, das ist, eine Mischung von Siropen und destillirten Wässern, oder leichten Abkochseln, wovon das Verhältniß gewöhnlich eine Unze Sirop, gegen sechs Unzen Wasser, oder irgend eine Abkochung ist. Die Julepe der Alten waren viel süßer als unsere, im eigentlichen Verstande ein dünner Sirop.

Pflanzenmilche oder Emulsionen wurden auch bei den Alten aus Mandeln, kühlenden Samen und Früchten bereitet, die in destillirten Wässern aufgelöst, durchgedrückt und mit Zucker, oder einem Sirope versüßt wurden.

Ob nun wohl nicht zu leugnen ist, daß die Julepe und Emulsionen uns zum Muster bei der Vermehrung und Vervollkommung der Klasse unserer besänftigenden, versüßenden und kühlenden Getränke gedient haben, so bleibt uns doch noch das Verdienst übrig, bei Bereicherung dieser Nachahmungen die dienstlichsten und zweckmäßigsten Mittel in Ausübung gebracht zu haben.

Limonade und Oranschade.

Ungefähr in den Jahren 1630 bis 1633 fiengen die Destillirer zuerst an, das Getränk zu verkaufen, welches, wegen des Limoniensaftes, seines Grundbestandtheils, Limonade genannt wird. Dieses kühlende, und fäulnißdämpfende Getränk ward sogleich von den Aerzten und vom Publikum so günstig aufgenommen, daß seit dem Anfange seiner Einführung die Destillirer unter keinem andern Namen mehr bekannt blieben, als unter der Benennung Limonadiers.

Obgleich alle Gattungen Zitronen oder vielmehr Limonien sich zur Bereitung der Limonade schicken, des sauren Saftes wegen, den sie in sich halten, so muß man doch diejenigen vorzüglich dazu nehmen, welche man uns aus Italien und Portugall bringt, weil diese beiden Gattungen Zitronen diejenigen weit übertreffen, welche aus dem Fürstenthum Monaco oder Provence kommen. Der Künstler muß bei der Wahl dieser Früchte um destomehr auf seiner Hut seyn, da man sehr oft in den beiden letztern Gattungen, Zitronen antrift, die man wilde (sauvagons) nennet; eine einzige solche Frucht ist hinlänglich, funfzig Pfunden Limonade einen widerlichen Geschmack mitzutheilen. Was noch wunderbarer scheinen wird, ist, daß man kein Mittel anzugeben weiß, diese wilden Zitronen von den übri-

übrigen zu unterscheiden, indem ihr unangenehmer Geruch und Geschmack sich nur alsdann erst merklich zu erkennen giebt, wann sie in das Zuckerwasser ausgedrückt worden sind, und da sie noch überdies, ihrer äussern Gestalt nach, den gepfropften und zahmen völlig gleich kommen.

Die italienischen und portugiesischen Zitronen erkennet man nicht nur an ihrem angenehmern Geruche und Geschmacke, sondern auch daran, daß sie nur halb so viel Kerne in sich haben, als die andern.

Wir haben schon erinnert, daß Vermischungen nicht blos in Rücksicht ihrer Bestandtheile, sondern auch vermöge der Mittel, die man bei ihrer Bereitung anwendet, verschiedentlich wirken. Ob dieser Satz sich nun gleich auf alle Vermischungen beziehet, so giebt es doch vielleicht keine Flüssigkeit, auf welche diese Behauptung besser passet, als die Limonade und Oranschade, da die Wirkungen der Grundtheile, woraus die Schalen und der Saft der Zitronen und Pomeranzen bestehen, die Ingredienzen der Zusammensetzung dieser beiden Flüssigkeiten wesentlich und dergestalt von einander verschieden sind, daß die aus diesen Früchten entstehenden Getränke mehr oder weniger kühlend, mehr oder weniger hitzig sind, nach der geringern oder größern Menge der Schalen oder des Saftes der dazu kommenden Zitronen, so wie nach Verhältniß der Zeit und der Mittel, die man beim Aufgusse dieser Schalen angewendet hat.

Hieraus folgt, daß, wenn man ein Getränk haben will, welches blos kühlend sey, man, nach guter Auswahl der Zitronen, fünf Unzen weisen Zucker in einer Pinte recht hellen Wassers schmelzen lasse, zwei bis drei dieser Früchte gelinde abwische, sie durchschneide, jede dieser halben Zitronen zwischen den Daumen und

und den Zeigefinger nehme, und mit der andern Hand dergestalt ausdrücke, daß die Zellen, worin der Saft dieser Frucht verborgen liegt, eröffnet werden, und er in das Zuckerwasser fließe; daß man nach Auspressung dieser Hälften dieselben, eine nach der andern, zwischen beiden Händen in gegenseitiger Richtung und so stark auspresse, damit die kleinen Zellen, in welchen das Oel sitzt, sich aufthuen; daß man die Flüssigkeit durch den tuchenen Filtrirsack seihe, und sie zum weitern Gebrauche an einem frischen Orte aufhebe.

Will man der Limonade eine minder kühlende Kraft mittheilen, so schneidet man die Hälfte der gelben Rinde dieser Frucht in sehr dünnen Schälchen ab, und lässet sie zwanzig bis dreißig Minuten in dem Zuckerwasser ausziehen, schneidet dann, wie erwähnt worden, die Frucht durch, und drückt sie aus. Wann aber die Zitronenschalen zum Theil schon trocken sind, welches gewöhnlich in den spätern Jahrszeiten geschiehet, dann schälet man alle gelbe Schale der Früchte, welche in die zusammen zu setzende Menge Getränke kommen sollen, dünne ab, und läßt sie insgesammt ausziehen. Wenn man der Limonade reizende und auflösende Kräfte mittheilen will, so werden die Schälchen der Rinde in das Zuckerwasser geworfen, das Gefäß übers Feuer gesetzt, und die Flüssigkeit fünf Grade unter der Hitze des kochenden Wassers so lange erhalten, bis die Tinktur eine schöne Zitronfarbe erlangt hat; dann gießt man die Flüssigkeit in ein Gefäß von Steinzeug oder Delfter, preßt, wann alles verkühlt ist, den Zitronensaft herein, gießet alles durch ein leinenes Tuch, und hebt die Flüssigkeit an einem kühlen Orte zum Gebrauch auf.

Man befolgt genau dasselbe Verfahren zur Bereitung der Oranschade.

Vom

Vom Orschatteige und dem Getränke Orschade genannt.

Der Orschatteig bestehet aus provencischen Mandeln (Flau), aus italienischen Melonenkernen, und gepülvertem Zucker.

Zu diesem Ende schüttet man die Mandeln in kochendes Wasser, und rührt sie mit dem Schaumlöffel so lange herum, bis die Mandel, zwischen den Fingern gedrückt, ihre Schale gehen läßt; man nimmt das Gefäß vom Feuer, lässet das Wasser durch einen Korb ablaufen und schüttet die Mandeln in kaltes Wasser; reiniget sie von ihren Schalen, läßt sie an einem warmen Orte, oder in der Sonne trocknen, bis sie sich brechen lassen. Diese Vorarbeit ist desto nöthiger, indem sie den Mandeln nicht nur einen angenehmern Geschmack mittheilt, sondern auch ihren öligen Bestandtheil dergestalt verfeinern hilft, daß er im Wasser auflöslicher gemacht wird; um desto heilsamer ist auch das hieraus entstehende Getränk, da es das markige Wesen der Mandeln benimmt.

Will man nun diese Mandeln zu Teige machen, so wiegt man ein halbes Pfund davon ab, und eben so viel italienische Melonenkernen, schüttet beides zusammen in zwei Pinten kaltes Wasser, lässet fünf bis sechs Stunden hernach die Flüssigkeit durch ein Sieb ablaufen, schüttet diese Mandeln in einen marmornen Mörsel, und befeuchtet sie mit etwa einer Achtelpinte Wasser; stößt sie darauf mit der Keule klein, und wenn sie zu Teige geworden sind, so reibt man die Masse auf einem Steine, vermittelst eines stählernen oder buchsbäumernen Zylinders, bis die Theilchen unmerklich fein geworden sind. Nach dieser Behandlung vermischet man den Teig mit anderthalb Pfund gepülverten Zucker,

Zucker, und hebt ihn zu unten anzuführendem Gebrauche auf.

Will man den Orschadeteig länger erhalten, und ihn in den Stand setzen, daß er weit, selbst übers Meer, verführet werden kann, so behält man ungefähr drei bis vier Unzen gepülverten Zucker zurück, theilet diesen Teig, und macht Achtunzenröllchen daraus, bedeckt sie mit dem zurückbehaltenen Zucker, und bringt sie an die freie Luft, bis die in ihnen enthaltene Feuchtigkeit verflogen ist.

Wenn man den Orschatteig zum Getränke machen will, so thut man sechs Unzen davon in einen Mörsel, stampft es, verdünnet es mit allmäliger Hinzugießung einer Pinte Wassers, gießt die Flüssigkeit durch weisen Etamin, oder Leinwand, setzt einige Tropfen gutes Pomeranzenblütwasser darzu, und hebt das Getränk an einem kalten Orte zum anderweitigen Gebrauche auf.

Der Ursprung des Wortes Orgeat (Orschade) rührt von der ehemaligen Gewohnheit unserer Destillirer her, den Mandelteig mit Gerstenwasser (eau d'orge) zu verdünnen.

Den Orschatsirop statt des Orschatteiges zu diesem Getränke zu nehmen, hat, außer andern Verschiedenheiten, die ich schon bemerkt habe, noch den Nachtheil, daß dieser Sirop sehr bald säuert und verdirbt.

Erdbeerwasser (eau de fraises).

Wenn man gute Erdbeeren gewählt hat, wie weiter oben erinnert worden ist, so pflückt man sie von ihren Stielen, wiegt fünf Unzen davon ab, thut sie in einen marmornen Mörsel, zerquetscht sie durch Umführung der Keule, gießet dann eine Pinte recht helles

helles Waſſer dazu, reibet nochmals gelinde, doch ſo
lange, daß eine Art Brei daraus werde, den man
dann in ein unglaſurtes Gefäß gießet, und einen Kaf=
feelöffel voll Zitronſaft dazu thut; man rührt die Flüſ=
ſigkeit mit einem hölzernen Löffel gelinde um, und läſ=
ſet das Gemiſch zwei Stunden ſtehen; wieget darauf
fünf Unzen Zucker ab, thut ihn in einen Topf von
Steinzeuge oder Delfter, und bedeckt ihn mit einer
groben Leinwand, gießet hiedurch die Flüſſigkeit, drückt
die Hülſen unter der Preſſe aus, und ſeihet, ſobald
der Zucker geſchmolzen iſt, die Flüſſigkeit durch den
tuchenen Filtrirſack; man hebt ſie auf, um noch an
demſelben Tage davon Gebrauch zu machen.

Himbeerwaſſer (eau de framboiſes).

Eben ſo wählet man vor Aufgange der Sonne
friſch geſammlete Himbeeren, die von gutem Ge=
ruche und ſchöner, etwas dunkler Scharlachfarbe ſind;
pflückt ſie von ihren Stielen, wiegt fünf Unzen davon
ab, zerreibet ſie dergeſtalt mit der Keule in einem mar=
mornen Mörſel, daß die Kerne nicht zerſtoßen werden,
gießt eben ſo viel Zitronſaft, als zum Erdbeerwaſſer
gekommen, dazu, und läßt das Gemiſch zwei Stun=
den ſtehen; ſeihet die Flüſſigkeit durch eine Leinwand,
läßt fünf Unzen Zucker darin ſchmelzen, ſeihet dann
die Flüſſigkeit durch den tuchenen Filtrirſack, und hebt
dies Getränk zu ſchon erwähntem Gebrauche auf.

Johannisbeer = und Saurachwaſſer (eau de groſeilles et d'épine = vinette).

Man ſucht Johannisbeeren von ſchöner, rother
Farbe aus, die reif, durchſichtig, friſch gepflückt, von
angenehmer Säure, und nicht allzu großen Beeren
ſind;

sind; beert sie ab, wiegt anderthalb Pfund davon in einem marmornen Mörsel, und zerreibt sie durch Umtreibung der Keule dergestalt, daß die Kernen dieser Frucht nicht zerknirschet werden; setzt eine Pinte Wasser dazu, und reibet, damit beide Flüssigkeiten wohl vereiniget werden, nochmals; füllet das Gemisch in ein Gefäß und lässet es eine Stunde stehen; wiegt sechs Unzen Zucker ab, thut ihn in einen Topf, welcher mit einem groben leinenen Tuche bedeckt wird, gießet die Flüssigkeit durch, und drückt die Hülsen unter der Presse aus. Sobald der Zucker völlig aufgelöset wird, seihet man die Flüssigkeit durch den tuchenen Sack, und hebt sie an einem kalten Orte auf zum heutigen Gebrauche.

Will man die Säure des Johannisbeersaftes versüßen, oder demselben einen angenehmern Geschmack beibringen, so läßt man zwei bis drei Unzen dieser Frucht weg, nimmt an die Stelle eben so viel Himbeere, und reibet alles zusammen.

Das Berberis oder Saurachwasser wird wie das von Johannisbeeren bereitet, nur mit dem Unterschiede, daß man keine Himbeeren dazu nehmen darf, da diese Zumischung den lieblichen Geschmack der Berberisbeeren hinwegnehmen und verschlingen würde.

Kirschwasser (eau de cerises).

Man nimmt anderthalb Pfund Kirschen, welche von schöner rother Farbe, durchsichtig, wohl gewachsen und von angenehmem Geschmacke sind, pflückt sie von ihren Stielen, nimmt die Kerne heraus, und hebt sie auf; thut die Frucht in einen marmornen Mörsel, und zerreibt sie mit der Keule, doch so, daß die Schale, welche den Kirschsaft enthält, nicht allzu fein zerstoßen werde; man gießet eine Pinte Wasser

in diesen Saft, rühret nochmals mit der Keule sehr
gelind, doch so lange, bis alles wohl vereiniget ist;
gießet dann die Flüssigkeit in ein unglasurtes Gefäß,
setzt einen Kaffeelöffel voll Zitronsaft dazu, oder etwas
mehr, wann die Kirschen allzu reif sind, rühret das
Gemisch mit einem hölzernen Löffel gelinde herum, lässet es zwei Stunden stehen, wäschet dann die aufgehobenen Kerne, indem man sie gegen einander reibet,
um das fest an dem Kerne hängende herbe Häutchen
herunter zu bringen, stößet sie dann in einem Mörsel
und schüttet sie nebst sechs Unzen Zucker in ein Gefäß
von Steinzeug oder Delfter, welches man mit einer
groben Leinewand bedeckt, und gießet die Flüssigkeit
hindurch; drücket dann die Hülsen unter der Presse
aus, rühret die Flüssigkeit stark um, läßt sie noch funfzehn bis zwanzig Minuten auf den Kernen ziehen, seihet sie dann durch den tuchenen Filtrirsack und hebt
dies Getränk an einem kühlen Orte auf, um sich desselben noch denselben Tag über zu bedienen.

Es giebt Künstler, welche Kirschwasser, Erd-
beerwasser und Himbeerwasser ohne Hinzuthuung der
kleinen Menge Zitronensaft bereiten, die wir zu diesen
drei verschiedenen Gattungen von Kühltränken nehmen.
Sie schütten diese Früchte in kochendes Wasser, oder
stampfen sie und lassen sie zehn, zwölf bis funfzehn
Stunden in ihrer Brühe stehen; da ich aber bemerkt
habe, daß diese Methode den größten Theil des lieblich-
chen Wohlgeruchs dieser Früchte verfliegen macht, so
bestehe ich ohne Bedenken darauf, obigen Formeln den
Vorzug zu geben, da mir diese Verfahrungsart stets
vollkommen wohl von Statten gegangen ist.

Agrestwasser (eau de verjus).

Man suchet unreife Weintrauben aus, deren Beeren groß, voll und von angenehmer Säure sind; beert sie ab, doch so, daß der kleine Knopf, welcher stark an diesen Beeren hängt, abgezupft werde, und schüttet sie in kaltes Wasser; wiegt nach gehörigem Waschen zwanzig Unzen davon in einen marmornen Mörsel, und zerreibt sie, doch so, daß die Kerne nicht zerquetschet werden, welche sonst der Flüssigkeit einen bittern und widrigen Geschmack mittheilen würden; gießt eine Pinte Wasser darauf, rühret geschwind und behutsam beide Flüssigkeiten unter einander, und schüttet das Gemisch auf ein leinenes Tuch, drückt es aus, und schüttet die Hülsen weg; wiegt sechs Unzen weisen Zucker ab, läßt ihn in der Flüssigkeit zergehen, setzt einen Löffel ungesottene Milch dazu, und seihet das Gemisch durch den Filtrirsack. Wann dies Getränke recht klar ist, so setzt man es ins Kühle, um sich dessen desselben Tages zu bedienen.

Der nach folgender Methode ausgedrückte Saft dieser Frucht giebt uns eine desto angenehmere Säure, da sie völlig frei von irgend einem Geruche oder irgend einer fremden Schärfe, da sich dieser Saft über zwei Jahr in seinem natürlichen Zustande erhält, und da man noch gewürzhafte Substanzen dazu nehmen kann, ohne ihren Geruch oder Geschmack auf irgend eine Art dadurch verändert zu sehen. Noch merken wir an, daß diese Gewächssäure die einzige ist, welche uns in Stand setzt, in allen Jahreszeiten mehr oder weniger kühlende Getränke zu bereiten, welche stärkende und ermunternde Kräfte besitzen, nach der größern oder geringern Menge von Gewürzen, die man dazu nimmt.

Agrest

Agrest (suc de verjus).

Hat man solche unreife Trauben, wie oben gesagt, ausgesucht, so beeret man sie auf eben die Weise ab, daß nichts von den Knöpfen der Stiele, welche sehr fest an den Beeren dieser Frucht anhängen, dran sitzen bleibe, indem diese Theilchen der Flüssigkeit einen herben Geschmack verursachen würden. Wann dies geschehen, thut man ungefähr zwei Pfund dieser Beeren auf ein Handtuch, und wischt sie ab, um sowohl den Staub davon zu bringen, als auch dieser Frucht alle Feuchtigkeit zu benehmen; dann schüttet man sie in einen marmornen Mörsel, und zerreibet sie mit obgedachter Vorsicht, gießt die Flüssigkeit geschwind in ein recht trocknes, grobes, leinenes Tuch, welches man vorher auf einen steinzeugenen Napf gebreitet hat; drückt sogleich mit den Händen aus, gießt den Saft in ein andres Gefäß, und hebt die Trebern auf. Sobald alle Frucht auf diese Weise zerknirschet ist, bringt man die Trestern unter die Presse, und drückt so lange aus, bis nichts mehr heraus läuft; mißt dann den ganzen Saft, thut einen Kaffeelöffel voll rohe Milch und eben so viel Zitronensaft auf jede Pinte Flüssigkeit dazu; lässet es zwölf bis funfzehn Stunden stehen, seihet dann durch den tuchenen Filtrirsack, und setzt es in einem hiezu bestimmten Gefäße bei Seite.

Man läßt unten an einer steinzeugenen Flasche einen Hahn von feinem Zinne anbringen, und setzt sie an einen mittelmäßig kühlen Ort; füllet dann die Flüssigkeit herein, und gießet so viel Baumöl darauf, daß die Oberfläche ungefähr anderthalb Linien hoch damit bedecket werde. Denn ich habe bemerkt, daß, wenn das Gefäße blos mit einem Korkstöpsel zugepfropft war, der belebende Geist (esprit recteur) durch die Poren

Poren des Korkes ausdampfte, und die Flüssigkeit beträchtlich verändert wurde.

Noch erinnere ich, daß man in Rücksicht dieser Unbequemlichkeit nicht eher etwas aus diesem Gefäße abzapfen darf, als bis man es nöthig hat.

Da der Agreßsaft, auf diese Weise bereitet, noch den Vortheil besitzt, daß man ihn selbst in das andere Welttheil verführen kann, die angegebenen Gefäße aber, sowohl in Absicht ihrer Gestalt, als auch wegen der daran gefügten Hähne, Unbequemlichkeiten ausgesetzt seyn könnten, so würde es besser gethan seyn, diesen Saft mit Olivenöl bedeckt, in gläserne genau zu verstopfende Gefäße zu füllen, und sie dann, wie unsere geistigen Liqueure einzupacken.

Sollte man den in einem dieser Gefäße, welche von verschiedener Weite seyn müssen, enthaltenen Saft binnen drei bis vier Tagen verbrauchen können, so schüttet man das drüber schwimmende Oel durch einen unten an die Flasche angebrachten Stoß heraus, gießt dann den sauren Agreßsaft in Zuckerwasser, und man erhält auf diese Weise ein kühlendes Getränk, welches man noch durch Gewürze an Kräften verändern könnte, die man in verschiedener Menge dazu setzen kann.

Der Agreßsaft, welchen man zum Gebrauche der Küche bestimmt, wird gewöhnlich mit Knoblauchzwiebeln gewürzet, die man in einem Mörsel stampft, und hiemit diese Säure sättiget, ehe man sie durch den Filtrirsack gehen läßt. Oder man macht ihn auch mit Schalotten, getrockneten Holderblüten, Dragun, u. s. w. an.

Vom Gefrornen (des glaces).

Der brennenden Hitze, dem Ueberflusse an Früchten in Italien, und den Künstlern, die diesen Him=

Himmelsstrich bewohnen, sind wir die Kunst der Bereitung des Gefrornen, und den größten Theil der kühlenden Getränke schuldig.

Der italienische Arzt Mazarini hielt die kühlen Getränke und gefrornen Sherbete für das Leben und die Gesundheit der Einwohner Italiens so nothwendig, daß er diejenigen Jahre unter die unglücklichen zählte, in denen nicht Schnee genug fiel, da er bemerkte, daß der Mangel an Schnee viele ansteckende Krankheiten, besonders in den Städten Italiens, nach sich zog [14]).

Man hält dafür, daß nur erst in den Jahren 1655 oder 1660 Herr Procope Couteaux aus Florenz gebürtig den Gebrauch des Gefrornen in der Hauptstadt Frankreichs eingeführt hat. Die Herren Lefevre und Foy folgten ihm gar bald, so daß diese drei Künstler lange Zeit hindurch die einzigen Bereiter des Gefrornen waren. Doch fand man bei keinem derselben fertiges Gefrorne, als nur im Sommer, da man die Wirkungen desselben im Winter aus Vorurtheilen fürchtete. Nur erst im Jahre 1750 fieng ich an, mir es zur Gewohnheit zu machen, alle Tage des Jahres, ohne Unterschied, dergleichen bereit zu halten, dergestalt, daß man selbst im Winter bei mir wenigstens Zitronengefrornes und gefrornen Rahm fertig fand.

---

14) Ein kalter Winter macht gewöhnlich das folgende Jahr gesund, oder vermindert doch die möglichen Krankheiten, nicht aber der in einem solchen Winter gesammlete Vorrath an Eise, da sich der gemeine Mann, desselben zu bedienen, außer Stand befindet, und von ihm aus gleichwohl ansteckende Krankheiten gemeiniglich erst in die höhern Stände fortzugehen pflegen. Drei Tage starker Frost eines sonst schlackerigen und lauen Winters können die größte Stadt mit Eis auf den längsten Sommer versorgen, aber zur Gesundmachung eines Jahres sind diese drei kalten Tage nicht hinreichend. Hzb.

fand. Zwei Krankenkuren, in welchen das Gefrorne so ausnehmende stärkende Dienste geleistet hatte, bestätigten mich in meiner Gewohnheit, und der vernünftigere Theil des Publikums hat nach der Hand sich in allen Jahreszeiten desselben bedienet.

Ueberdem bewirkte die edle Beeiferung der Künstler jene Mannigfaltigkeit in diesen gefrornen Getränken, und die Vollkommenheit darin, die, wie ich glaube, nicht weiter getrieben werden kann. Die unendliche Mannigfaltigkeit des Gefrornen, die Kunst, Bestandtheile der Blumen und der Sommerfrüchte so unversehrt mit aller Lebhaftigkeit der Farben und des natürlichen Geschmackes in den Winter über zu tragen, so wie nicht weniger die festere Konsistenz den Flüssigkeiten beizubringen, woraus unser Gefrornes bestehet, waren ein Theil davon. So wie nun aber dieser Grad von Konsistenz blos durch die Erhöhung fast der Hälfte der Menge der Früchte und des Zuckers erhalten werden konnte, so mußte die Kunst erfunden werden, diesen mehrern Aufwand durch die Bereitungsart selbst einigermaßen zu entschädigen.

Das Kochsalz war es, welches durch seinen häufigen Verbrauch, mit Eise vermischt, die Kosten des Gefrornen so ansehnlich erhöhete; durch Abdampfung des hieraus zerflossenen Wassers aber wieder erhalten werden mußte, wenn die Kosten einigermaßen vermindert werden sollten. Diesen Punkt der Sparsamkeit erreichte man nicht nur, sondern sahe auch ein, daß das auf diese Weise abgedampfte Kochsalz, vielleicht wegen seiner ausnehmenden Zertheilung unter dieser Operation, einen beträchtlichern Grad von Kälte erzeugte, als das zuerst angewandte.

Scher-

Scherbete (des sorbets).

Man nennet Scherbete alle Flüssigkeiten, die wir zum Gefrieren bestimmen. Einige von diesen Flüssigkeiten bestehen aus süßem Rahm, wozu man in größerer oder geringerer Menge Zucker, süße und bittere Mandeln, oder auch Haselnüsse, Pistazien, Thee, Schokolade, Kaffee, Vanille, Safran, Zimt, und so alle übrige gewürzhafte Substanzen nimmt, die diesen ähnlich sind. Die andern Gattungen Scherbete bestehen aus dem Safte saurer Früchte, in welchen man eine bestimmte Menge Hutzucker oder abgeschäumten zergehen läßt, und wozu man noch Gewürze setzt.

Erdbeerscherbet (sorbet de fraises).

Hat man, wie oben vorgeschrieben, ausgesuchte Erdbeeren, so pflückt man sie von ihren Stielen, zerquetscht, wie gemeldet worden, vierzehn Unzen davon, und mischt eine Pinte Wasser darunter; füllet die Flüssigkeit in ein Gefäß, thut einen großen Kaffeelöffel voll Zitronensaft, und eben so viel gutes Pomeranzenblutwasser dazu, und läßt es so zwei bis drei Stunden stehen; wiegt acht Unzen weisen Zucker in ein anderes Gefäß, welches man mit einer groben Leinwand bedeckt, seihet die Flüssigkeit hiedurch, und preßt die Trebern aus; seihet dann, sobald der Zucker gänzlich zergangen ist, die Mischung durch den tuchenen Filtrirsack, bis die Flüssigkeit recht klar ist.

Himbeerscherbet (sorbet de framboises).

Man nimmt frisch gesammlete, wohlriechende Himbeeren, von lebhafter, etwas dunkler Scharlachröthe, pflückt sie von ihren Stielen, quetscht vierzehn Unzen

Unzen davon in einem marmornen Mörsel, gießt eben so viel, wie bei den Erdbeeren, Wasser und Säure hinzu, lässet das Gemisch zwei bis drei Stunden stehen, gießet das Flüssige durch eine grobe Leinwand, preßt die Hülsen aus, lässet achtzehn Unzen weisen Zucker darin völlig auflösen, und seihet die Flüssigkeit durch den tuchenen Filtrirsack.

Quetscht man acht Unzen dieser Frucht mit zwölf Unzen Johannisbeeren, so hat man auch eine sehr angenehme Gattung himbeerartigen Scherbets; dann muß man aber noch zwei bis drei Unzen Zucker mehr nehmen, und den Zitronsaft weglassen.

Johannisbeer- und Berberisscherbet (sorbet de groseilles et d'épine vinette).

Hat man gute Johannisbeeren ausgesucht, so wieget man vier Pfund davon ab, und nimmt noch acht Unzen Himbeeren darzu; quetscht diese Früchte mit obgedachter Vorsicht in einem marmornen Mörsel [15]), und gießt eine Pinte Wasser hinzu; lässet das Gemisch eine Stunde stehen, gießet das Flüssige durch eine grobe Leinwand, und preßt, wie oben, die Hülsen aus; schüttet dann acht und zwanzig Unzen Zucker in die Flüssigkeit, und seihet, wann er völlig zergangen ist, dieselbe durch den tuchenen Filtrirsack.

Der

---

15) Ich erinnere einmal für allemal, daß ein solcher Mörsel nicht von gewöhnlichem Marmor, sondern von Alabaster, das ist, gypsichter Art seyn müsse, da alle saure Säfte, die der Liquorist braucht, Agrest, Zitronensaft, Johannisbeere, saure Kirschen, Saurach, u. s. w. den eigentlichen Marmor angreifen, Kalkerde daraus in sich nehmen, und so ihre saure Natur verlieren, welches ganz wider die Absicht ist. Hab.

Vom Gefrornen.

Der Saurach oder Berberisscherbet wird nach gleicher Methode verfertiget, doch allemal mit Hinweglassung der Himbeeren, indem diese Frucht den Wohlgeruch des Saurachs verschluckt, und mit der Bedingung, daß nur vier und zwanzig Unzen Zucker dazu kommen.

Kirschscherbet (sorbet de cerises).

Nach wohl angestellter Wahl der Kirschen, pflückt man sie von ihren Stielen, macht die Kerne heraus, und legt sie bei Seite. Von diesen gereinigten Kirschen quetscht man fünf Pfund, wie bei Bereitung des Kirschwassers, in einem marmornen Mörsel, gießt einen Schoppen recht klaren Wassers dazu, nebst zwei, oder, wenn die Kirschen recht reif sind, drei Kaffeelöffeln Zitronsaft; lässet das Gemisch zwei oder drei Stunden stehen; wäscht dann, durch starkes an einander Reiben, die Kerne ab, und wann das Häutchen, welches die Schale des Kerns überziehet, völlig losgegangen ist, so zerstößt man sie in einem Mörsel, und schüttet sie nebst zwei und zwanzig Unzen Zucker in ein steinzeugenes Gefäß, welches man mit einer groben Leinwand bedeckt. Hiedurch gießet man das Flüssige, preßt die Hülsen aus, und rühret das Gemisch mit einem hölzernen Löffel stark um. Sobald der Zucker völlig zergangen ist, seihet man die Flüssigkeit durch den tuchenen Filtrirsack, bis sie recht lauter ist.

Ich habe schon erinnert, daß sowohl durch Hinweglassung der Zitronsäure, die wir zu diesen Flüssigkeiten genommen haben, als auch dadurch, daß man diese vier verschiedenen Gattungen von Früchten allzu lange weichen, oder auch, daß man sie durch kochendes Wasser ausziehen läßt, die eigenthümlichen Eigenschaften dieser Früchte Aenderungen leiden.

Noch merke ich hier an, daß es Künstler giebt, die eine von der unserigen verschiedene Handanlegung einzuführen für nöthig erachtet haben. Sobald diese Künstler die gequetschten Früchte haben weichen lassen, schlagen sie Saft und Hülsen zusammen durch ein Haarsieb, da, nach ihrer Behauptung, diese Trebern den Flüssigkeiten mehr Konsistenz verschaffen. So gegründet auch diese Behauptung scheinet, und ungeachtet diese Methode bei den Pfirschen, Aprikosen, Reineclaudepflaumen, den Ananas, den Rußeletbirnen, u. s. w. Statt findet, so habe ich doch Ursache, wenn mich meine Sinnwerkzeuge nicht betrügen, jener Behandlung, die ich angegeben habe, den Vorzug zu ertheilen, da Wohlgeruch und Farbe der aus diesen Früchten entstehenden Liqueure noch lieblicher sind, und da die größere Menge Zucker und Fruchtsaft, die wir dazu nehmen lassen, ihnen nicht nur gleiche Konsistenz verschaffet, sondern auch zur Erhöhung der arzeneilichen Tugenden dieser verschiedenen Gattungen von Flüssigkeiten beiträgt.

Von den verschiedenen Rahmscherbeten (sorbets de crême), und den gefrornen Käsen (fromages glacés).

Ehedem rechnete man die eisartigen Käse nicht unter das Gefrorne, indem diese Käse blos aus süssem Rahme, Zucker und Pomeranzenblütwasser bestanden, wozu noch eine größere Menge Eidotter kamen, das ist, man nahm nur ein einziges Eidotter auf jede Pinte zum Gefrornen bestimmten Rahme, während man drei Dotter zu jeder Pinte nahm, woraus die Käse bereitet werden sollten. Da wir nun bemerkten, daß letzterer Rahm uns markigeres Gefrornes gab,

Vom Gefrornen.

gab, so haben wir nicht nur ohne Unterschied fortgefahren, drei Eiergelbe dazu zu nehmen, sondern auch das Mittel gefunden, alle Fruchtsäfte zu gleichem Grade von Konsistenz, wie diesen Rahm, zu bringen; dergestalt, daß wir endlich dahin gelangten, aus allen Gattungen von Früchten gleichfalls gefrorne Käse zu machen, so daß zwischen ihnen und dem eigentlichen Gefrornen kein fernerer Unterschied bemerkt werden kann, als den die Gestalt macht, die man ihnen in den Formen giebt, und welchen der natürliche Geschmack jeder dazu gekommenen Frucht bewirket.

Da wir auf diesen Punkt nicht wieder zurückkommen werden, so erinnere man sich, daß unsere verschiedenen Gattungen gefrorner Scherbete zur Bildung der Käse sowohl, als der geformten Früchte dienen, die man in ihrer natürlichen Farbe vorstellet.

Man wisse auch, daß wir blos von der Gattung Rahm reden, die unsere Milchweiber dicke Sahne (crême double) nennen, da der gewöhnliche Rahm allzu mager ist, und dieser Mangel nur zum Theil durch eine größere Menge Eierdotter ersetzet werden kann, als diejenige ist, die man dazu nehmen soll.

Weiser Rahm (crême blanche).

Man rühre die Dotter von sechs frischen Eiern in zwei Pinten Rahm, setze einen guten Eßlöffel voll (flüssig) eingemachter Pomeranzenblüte dazu, setze sodann das Gefäß übers Feuer, und wann man diesen Rahm hat aufkriebeln lassen (bouillon couvert), so seihet man ihn durch, und zerreibt die Pomeranzenblüten dergestalt, daß sie auch durch das Sieb (tamis) gehen können, und lässet zehn Unzen weisen Zucker in dieser

Flüs-

Flüssigkeit zerschmelzen, die man dann an einem kühlen Orte aufhebet, bis man sie dem Gefrieren unterwirft.

Gebrannter Rahm (crême brûlée).

Man rühret sechs frische Eiergelbe in eben die Menge Rahm, schüttet zwei Unzen geröstete oder auf Art der gebrannten Mandeln zugerichtete (pralinées) Pomeranzenblüten, und einen Löffel voll Bruchzucker (caramel) dazu; setzt dann das Gefäß übers Feuer, rühret ohne Unterlaß mit dem hölzernen Löffel um, und gießet, sobald die Flüssigkeit einige Male aufgewallet ist, durch das Sieb; zerdrücket die Blüten, wie vorher, lässet zwölf Unzen Zucker darin zergehen, und hebt es auf zum beliebigen Gefrieren.

Pistazienrahm (crême aux pistaches).

Man wählet heurige Pistazien, die schön grün, und frisch ausgebrochen sind, wieget viertehalb Unzen davon ab, schüttet sie in kochendes Wasser, und wann die Schale, zwischen den Fingern gerieben, sich ablöset, so schüttet man sie auf ein Sieb, schälet sie ab, und reibet sie auf einem Steine fein, während daß man eine Unze Zucker dazu setzt, und sie mit einer hinlänglichen Menge doppelten Pomeranzenblütwassers befeuchtet. Ist dies geschehen, so rührt man das Gelbe von sechs frischen Eiern in zwei Pinten Rahm, und seihet die Flüssigkeit, sobald sie etliche Mal aufgewallet hat, wie oben, durch; läßt zehn Unzen Zucker darin zergehen, verdünnet den Pistazienteig mit einem Löffel, unter allmäliger Zugießung eines Schoppens dieses noch ganz heißen Rahmes, gießet diese Flüssigkeit durch Etamin, drücket, bis nichts mehr übrig ist, alles mit den Fingern

gern durch; mischt alles unter einander, und hebt es an einem kühlen Orte auf, um es, wo nöthig, gefrieren zu lassen.

Schokoladerahm (crême au chocolade).

Man gießet zwei Pinten Rahm in einen Schokoladetopf, thut ein halbes Pfund in Stücken gebrochene Schokolade, das Pfund mit zwei Vanillen (á deux vanilles), und vier Unzen Zucker dazu, setzt das Gefäß ans Feuer, und erhält die Flüssigkeit eine Stunde lang im siedenden Wasserpunkte, unter öfterem und starkem Quirlen; nimmt dann das Gefäß vom Feuer, rühret, sobald die Flüssigkeit halb verkühlet ist, das Gelbe von vier frischen Eiern darunter, erhitzt es nochmals bis zu eben diesem Grade und quirlet ohne Unterlaß, indem diese Bewegung, welche man der Flüssigkeit giebt, alle ihre Theile desto inniger vereinigen hilft, und setzt es ins Kühle, bis man es gefrieren lassen will.

Rahm auf Vanilleart (crême à la vanille).

Man rühret sechs frische Eiergelbe in zwei Pinten Rahm, setzt das Gefäß übers Feuer, rührt die Flüssigkeit ununterbrochen mit einer hölzernen Kelle um, und gießet, sobald dieser Rahm aufgekriebelt hat, denselben durch ein Haartuch; läßt zehn Unzen Zucker, nebst zwei Unzen Vanillezeltchen darin zergehen, und hebt die Flüssigkeit an einem kühlen Orte auf, um sie, wenns nöthig, in Eis zu verwandeln.

Der Rahm auf Zimt=, auf gewürznelkenartige Nelken= und auf Safranart wird auf eben die Weise, wie der Rahm auf Vanilleart zubereitet, nur daß man in dem Rahme auf Safranart eine halbe Unze eingemachte

machte Angelikſtengel ſieden läßt, wobei man den Artikel der Zeltchen von Vanille, von Gewürznelken und von Safran nachzuſehen hat.

Es giebt Künſtler, welche die Tinktur aus dieſen Subſtanzen mittelſt eines Aufguſſes in Rahm oder Waſſer ausziehen. Da ich aber bemerkt habe, daß dieſe verſchiedenen gewürzhaften Subſtanzen, mit Zucker zerrieben, und zu Zeltchen gemacht, ſich nicht nur feiner in dem Rahme zertheilen, und inniger damit vereinigen, ſondern da auch das Tragantgummi, welches unſern Zeltchen eine feſte Konſiſtenz verſchaft, dieſen Rahmen ein ſanftes geſchmeidigeres Weſen (ton plus velouté) mittheilet, ſo beharre ich ohne Bedenken auf dem Vorzuge, welchen man den Zeltchen zu geben hat.

Rahm auf Mandelart (crême aux amandes).

Man nimmt vier Unzen ſüße provencer Mandeln, und eine halbe Unze Aprikoſenkerne, ſchüttet ſie in kochendes Waſſer, und wann die Haut, durch Reiben zwiſchen den Fingern, losgehet, ſo thut man ſie auf ein Sieb, ſchält ſie ab, und reibt ſie auf einem Steine mit einem ſtählernen Zylinder, indem man eine Unze Zucker hinzuthut und das Gemiſch mit einer hinreichenden Menge Waſſers befeuchtet; dann rühret man ſechs friſche Eiergelbe in zwei Pinten Rahm, läſſet ihn aufkriebeln (bouillon couvert), und gießt ihn, wie geſagt, durch. Man läſſet zwölf Unzen Zucker darin zergehen, und verdünnet den Mandelteig durch allmälige Hinzugießung eines Schoppens eben dieſes noch ganz heißen Rahmes, und durch Umrühren mit einer Kelle; gießet dies Gemiſch dann durch Etamin, und drückt das Uebrige vollends durch. Hierauf miſchet
man

Vom Gefrornen.

man alles zusammen, und hebt die Flüssigkeit im Kalten auf, um sie zur rechten Zeit gefrieren zu lassen.

Auf andere Art.

Man läßt sechs Unzen Zucker in einem Schoppen Wasser zergehen, schüttet gleiche Menge, wie oben, Mandeln und Kerne herein, macht sie zu gebrannten Mandeln (pralines), läßt sie kalt werden, reibt sie unter steter Befeuchtung mit einer hinlänglichen Menge Pomeranzenblütwasser auf einem Steine zu Teige, welchen man hierauf mit zwei Pinten auf obige Art vorbereiteten Rahmes, und worin neun Unzen Zucker vorher aufgelöset worden, verdünnet, und diese Flüssigkeit im Kühlen zum Gefrieren aufhebt.

Rahm auf Kirschkernart (crême aux noyaux de cerises).

Man suchet auf oben gemeldete Art gesäuberte und getrocknete Kirschkerne aus, zerstößet sechs Unzen davon in einem marmornen Mörsel, schüttet sie, nebst vierzehn Unzen Zucker in ein Gefäß von Steinzeug; rühret dann sechs frische Eiergelbe unter zwei Pinten Rahm, setzt die Pfanne übers Feuer, rührt sie unablässig mit einer hölzernen Kelle um, und sobald diese Flüssigkeit aufgekriebelt hat, schüttet man sie noch ganz kochend auf die Kirschkerne, rühret wieder um, und lässet das Gemisch eine Stunde zusammenstehen; dann seihet man es durch ein Haartuch und hebt es auf.

Eben so nimmt man die getrockneten Kirschkerne zu dem Scherbet, mit welchem man Maraskingefrornes bereitet.

Rahm

Rahm auf Theeart (crême au thè).

Man rühret sechs frische Eidotter in zwei Pinten Rahm, schüttet eine halbe Unze gröblich gepulverten Heysventhee dazu, setzt das Gefäß übers Feuer, rührt die Flüssigkeit, wie erinnert, um, läßt sie drei bis vier Minuten sieden, und gießt sie in ein steinzeugenes Gefäß; hierin läßt man zwölf Unzen Zucker zergehen, bedeckt das Gefäß genau, und erhält diese Flüssigkeit eine Stunde lang in eben dem Grade von Wärme; gießt sie dann durch ein englöcherichtes Sieb, setzt eine Unze Veilchensirop dazu, und hebt es an einem kühlen Orte zum Gefrieren auf.

Rahm auf Kaffeeart (crême au café).

Man nimmt ein halb Pfund levantischen Kaffee, brennt ihn nach den Regeln der Kunst, schwinget ihn sowohl um den ausdampfenden Rauch davon zu jagen, als auch um die durchs Brennen losgegangenen Schalen davon zu bringen; schüttet ihn dann noch ganz heis in zwei Pinten gesottenen, und noch siedend heißen Rahm, in welchen man gleichfalls sechs frische Eidotter gerühret hat, bedeckt das Gefäß, worin diese Mischung ist, setzt es in heißes Wasser, und erhält es zwei Stunden lang im sechzigsten Wärmegrade, des reaumurischen Thermometers, lässet es erkalten, seihet die Flüssigkeit durch ein Sieb, lässet sechzehn bis achtzehn Unzen Zucker darin zergehen, und setzt es ins Kalte.

Zitronscherbet (sorbet de citrons).

Man löset anderthalb Pfund weisen Zucker in einer Pinte recht hellen Wassers auf, suchet neun große
oder

Vom Gefrornen.

oder ellf mittele Zitronen aus, wischt sie mit einem Tuche ab, schneidet sie mitten durch, nimmt eine Hälfte Zitronen nach der andern zwischen den Daumen und den Zeigefinger, drückt sie mit der andern Hand dergestalt aus, daß die Saftzellen dieser Frucht zerplatzen, tauchet sie in das Zuckerwasser, nimmt sie dann zwischen beide Hände, und drückt sie nochmals gegenseitig, und so stark aus, daß die Zellen der gelben Schale ihre Oelkügelchen fahren lassen; gießt dann die Flüssigkeit durch ein dichtes Haartuch, und hebt sie an einem kalten Orte auf.

Wir merken ein Mal für alle Mal an, daß wir bei Vorschreibung des Hutzuckers, statt des abgeschäumten zu allen unsern aus Fruchtsäften zusammengesetzten Scherbeten, keine andere Absichten gehegt haben, als blos, um nur mit größerer Genauigkeit die verschiedene Menge zuckerhafter Substanz bestimmen zu können, die zu jeder dieser Scherbete kommen sollen. Ob sich nun gleich der Zucker von seinem wässerichten Auflösungsmittel beim Gefrieren dieser Flüssigkeiten, wie Herr Demachy wähnt, nicht abscheiden kann, so habe ich doch beobachtet, daß der abgeschäumte, und zur gehörigen Konsistenz eingesottene Zucker diesen verschiedenen Gattungen Scherbete einen größern Grad von Feinheit und Sanftheit (velouté) mittheilt. Doch merke ich noch an, daß der Künstler bei Befolgung dieser Methode, welche unstreitig die beste ist, Acht haben, und die Menge Wasser ausrechnen müsse, die seinen Sirop verdünnet hat, um hienach eben so viel die Menge desjenigen vermindern zu können, die er zu den Säften dieser Früchte nehmen soll. Wird er die von uns vorgeschriebenen Verhältnisse übersteigen, so würden die hieraus entstehenden Scherbete allzu mager ausfallen; da man hingegen durch Ueberladung dieser

Scherbete mit einer übermäßigen Menge Sirops desto mehr Schwierigkeiten erfahren würde, wann diese Flüssigkeiten in Eis verwandelt werden sollen. Doch können diese Fehler nur bei Artisten Statt finden, die in die Ausübung ihrer Kunst nicht völlig eingeweihet sind. Ich halte mich auch berechtigt, schließen zu dürfen, daß es hiebei einen Standpunkt giebt, den man von keiner Seite hin jemals überschreiten darf.

Pomeranzenscherbet (sorbet d'oranges).

Man läßt zwei und zwanzig Unzen weisen Zucker in einer Pinte Flußwasser zergehen, sucht acht bis neun portugiesische Pomeranzen und zwei italienische Zitronen aus, wischt sie mit einem Tuche ab, reibt die Schalen von den wohlriechendsten und am wenigsten bittern Pomeranzen ab, schneidet die Früchte querdurch entzwei, drückt sie, wie gemeldet, aus, gießt die Flüssigkeit durch ein enges Haartuch und hebt sie an einem kühlen Orte auf.

Bigaradenscherbet (sorbet de bigarades).

Man läßt gleichfalls zwei und zwanzig Unzen weisen Zucker in einer Pinte Wasser zergehen, wählet sechs bis sieben saure Pomeranzen aus, deren Schalen gelb und von lieblichem Geruche sind, wischt sie mit einem Tuche ab, reibt die gelbe Schale eine nach der andern mit einem Stück Zucker ab, und nimmt, wann der Zucker völlig damit geschwängert ist, diese Art Oelzucker mit einer Messerklinge herunter, und schüttet sie in das Zuckerwasser. Nach dieser Behandlung schneidet man diese Früchte querdurch, eben so zerschneidet man vier bis fünf italienische Zitronen, drückt dann alles in das Zuckerwasser aus, gießt darauf die Flüssigkeit

sigkeit durch ein Sieb, und hebt sie zum künftigen Gefrieren auf.

Muskattraubenscherbet (sorbet de raisin-muscat).

Man schüttet zwei bis drei Quentchen im Schatten getrockneter Fliederblüte in eine Pinte Flußwasser, und bereitet einen Aufguß davon, wie man mit dem Thee thut; lässet diesen Aufguß erkalten, zerquetscht, wie bei den Johannisbeeren gelehret worden, drei Pfund Muskatellertrauben, gießt die Tinktur der Fliederblüte dazu, rühret das Gemisch um, gießt es in ein steinzeugenes Gefäß, lässet zwei und zwanzig Unzen Zucker darin schmelzen, drücket den Saft von sechs bis sieben italienischen Zitronen dazu, lässet das Gemisch eine Stunde stehen; seihet dann alles durch ein weitlöcheriges Haartuch, damit nur die Kerne und die Schale der Beeren zurückbleibe, und hebt diese Flüssigkeit an einem kühlen Orte auf.

Diesen Scherbet kann man auch ohne Muskatellertrauben verfertigen.

Zu diesem Ende schüttet man eine halbe Unze Fliederblüten in eine Pinte Wasser, bereitet, wie gesagt worden, einen Aufguß davon, gießt diese Tinktur in einen Napf von Steinzeuge, und lässet anderthalb Pfund weisen Zucker darin zergehen; drücket darauf den Saft von neun bis zehn italienischen Zitronen herein, und gießet das Flüssige durch ein enges Sieb.

Wässeriger Kaffeescherbet (sorbet de café à l'eau).

Zuerst reibet man einen Skrupel des weisesten Tragantgummis in einem marmornen Mörsel dergestalt, daß man ihn von Zeit zu Zeit mit ein wenig blosen Wasser befeuchtet. Man fährt fort zu reiben, bis dieses Gummi wohl zerflossen ist, und eine Art dikken Schleimes bildet, welchen man im Mörsel lässet. Dann läßt man sechs Unzen levantischen Kaffee nach den Regeln der Kunst brennen, und schwinget ihn, sowohl um den aushauchenden Dampf davon zu bringen, als auch um die Schalen abzusondern, die sich während dem Brennen losgemacht haben. Man schüttet diese noch ganz heißen Bohnen in eine Pinte laulichten Wassers, setzt den Kaffeekocher (casetiére) ans Feuer, und erhält ihn anderthalb Stunden lang ungefähr im siebenzigsten Grade der Wärme; nimmt dann das Gefäß vom Feuer, gießet, wann alles erkaltet ist, diese Tinktur durch, schüttet die Kaffeebohnen weg, verdünnet das Tragantgummi vollends mit einer Viertelpinte dieser Kaffeetinktur, gießet dieses Flüssige durch ein leinenes Tuch; mischet alles zusammen, läßt zwei und zwanzig Unzen Zucker darin zergehen, und stellt es ins Kühle, um zu seiner Zeit Gebrauch davon zu machen.

Rosenscherbet (sorbet de roses).

Man gießet ein Quentchen gepulverte Koschenille vier und zwanzig Stunden lang mit einer Viertelpinte unsers Agressaftes auf, erhält das Gefäß wohl verstopft, und schüttelt es aller drei Stunden um. Man bereitet, wie eben erwähnt, einen Skrupel Tragant zu; schüttet zwei und zwanzig Unzen weisen Zucker in

drei

drei Viertelpinten Flußwasser, gießet, sobald der Zucker wohl aufgelöset worden, die Koschenilltinktur dazu, und lässet es noch zwei Stunden mit einander stehen. Man gießet die Flüssigkeit durch den tuchenen Filtrirsack, setzt noch, etwa eine Achtelpinte unsers Rosenwassers dazu, schüttelt das Gemisch stark unter einander, und hebt es an einem kühlen Orte auf, bis man es dem Froste unterwerfen will.

Nelkenscherbet (sorbet d'oeillets).

Man bereitet den Nelkenscherbet, wie den Rosenscherbet, und gießet, sobald die Flüssigkeit durch den tuchenen Filtrirsack gesiehet worden, ungefähr eine Achtelpinte unsers mit Gewürznelken aromatisirten Nelkenwassers dazu. rührt dann das Gemisch stark um, und setzt es bei Seite zum künftigen Gebrauche.

Pomeranzenblütscherbet (sorbet de fleurs-d'oranges).

Man schüttet in ein Gefäß von Steinzeug zwei Eßlöffel voll flüssig eingemachte Pomeranzenblüten, zerreibet sie mit einem hölzernen Löffel, gießet sieben Achtelpinten laues Wasser dazu, lässet es eine Stunde lang damit stehen, schüttet zwei und zwanzig Unzen weisen Zucker dazu, setzet dann, wann der Zucker ganz zerschmolzen ist, eine Achtelpinte unsers Agrestsaftes, und einen Kaffeelöffel voll guten Pomeranzenblütwassers dazu, rührt das Gemisch stark um, gießet es durch ein dichtes Haartuch und hebt es an einem kalten Orte zum anderweitigen Gebrauche auf.

Pfirschscherbet (sorbet de pêches).

Obgleich alle Sorten Pfirschen gleichmäßig zur Bereitung dieses Scherbets dienen können, so rathe ich doch, diejenigen vorzuziehen, die man Mignonpfirsche, Magdalenenpfirsche und Grappfirsche (à la garance) nennet, weil diese drei Sorten mehr gewürzhafte Grundtheile, als die andern Gattungen besitzen. Man wählet diejenigen Pfirschen, die eine feine Schale, eine schöne Fleischfarbe von lebhaftem Heilroth haben, und verwirft alle diejenigen, deren Farbe dunkel oder grünlich ist.

Hat man nun dergleichen gute Früchte ausgesucht, es mögen nun Magdalenenpfirschen, oder andere von gleicher Größe seyn, so wischt man sie mit einem Tuche ab, und schneidet zehn bis zwölf davon entzwei; legt die Kerne auf den Boden eines steinzeugnen Napfes, belegt sie mit Schichten von Pfirschhälften, die man einzeln mit auf die Oberfläche derselben gelegtem Daumen ausdrückt; hierauf gießet man eine Viertelpinte unsers Agrestsafts auf diese Frucht, und lässet es so zusammen drei bis vier Stunden stehen, nimmt dann die Kerne heraus, und läßt sie nochmals in einer Viertelpinte laulichten Wassers ausziehen; zerquetschet dann die Frucht mit einer hölzernen Kelle, bis ein Brei (marmelade) daraus geworden, welchen man dann durch ein weitlöcherichtes Sieb gießet. Alle die auf dem Filtrum zurückgebliebenen Schalen schüttet man in das Wasser, worin die Kerne sind, rührt alles unter einander, und lässet es eine Viertelstunde lang stehen, worauf man es, wie oben, durchgießet. Hierein schüttet man zwei und zwanzig Unzen weißen Zucker, und einen Kaffeelöffel voll gutes Pomeranzenblütwasser, und rühret die Flüssigkeit nochmals um, bis der Zucker wohl zergangen ist; wodurch man dann einen

vor=

vortrefflichen Pfirschscherbet erhält, welcher an einem kalten Orte so lange verwahret wird, bis man ihn gefrieren lassen will.

Aprikosenscherbet (sorbet d'abricots).

Man wählet Aprikosen, welche auf dem Baume alle Grade der nöthigen Reife erlangt haben, und von schöner, gelber, ins Weiße oder ins Aurorfarbene fallender Farbe sind.

Hat man nun achtzehn bis vier und zwanzig solcher wohlgewählten Aprikosen, so schneidet man sie in zwei Hälften, hebt die Kerne auf, schichtet die Hälften dieser Frucht in einen Napf von Steinzeuge, legt den Daumen auf die Oberfläche einer jeden, und drückt sie so aus; sodann gießet man eine Viertelpinte unsers Agrestsaftes hinzu, und lässet es drei bis vier Stunden damit ausziehen; zerdrücket dann die Frucht mit einer hölzernen Kelle, bis sie zu Brei geworden, welchen man dann durch ein nicht allzu weitlöcherichtes Sieb gießet. Alle hier zurückgebliebenen Schalen schüttet man in eine Viertelpinte laulichten Wassers, läßt es darin eine Viertelstunde lang ausziehen, und gießt es, wie vorher, durch. In der Flüssigkeit löset man zwei und zwanzig bis vier und zwanzig Unzen weisen Zucker auf, und mischet zwei Kaffeelöffel voll Pomeranzenblütwasser darunter. Nachgehends zerschlägt man sieben bis acht von den aufgehobenen Kernen, befreiet die ausgemachten Mandeln von ihrer Schale, zerreibet sie mit ein wenig Zucker auf dem Orschabesteine so lange, bis sie höchst fein zu einem Teige geworden; diesen Teig verdünnet man durch allmälige Hinzugießung eines Theils der zuckerhaften Flüssigkeit; man mischet alles zusammen, rührt das Gemisch stark um, und setzt es ins Kalte.

Reineclaudepflaumenscherbet (sorbet de prunes de reine-claude).

Man wählet die Pflaumen, welche auf dem Baume alle Grade der nöthigen Reife erlangt haben, von heller grüngelber Farbe.

Hat man nun fünf und dreißig bis vierzig solcher Pflaumen ausgesucht, so schneidet man sie entzwei, hebt die Kerne zu einem andern Gebrauche auf, legt die Hälften der Frucht in ein Gefäß von Steinzeug, gießt eine Viertelpinte unsers Agrestsaftes darauf, lässet es zusammen drei bis vier Stunden stehen, drücket die Frucht mit einem hölzernen Löffel zu einem Brei, seihet ihn durch und läßt die zurückgebliebenen Schalen, wie gemeldet worden, im Aufgusse stehen, seihet letztere Flüssigkeit, wie jene, durch, schüttet zwei und zwanzig Unzen Zucker und zwei Kaffeelöffel voll Pomeranzenblütwasser dazu, rührt das Gemisch stark um, und setzet, wann der Zucker gänzlich aufgelöset ist, die Flüssigkeit ins Kühle zum künftigen Gefrieren.

Die Aprikosenpflaumen und die Mirabellen werden auf gleiche Art gehandhabt.

Von den Mitteln, wodurch man die Sommerfrüchte aufbewahret.

Ehe ich zum Gefrieren der genannten Scherbete fortgehe, glaube ich der Früchte Erwähnung thun zu müssen, die man in der Absicht mit Zucker einmachet, blos um sie im Winter zu Scherbeten zu machen, und dann zum Gefrornen.

Die Kunst, die Früchte aufzubewahren, bestehet nicht blos im Einmachen mit Zucker, sondern beruhet auch darauf, sie damit auf eine Art zu verbinden, daß die balsamischen Grundtheile dieser Früchte unver=

Mittel, die Sommerfrüchte aufzubewahren.

unversehrt erhalten werden mögen. Dies leitet uns auch zu der Anmerkung, daß die zu erwähnenden Einmachsel anderst behandelt werden müssen, als diejenigen, die gewöhnlich bei Konditern und Zuckerbäckern bereitet werden, indem der Grad von Sud, welchen dieselben ihrem Eingemachten geben, den belebenden Geist verflüchtiget, jenen höchst durchdringenden und lieblichsten Bestandtheil der Früchte, welche zu unsern verschiedenen Einmachseln kommen.

Eingemachte weise und rothe Johannisbeeren, und Berberißbeeren.

Man sucht gute Johannisbeeren aus, reiniget sie von ihren Kämmen, und scheidet die Kerne davon ab, welche man wegschüttet. Von dieser Frucht lässet man fünf Pfund vier und zwanzig Stunden lang in ihrer Brühe weichen, schäumet dann vier Pfund weisen Zucker ab, erhitzet die Frucht im Wasserbade, und gießet sie, sobald der Zucker zum Bruche gesotten, herein, rühret alles mit dem am Boden der Pfanne liegen gebliebenen Schaumlöffel gelinde und so lange unter einander, bis das Gemisch bis zu einem Grade unter dem Siedepunkte erhitzet ist; nimmt dann das Gefäß vom Feuer, setzt es an die freie Luft, und erhitzet es nach vier und zwanzig Stunden, wie vorher; nimmt das Gefäß nochmals vom Feuer, lässet es setzen, nimmt den Schaum ab, und gießet die Flüssigkeit in Töpfe von Delfter, die man unbedeckt einen Monat lang an einem trocknen Orte stehen läßt; dann bedeckt man diese Töpfe mit weisem Papiere, und hebt sie auf.

Sobald man nun diese Johannisbeeren zu Scherbet und Gefrornem machen will, so setzt man die die Frucht enthaltenden Töpfe in eine, halb mit Wasser ange=

angefüllte, Pfanne übers Feuer, bis diese Art von Gallerte zerschmolzen ist, gießet die Flüssigkeit durch ein Haarsieb, schüttet die Hülsen nebst einem Löffel voll Zitronsaft in einen marmornen Mörsel, reibt es durch einander, und setzt drei Viertelpinten laulichtes Wasser zu, reibet nochmals, bis diese Theile der Frucht wohl zertheilet sind, gießet alles durch dasselbe Sieb; rührt die Flüssigkeit stark um, und setzt sie an einen kalten Ort, bis man sie gefrieren lassen will.

In Absicht der Berberisbeeren und der weißen Johannisbeeren befolgt man gleiches Verfahren.

Mit Zucker eingemachte Kirschen.

Wenn man gute Kirschen hat, so pflückt man sie von ihren Stielen, nimmt die Kerne heraus, die nach gehöriger Reinigung und getrocknet aufgehoben werden; wiegt fünf Pfund dieser Frucht ab, und schäumet vier Pfund Zucker ab. Sobald der Sirop zum Fluge (fort boulet) eingesotten ist, lässet man den Schaumlöffel in der Pfanne, schüttet die Kirschen dazu, und rühret gelind, und so lange, bis die Flüssigkeit einen Grad unter dem Siedepunkte erhitzt ist; dann nimmt man das Gefäß vom Feuer, stellt es vier und zwanzig bis dreißig Stunden an die freie Luft, setzt es dann zum zweiten Male übers Feuer, erhitzet es wie vorhin, und wiederholet nach vier und zwanzig Stunden gleiche Behandlung. Diese Flüssigkeit thut man hierauf in Töpfe von Delfter, und läßt sie so lange unbedeckt stehen, bis die überflüssige Feuchtigkeit der Frucht, die sich nach der Oberfläche dieses Einmachsels zieht, verflogen ist.

Wenn man nun diese Kirschen zu Scherbet und Gefrornem machen will, so stößt man zuerst die aufbewahrten Kerne, läßt sie in einer halben Pinte recht

Mittel, die Sommerfrüchte aufzubewahren. 187

klaren Wassers ausziehen, gießet dann die Kirschflüssigkeit durch; schüttet die Hülsen nebst drei Kaffeelöffel voll Zitronsaft in einen marmornen Mörsel, und reibet die Masse so lange, bis die Theile dieser Frucht wohl zertheilet sind; setzet dann die im Aufguß gestandenen Kerne hinzu, reibet nochmals, lässet das Gemisch noch eine Stunde zusammen stehen, seihet es durch das schon gebrauchte Sieb, schüttelt die Flüssigkeit stark unter einander, und hebt sie zum künftigen Gefrieren an einem kühlen Orte auf.

Mit Zucker eingemachte Muskatellertrauben.

Man erwählet die reifste Muskatellertraube, beert sie ab, macht die Kerne heraus und wirft sie weg; sobald man nun fünf Pfund dieser Frucht vorbereitet hat, schäumet man vier Pfund Zucker ab, läßt ihn zum Fluge einsieden, behält den Schaumlöffel im Sirope, gießet die Frucht hinzu, rühret dann mit dem Schaumlöffel allmälig und so lange, bis die Flüssigkeit bis zu einem Grade unter der Hitze des kochenden Zuckers erhitzet ist; dann nimmt man das Gefäß vom Feuer, setzt es an die freie Luft, wiederholet diese Behandlung, wie bei den Kirschen geschehen, gießet hierauf diese Flüssigkeit in Töpfe von Delfter, und lässet sie unbedeckt einen Monat lang an freier Luft stehen; drehet sie dann mit weißem Papiere zu, und hebt diese eingemachte Frucht an einem völlig trocknen Orte auf.

Will man nun diesen Muskatellersaft zu Scherbet und zum Gefrornen machen, so läßt man zuerst drei Quentchen Fliederblüte in drei Viertelpinten Flußwasser allmälig bis zu einem Grade unter dem Siedepunkte erhitzen; setzet dann die Töpfe, welche die eingemachte Muskateller enthalten, in einer halb mit Wasser angefüllten Pfanne übers Feuer, und erhitzet sie

bis

bis alles wohl zerschmolzen ist, seihet die Flüssigkeit durch ein Haarsieb, welches vorher über einen steinzeugenen Napf gelegt worden, schüttet die Hülsen nebst dem Fliederaufgusse in einen marmornen Mörsel, reibet es darin so lange, bis dieses Rückbleibsel wohl vertheilet ist, setzt drei Kaffeelöffel voll Zitronsaft dazu; lässet es zwei Stunden zusammen stehen, gießet es durch dasselbe Tuch, rührt das Flüssige stark unter einander, und hebt es bis zum Gefrieren an einem kühlen Orte auf.

Mit Zucker eingemachter Agrest.

Man sammlet die unreifen Trauben zu einer trocknen Zeit, und wann sie nahe an ihrer Reife sind. Man suchet vorzüglich die mit großen vollen Beeren heraus, beert sie ab, pflückt dabei die kleinen stark an den Beeren hängenden Stielknöpfchen ab, macht die Kerne heraus und schüttet sie weg. Sobald man nun vier Pfund dieser Frucht vorbereitet hat, so schäumet man vier Pfund Zucker ab, und siedet ihn zum Fluge ein; läßt den Schaumlöffel im Sirope, schüttet die Frucht herein, rühret beides mit dem Löffel sehr gelinde und so lange, bis die Flüssigkeit zu einem Grade unter dem Punkte des siedenden Zuckers erhitzet ist; nimmt das Gefäß vom Feuer, stellt es vier und zwanzig Stunden an die freie Luft, erhitzet es nochmals bis zu eben demselben Grade, und gießt es dann in Töpfe von Delfter, die man, wie schon gesagt, aufhebet.

Hier muß man wissen, daß es mit dem Agrest nicht wie mit den gewürzhaften Früchten ist, und daß, wenn wir ihn nicht mit dem Zucker sieden lassen, dies nicht aus der Besürchtung geschiehet, den gewürzhaften Grundtheil nicht verfliegen zu lassen, indem der Agrest fast keinen Geruch hat, aber deswegen geschiehet es, es, damit dieses Aufsieden dem Safte dieser Frucht nicht jenen sauren Geschmack und jene widrige Schärfe mittheilen möge, wie es zu thun pflegt.

Wenn man nun den Agrest zu Scherbet machen will, um ihn dann gefrieren zu lassen, so stellet man die Töpfe, worin diese Flüssigkeit ist, in ein halb mit Wasser angefülltes Gefäß, setzt es übers Feuer, und erhitzet es, bis alles wohl zergangen ist; hierauf gießet man die Flüssigkeit durch ein Haarsieb, welches vorher auf ein Gefäß von Steinzeug oder Delfter gesetzet worden, schüttet die Hülsen mit einem Schoppen Wasser in einen marmornen Mörsel, reibt es so lange, bis das Rückbleibsel wohl vertheilet ist, setzt noch eine Viertelpinte unseres Agrestsaftes dazu, reibet nochmals, lässet das Gemisch eine Stunde stehen, und gießet es durch dasselbe Sieb; rühret die Flüssigkeit stark um, und setzt sie dem Froste aus, nach vorhergegangener Erkühlung.

Flüssig eingemachte Pomeranzenblüte.

Man nimmt zwei Pfund Pomeranzenblüten, die weis, vollsaftig, und vor Aufgang der Sonne in einer trocknen Zeit gesammlet worden, nimmt die Blumenblätter und Staubfäden davon, ohne sie zu zerdrücken, hebt sie an einem kühlen Orte auf und wirft die Kelche und Stempel weg. Nach dieser vorgängigen Zubereitung, schäumet man vier Pfund Zucker ab, und siedet ihn zum kleinen Faden ein; nimmt dann das Gefäß vom Feuer, lässet es sieben bis acht Minuten erkühlen, schüttet dann die Pomeranzenblüte dazu, und mischet sie unter den Sirop. Sobald dies Gemisch wohl erkaltet ist, setzt man das Gefäß übers Feuer, und erhitzet die Flüssigkeit bis zu einem Grade unter dem Punkte des siedenden Zuckers, nimmt dann das Gefäß vom Feuer, setzt es, sobald es nochmals wohl erkaltet ist, wiederum aufs Feuer, und lässet es sieden, bis der Sirop zum langen Faden (fort filet) gekochet ist; setzt es dann bei Seite und bedient sich desselben, wie beim Pomeranzenblütscherbet gelehret worden ist.

Mit Zucker eingemachte Pfirschen.

Will man irgend eine Menge der drei genannten Sorten Pfirschen wählen, so muß man noch wissen, daß es besser sey, diejenige Sorte, aus welcher man unsere Art von Marmelade bereiten will, hinlänglich auf dem Baume reifen zu lassen, da diese Frucht alles gewürzhafte Grundwesen, dessen sie fähig ist, nothwendig besitzen muß. Diese wohlgewählte Frucht wischet man mit einem feinen Tuche ab, nimmt die Kerne heraus, und schüttet sie in rektifizirten Brantwein, um, wie beim Artikel von den geistigen Liqueuren vorgeschrieben worden, davon Gebrauch zu machen. Man schneidet fünf Pfund dieser Pfirschen klein, schäumet dann vier Pfund weissen Zucker ab, und siedet ihn zum Fluge ein, schüttet hiezu die Frucht, und rühret gelinde, bis die Flüssigkeit zu einem Grade unter dem Punkte des kochenden Zuckers erhitzet ist, ziehet das Gefäß vom Feuer, zerdrücket alle Theile der Frucht mit dem Schaumlöffel völlig, und setzet es vier und zwanzig Stunden hernach von neuem der Wirkung des Feuers aus, rühret mit einem Spatel von eichenem Holze unablässig, bis diese Gattung Marmelade bis zu gemeldetem Grade erhitzet ist, und wiederholet letztere Behandlung nochmals; gießet dann die Flüssigkeit in Gefäße von Delfter, stellt sie unzugedeckt einen Monat lang an die freie Luft, verwahrt sie dann mit weisem Papiere und hebt sie an einem trocknen Orte auf.

Wenn

Mittel, die Sommerfrüchte aufzubewahren. 191

Wenn man diese Gattung Pfirschmarmelade zu Scherbet und zum Gefrornen machen will, so gießet man sie in einen Napf von Steinzeug, setzt eine Viertelpinte unseres sauren Agrestsaftes dazu, stellt diesen Napf in einer Pfanne halb voll Wasser übers Feuer, erhitzet und rühret die Flüssigkeit mit einer hölzernen Kelle um, und gießet, sobald das Gemisch über lauwarm ist, drei Viertelpinten gleich warmes Wasser dazu, rühret noch von Zeit zu Zeit eine Viertelstunde lang um, gießet hierauf die Flüssigkeit durch ein Haarsieb und läßt sie vor dem Gefrieren wohl verkalten.

Mit Zucker eingemachte Aprikosen.

Hat man Aprikosen, die auf einem hohen Baume zur Reife gekommen sind, so wischt man sie mit einem feinen Tuche ab, macht die Kerne heraus und hebt sie auf, schneidet fünf Pfund dieser Frucht klein, schäumet vier Pfund weißen Zucker ab, siedet ihn zum Fluge ein, und befolgt übrigens gleiches Verfahren, wie bei den eingemachten Pfirschen.

Will man nun diese Flüssigkeit in Scherbet verwandeln, um Gefrornes daraus zu machen, so gießet man sie nebst einer Viertelpinte unsers sauren Agrestsaftes in ein Gefäß von Steinzeug, setzt es in eine halb mit Wasser angefüllte Pfanne, reibet eine halbe Unze von ihren Schalen gereinigte Aprikosenkerne auf dem Steine fein, unter Befeuchtung mit einer hinlänglichen Menge Pomeranzenblütwassers. Diesen dergestalt vorbereiteten Teig rühret man in das Gefäß, worin die Flüssigkeit ist, und erhitzet es unter stetem Umrühren, bis es über lauwarm ist, gießet hierein drei Viertelpinten Wasser von gleicher Wärme, rühret noch eine Viertelstunde von Zeit zu Zeit, gießet die Flüssigkeit
durch

durch ein Haarsieb, und läſſet ſie gefrieren, nachdem ſie erkaltet worden.

Mit Zucker eingemachte Reineclaudepflaumen.

Man ſuchet große Pflaumen dieſer Sorte aus, die vollſaftig ſind, und deren Schale grünhellgelblich iſt, denn die grünlichen ſind eine Baſtardart. Dieſe Pflaumen müſſen auf dem Baume alle Grade der nöthigen Reife erlanget haben.

Hat man nun eine gute Wahl getroffen, ſo nimmt man die Kerne heraus, und ſchüttet ſie weg; wieget fünf Pfund dieſer Frucht ab, ſchneidet ſie in kleine Stücken, ſchäumet vier Pfund Zucker ab, und ſiedet ihn zum Fluge ein; hierein ſchüttet man die Pflaumenſtücken, und rühret gelinde um, bis die Flüſſigkeit bis zu einem Grade unter dem Punkte des ſiedenden Zukkers erhitzet iſt; nimmt das Gefäß vom Feuer, und zerdrückt die Frucht mit der Schärfe des Schaumlöffels. Vier und zwanzig Stunden nach dieſer Behandlung ſetzt man das Gefäß über ein gelindes Feuer, und rühret das Gemiſch mit einem Spatel von eichenem Holze unabgeſetzt ſo lange um, bis dieſe Marmelade zu gleichem Grade, wie vorher, erhitzt worden; wiederholet dieſelbe Arbeit noch zwei Male von vier und zwanzig Stunden zu vier und zwanzig Stunden, gieſſet die Flüſſigkeit in Gefäße von Delfter, läſſet ſie einen Monat lang an freier Luft offen ſtehen, und verwahret ſie dann an einem trocknen Orte.

Will man nun dieſe Pflaumen zu Scherbet und dann zum Gefrornen machen, ſo befolgt man gleiches Verfahren, wie bei den Pfirſchen.

Dies iſt, wie mich dünkt, genug, um begreiflich zu machen, daß, wenn man den Flüſſigkeiten, die man in Eis verwandeln will, gleiche Konſiſtenz giebt, und

und ihnen andere ihnen ähnelnde Substanzen zugesellet, man die Scherbete noch mehr bis ins Unendliche vervielfältigen, dieser Klasse arzneilicher Nahrungsmittel mehr Umfang geben, und alle Zungen befriedigen könne.

Vom Gefrieren (de la congélation).

Wir haben schon erinnert, daß die wässericht aromatischen Liqueure durch eine verhältnißmäßige Vermischung des Kochsalzes mit gestoßenem Eise gefrieren, daß der in diesen Flüssigkeiten aufgelöste Zucker durch die Eiswerdung nicht davon getrennet werden könne, und daß die kleinen Eisschollen, die man darin findet, ihre Bildung nicht der Abscheidung des Zuckers zu danken haben, sondern theils von der allzu wässerichten Konsistenz der dem Gefrieren zu unterwerfenden Flüssigkeit, theils aber auch von den durch die heftige Kälte abgeschiedenen Dämpfen herrühren, die sich bis zum Deckel der Scherbetbüchse erheben, wo sie sich zur Flüssigkeit verdichten, von da herabfließen, und dann die kleinen unschmackhaften Eissplitter bilden, die sich auf der Oberfläche der Flüssigkeit ansetzen, die man gefrieren läßt. Deshalb haben wir auch gesagt, daß die Bewegung, die man sowohl der Flüssigkeit, als der Scherbetbüchse, durch schnelle Umdrehung giebt, nicht blos die Verhinderung der Bildung dieser Eisschollen, und die Beschleunigung der Arbeit zur Absicht haben, sondern auch deswegen geschehe, um dem Gefrornen einen größern Grad von Konsistenz zu geben. Da uns nun weiter nichts übrig ist, als die besondere Anwendung unserer allgemeinen Grundsätze zu machen, und da die Verwandlung unserer verschiedenen Scherbete in Eis genau bei allen dieselbe ist, so wollen wir eine einzige zum Beispiele wählen, es sey der Rahm.

Man gießet zwei Pinten Rahmscherbet, wie oben bereitet, in eine zinnerne oder weisblechene Scherbetbüchse, setzt sie mitten in den Eiseimer, zerstößt dann sechs Pfund Eis, thut es in einen Napf von Steinzeug, und zwei Pfund gepülvertes Kochsalz dazu, mischet es geschwind unter das Eis, schüttet das Gemisch in den Eimer, und sobald alles um die Scherbetbüchse herum wohl angefüllet worden, so drehet man die Büchse vier bis fünf Minuten lang jähling herum, stößt hierauf mit dem schüppenförmigen Löffel (houlette) alle Eistheilchen, die sich an dem innern Umfange gebildet haben, wieder in die Mitte der Scherbetbüchse. Sobald dies geschehen, fügt man den Dekkel wieder auf, drehet das Gefäß nochmals schnell herum, und macht wiederum die gebildeten Eistheilchen los. Sobald die Flüssigkeit ihre Durchsichtigkeit völlig verloren hat, oder vielmehr, sobald sie zu Schnee verwandelt worden ist, so rührt man lange und stark diese Flüssigkeit mit der Schüppe um, nimmt, sobald das Eis völlig zerschmolzen ist, die Scherbetbüchse heraus, rühret das Salzwasser mit einem langen hölzernen Spatel recht stark um, um das auf dem Boden des Gefäßes niedergefallene Salz loszumachen und mit den Eisstückchen zu vereinigen, welches den Frostgrad erhöhen, und auf eine Viertelstunde verlängern hilft; setzt dann die Scherbetbüchse wieder an ihre Stelle herein, drehet wie vorher, und rührt die Flüssigkeit nochmals mit der Scherbetschüppe um; zapfet dann alles Salzwasser durch den Zapfen ab, und umschüttet den Eimer mit eben der Menge Salz und gestoßenem Eise, wie vorher.

Wenn man nicht genöthiget ist, die Operation zu beschleunigen, so drehet man die Scherbetbüchse nicht weiter um, sondern rühret nur noch die gefrorne
Flüs=

Flüssigkeit stark und lange mit der Schüppe um, welche Arbeit die Markigkeit (onctuosité) des Gefrornen erhöhen hilft.

Wenn man irgend eine Menge solches Gefrornen irgend wohin schaffen will, so setzt man die Scherbetbüchsen, oder Käsformen in hiezu bestimmte Eimer, die man ebenfalls mit gestoßenem Eise und Salze anfüllet; füllet dann diese Formen mit den gefrornen Flüssigkeiten an; bedeckt auch wohl, wenn man Willens ist, das Gefrorne zwei, drei, oder vier Meilen von der Stadt weg zu schaffen, die Scherbetbüchse dergestalt mit Salz und gestoßenem Eise, daß diese Mischung zwei bis drei Zoll über den Deckel gehet, und leget ein grobes naßgemachtes Stück Leinwand darüber.

Zeltchen (pastilles).

Die Zeltchen bestehen aus wesentlichem Oele, doppelten oder einfachen Gewürzwässern, so wie aus andern aromatischen Substanzen, die man zu unfühlbarem Pulver macht, und aus dem weisesten Tragantgummi, welches man in einer wässerigen Flüssigkeit auflöset; der hieraus entstehende Schleim bildet alle Theile dieser Zusammensetzung unter einander zusammen.

Vanillezeltchen.

Man schneidet vier Unzen der besten mexikanischen Vanilleschoten in kleine Stücken, schüttet sie nebst einem halben Quentchen grauen Amber und einer Unze weisem Zucker in einen gegoßnen Mörsel, stößet diese Substanzen, bis sie anfangen Pulver zu werden, schlägt sie dann durch die seidene Trommel, stößet nochmals, was hier nicht durchgegangen ist, und fährt fort zu stoßen, und durch das Sieb zu schlagen, bis alles zu unfühlbarem Pulver geworden ist. Dieses Pulver schüttet man in ein gläsernes oder fayencenes Gefäß, und verstopft es wohl; stößet dann eine halbe Unze Tragant in einem marmornen Mörsel unter allmäliger Befeuchtung mit Flußwasser so lange bis dieses Gummi gänzlich geschmolzen und zu einem dicken Schleime verwandelt worden, welchen man durch eine Leinwand drücket. Hierein rühret man zuerst das Vanillepulver, und rühret mit einem hölzernen Löffel stark um, schüttet allmälig unfühlbar gepulverten weisen Zucker hinzu, und knetet, sobald die Flüssigkeit dick genug geworden ist, so lange gepulverten Zucker darunter, bis die Masse die Konsistenz des Brodteiges erhalten hat; dann schneidet man diesen Teig in kleine Stückchen, die dann auf Marmor mit den Fingern gerollet, oder auch zu Plätzchen (abbaisses) gemacht werden, die man neben einander auf dem Marmor mit einer buchsbäumernen Rolle ausdehnet; sobald sie hinlänglich getrieben worden, drücket man mit einer modellirten Rolle kleine Vierecke hinein; nimmt dann diese Plätzchen mit einem Messer ab, dessen Klinge breit und biegsam ist, legt jedes derselben auf einen Bogen weis Papier, und schneidet sie, sobald sie ein wenig trocken geworden, mit blechernen Formen; breitet diese Zeltchen zwölf bis funfzehn Stunden lang auf andere Bogen weises Papier, schüttet sie dann in Haarsiebe, läßt sie durch die Ofenwärme trocknen, und hebt sie, wann sie verkühlet sind, in gläsernen, wohl zu verstopfenden Gefäßen zum Gebrauche auf.

Safranzeltchen.

Man nimmt gute gatineſiſche Safranblumen, ſchüttet zwei Unzen davon, nebſt zwei Unzen Zucker, einem halben Quentchen grauen Amber, und zwei Unzen mit Zucker eingemachter und getrockneter Angelikſtengel in einen gegoßnen Mörſel, ſtößt dieſe Subſtanzen, angezeigter Weiſe, bis ſie zu unfühlbarem Pulver geworden ſind. Man ſchüttet eine halbe Unze friſche Safranblüte in drei Viertelpinten kaltes Waſſer, ſetzt das Gefäß übers Feuer und erhält die Flüſſigkeit ſechs Stunden lang in einer Hitze von zwei Graden unter dem Siedepunkte, läſſet es erkalten, ſeihet die Flüſſigkeit durch ein Haarſieb, und ſchüttet das ausgetröpfelte Ueberbleibſel weg; ſetzt dieſe Safrantinktur vier und zwanzig Stunden lang an die freie Luft, ſtößet dann ſechs Quentchen Tragant in einem marmornen Mörſel unter allmäliger Befeuchtung mit der Safrantinktur ſo lange, bis dieſes Gummi wohl zertheilet, eine Gattung dicken Schleimes bildet, welchen man dann durch eine Leinwand drücket. In dieſe ſchleimige Tinktur rühret man zuerſt das Safranpulver, rühret ſtark mit einem hölzernen Löffel um, und wenn dieſes Gemiſch flüſſiger, als das bei den Vanillezeltchen ſcheint, ſo läſſet man das Gefäß vier und zwanzig Stunden lang an freier Luft, rühret es während dieſer Zeit verſchiedene Male um, und befolget übrigens genau daſſelbe Verfahren, welches bei den Vanillezeltchen gelehret worden.

Zimtzeltchen.

Man zerbricht vier Unzen des beſten Zimtes (lettre-rouge) in Stücken, ſchüttet ſie nebſt einem halben Quentchen grauen Amber und einer halben Unze

Unze in Stücken geschnittener Vanilleschoten in einen gegoßnen Mörsel, stößet diese Substanzen fein, und schlägt sie durch die seidene Trommel, so oft es nöthig ist, damit alles zu völlig unfühlbarem Pulver werde. Dieses Zimtpulver thut man in ein Gefäß und verstopft es wohl; dann stößet man sechs Quentchen Tragantgummi in einem marmornen Mörsel unter allmäliger Befeuchtung mit unserm doppelten Zimtwasser so lange, bis dieses Gummi geschmolzen, gleichförmig getheilt, und zu einem breiähnlichen Schleim geworden ist, den man durch eine Leinwand drücket.

Ist dieses geschehen, so schüttet man allmälig das Vanillepulver zu dem Schleime, rühret es mit einer hölzernen Kelle stark um, und setzt dann noch so viel gepulverten Zucker dazu, als nöthig ist, dieser Masse die Festigkeit des Brodteiges zu geben; schneidet sie dann in kleine Stücken, giebt ihnen die beliebige Form, und läßt sie, wenn sie etwas abgehärtet worden, bei der Ofenwärme trocknen, läßt sie erkalten und verwahret sie in einem gläsernen Gefäße, welches man wohl verstopft erhält.

Nelkenzeltchen.

Man macht weisen Zucker zu unfühlbarem Pulver, gießt einen Schoppen unsers mit Würznelken gewürzhaft gemachten Nelkenwassers in einen Topf von Delfter, thut eine Unze Tragantgummi dazu, welches man von selbst (naturellement) darin zergehen läßt, indem man diese Flüssigkeit zwei bis drei Mal des Tags mit einem silbernen Löffel umrühret, und das Gefäß wohl verstopft erhält. Sobald dieses Gummi sich völlig aufgelöset hat, so drücket man diesen gewürzhaften Schleim durch eine Leinwand, reibet dann

dann eine halbe Unze Karmin mit etwa einem halben
Pfunde gepülverten Zuckers auf einem Marmor ab,
mischet hierauf dieses Pulver unter den Schleim, während
man mit einer hölzernen Kelle stark umrühret;
setzt hiezu noch drei bis vier Tropfen unsrer ätherischen
Ambraessenz, und so viel nöthig gepülverten Zucker,
bis die Masse die Konsistenz des Brodteigs erhält;
schneidet sie dann in kleine Stückchen, welchen man
die beliebige Form giebt, sie abwelken, bei der Ofenwärme
trocknen läßt, und in einem gläsernen Gefäße,
welches wohl verstopft erhalten wird, zum Gebrauche
aufhebt.

Rosenzeltchen.

Diese Zeltchen, welche den natürlichen Geruch
der Rose besitzen, und deren Geschmack sehr lieblich
ist, werden mit eben der Menge unsers Rosenwassers
bereitet, als Nelkenwasser zu den vorigen Zeltchen kam;
übrigens befolgt man genau das zuletzt angegebene
Verfahren.

Würznelkenzeltchen.

Man wählet gute Gewürznelken, und stößet eine
Unze davon nebst einem Quentchen Zimtrinde und einem
halben Quentchen Muskatenblumen in einem gegoßnen
Mörsel, und schlägt das Pulver wechselsweise so lange
durch die seidene Trommel, bis diese Substanzen ein
unfühlbares Pulver geworden sind, welches man dann
in einem gläsernen Gefäße aufhebt. Hierauf stößet
man sechs Quentchen Tragantgummi in einem marmornen
Mörsel unter öfterer Befeuchtung; wann man
nun durch allmäliges Zugießen eine Achtelpinte Flußwasser
dazu gebracht hat, so fähret man fort, die

Masse mit einer Viertelpinte unsers mit Würznelken aromatisirten Nelkenwassers zu verdünnen, schlägt dann diesen Schleim durch eine Leinwand, rühret hierauf nebst einigen Tropfen unserer ätherischen Ambraessenz das aufgehobene Gewürznelkenpulver darunter, und setzet allmälig unfühlbar gepulverten weißen Zucker dazu, unter starkem Umrühren mit einer hölzernen Kelle; knetet dann noch, wann diese Flüssigkeit ziemlich dick geworden ist, so viel gepulverten Zucker hinein, bis die Masse die Festigkeit des Brodteigs erlangt hat, schneidet diesen erstern Teig in kleine Stücken, giebt ihnen die Gestalt der Gewürznelken, und läßt sie abwelken (ressuyer) und trocknen, wie vorhin gesagt worden.

Aus dem, was über die Zeltchen gesagt worden, siehet man klärlich, daß vermittelst eines mit Tragantgummi gehörig bereiteten Schleimes, zu welchem man auch die wesentlichen Oele der Cedra, der Pomeranze, der Bergamotte, der Zitrone u. s. w. so wie die gewürzhaften Wässer und Pulver einer Menge anderer Substanzen nehmen kann, die Klasse der Zeltchen einer eben so großen Vervielfältigung fähig sey, als unsere geistigen Liqueure, und daß die Zeltchen ihre gehörigen arzeneilichen Kräfte besitzen müssen, wenn sie nicht, wie oft geschiehet, mit Kraftmehle verfälscht worden sind.

―――――

Vom

Vom grauen Amber.

Alle die alten Meinungen, welche diese Substanz von einem animalischen oder vegetabilischen Ursprunge herleiten, widerlegen sich selbst durch die angestellte chemische Zerlegung und Auflösung. Die Scheidekunst zeigt uns im Gegentheile, daß sich der graue Amber, so wie die Erdharze, der Agtstein, das Judenpech und die Steinkohle fast gar nicht in geistigen Flüssigkeiten auflöset.

Diese verschiedenen Betrachtungen nöthigen uns, die Meinung derer anzunehmen, welche behaupten, daß der graue Amber eine Gattung Erdharz ist, welches durch die Gewalt der Wellen in das Meer gespület; denn man findet eine große Menge desselben im Meere um die Insel Madagaskar herum, deren Boden ohne Zweifel viel solches Erdharz enthält.

Die Schwierigkeit, mit welcher sich der graue Amber, wie wir schon angemerkt haben, auflöset, ist Ursache, daß man keine wirkliche Auflösung desselben im Handel antrift. Gemeiniglich bereitet man dieselbe von Moschus, Zimtöl, Rosen, ja selbst von Zibet, woraus wir zwar eine sehr angenehm riechende Essenz erhalten, die verschiedene Tugenden besitzt, wenig aber vom grauen Amber enthält, welcher bei dieser Bereitung nicht die mindeste Veränderung leidet. Dies nöthiget mich, die Kennzeichen einer wahren Essenz des grauen Ambers hier anzumerken.

Sie muß nur von grauem Amber, ohne Vermischung mit irgend einer andern Materie bereitet seyn.

Sie muß völlig in den Flüssigkeiten zergehen, mit denen man sie vermischet.

Diese Essenz muß, in eine wässerige Flüssigkeit getröpfelt, sie durchaus milchicht machen, wie die aufgelösten Oele und Harze thun.

Nun die Art, sie zu bereiten. Man nimmt völlig entwässerten Rosengeist, gießet ihn auf Weinsteinsalz, welches bei heftigem Feuer kalziniret worden, und scheidet es dann durch die Destillation wenigstens zwei Mal davon ab. Auf diese Weise erhält man einen so durchdringenden Geist, der sich innig mit der Substanz des grauen Ambers vereinigen, und ihn vollkommen auflösen wird [16]).

Diese vortreffliche nervenstärkende Ambraessenz ist der mit Moschus oder Zibet bereiteten unendlich vorzuziehen, da letztere durch ihren Geruch krampfhaften Personen so übel bekommen.

Kämpfer läßt zur Erforschung der Güte des grauen Ambers einige Gran davon auf ein glüendes Eisen schütten, der davon aufsteigende Geruch macht ihn kenntlich, und die geringe Menge der hinterlaßnen Asche ist ein Beweis seiner Güte.

Nach Cartheusern läßt er sich mit einem etwas öligen geistigen Auflösungsmittel, lange Zeit in einer Retorte gekocht, fast völlig auflösen.

Ob ich gleich vermittelst der besten bis jetzt bekannten Verfahrungsart dahin gelanget bin, ein ziemlich gutes wesentliches Ambraöl zu erhalten, so kam ich doch auf den Gedanken, einen neuen Versuch damit anzustellen, wovon ich jetzt Rechenschaft ablegen will.

Ich

---

16) Doch nicht ohne eine Wärme, worin Weingeist siedet, und in verschlossenen Gefäßen. Hab.

Vom grauen Amber.

Ich ließ das Weinsteinsalz, dessen man sich zur Rektifikation des Weingeistes bedient hatte, weg, und schärfte meinen Rosengeist mit dem konzentrirtesten Vitriolöle; stieß drei Unzen guten grauen Ambers gröblich zu Pulver, schüttete ihn in einen kleinen Kolben nebst acht Unzen rektifizirtem Rosengeiste, worauf ich zwei Unzen Vitriolöl goß; schüttelte das Gemisch unter einander, setzte einen blinden Helm auf, verkittete die Fuge aufs genaueste, setzte meinen Kolben in das Wasserbad, gab Feuer und erhielt die Flüssigkeit sechs Tage lang im siebenzigsten Grade der Wärme, während daß ich das Gefäß zwei bis drei Mal des Tages umschüttelte. Ich ließ es vier und zwanzig Stunden lang erkalten, nahm den Helm ab, und goß alles in ein Glas, welches ich wohl verstopft erhielt, schüttelte es von Zeit zu Zeit vierzehn Tage lang um, ließ die Flüssigkeit aufhellen, goß das Klare herunter und schüttete den Bodensatz in den Kolben nebst einer gleichen Menge frischen Rosengeistes und Vitriolöls; erhitzte die Flüssigkeit zu gleichem Grade und eben so lange, wie vorher; goß, als die Flüssigkeit erkaltet war, alles in ein gläsernes Gefäß, verstopfte es wohl, schüttelte es zwei bis drei Mal des Tages einen Monat lang um, ließ es sich aufhellen, goß das Klare herunter, und schüttete den Bodensatz nebst vier Unzen frischen Rosengeistes und einer Unze Vitriolöl nochmals in den Kolben; erhitzte es, wie zuletzt, goß die Flüssigkeit, welche dann eine Art von schmierigem Wesen (magma) bildete, in ein Gefäß, goß es einen Monat hernach durch ein leinenes Tuch und mischte, als der aromatische Geist abgetröpfelt war, ihn mit meinen erstern Produkten; verdünnete diese schmierige Masse mit einer Viertelpinte Flußwasser, goß dasselbe durch dieselbe Leinwand, setzte diese schwache wässe-

wässerige Tinktur bei Seite, und schüttete das Ueberbleibsel in eine Pinte Wasser, womit ich es ungefähr zehn Minuten kochen ließ. Hier bemerkte ich, daß das Aufkochen diese Masse völlig vom Wasser geschieden hatte, und daß dasselbe in ein schwarzes Oel verwandelt worden war, von der Natur des Pechs, ohne Geruch, ohne Geschmack und zäher noch, als das gewöhnliche Pech. Da nun dies dicke Oel sieben Quentchen wog, und das einzige Ueberbleibsel der drei Unzen grauen Ambers war, die ich der Untersuchung unterworfen hatte, so siehet man deutlich, daß unser ätherischer Geist zwei Unzen und ein Quentchen grauen Amber aufgenommen hat, welche alle wirksame Grundtheile dieser erdharzigen Substanz enthielten, indem der Ueberrest ohne Geruch und ohne Geschmack war. Man siehet auch, daß die Kräfte dieser Amberessenz denjenigen nahe kommen müssen, die dem Aether beigelegt werden [17].

Doch kann man sie nicht anders mit Nutzen anwenden, als wenn man sie in eine schickliche Flüssigkeit tröpfelt, oder auf ein Stück Zucker, welches man im Munde zergehen läßt, indem dieses ätherische Oel allzuflüchtig ist, als daß es zur Zusammensetzung der Zeltchen genommen werden könnte.

---

[17] Da sich der Amber in Vitrioläther auflöset, welches er mit den übrigen Erdharzen gemein hat, so ist Dübuisson's Bereitungsart dieser seiner Ambraessenz etwas ähnliches davon. *Hah.*

Amberzeltchen.

Wenn man diese Gattung Zeltchen machen will, so läßt man vorher vier bis fünf Quentchen Tragantgummi in einer Viertelpinte doppelten Zimtwassers zergehen, sucht zwei Unzen grauen Amber von der besten Güte aus, stößt ihn mit einem Pfunde Zucker zu unfühlbarem Pulver; drückt den Tragantschleim durch eine Leinwand, rühret mit einer hölzernen Kelle das allmälig hinzu geschüttete Amberpulver stark darunter; stößt dann drei bis vier Pfund Zucker, und schlägt ihn durch die seidene Trommel. Diesen rührt man gleichfalls allmälig unter die Flüssigkeit, und knetet ihn so lange darunter, bis die Masse die Festigkeit des Brodteigs erhält; schneidet sie in kleine Stückchen, und giebt denselben die Gestalt der Zeltchen.

Katechu (cachou).

Die Katechu ist ein gummiharzichter eingetrockneter, schwärzlichter, oder rothgelber, geruchloser, und sehr herber Saft.

Die Katechu wächst nicht, wie man ehedem glaubte, in Japan, sondern ist, glaubwürdigen Personen zufolge, ein ausgepreßter Saft aus zusammenziehenden Früchten verschiedener Bäume, unter andern des orientalischen Schotendorns, oder noch gewisser, nach Helbig's Berichte, aus den Früchten einer Gattung Areka, welche in Campody, Coromandel, und andern Gegenden von Ostindien wächst. Man drückt den Saft dieser Früchte aus, läßt ihn an der

der Sonne erhärten, und bringt ihn dann nach Japan und in andere Länder.

Man bringt die Katechu aus Malabar, Surate, Pegu, und andern Küsten Indiens zu uns. Fälschlich nennt man sie japanische Erde (terra japonica), da man in diesem Lande nur die anders woher dahin gebrachte Katechu antrift. Unser Irthum in diesem Betrachte war um desto verzeihlicher, da der meiste Katechusaft, den man nach Europa bringt, in mehr als in die Hälfte eines röthlichen Sandes eingewickelt ist, den man davon nur durch die Auflösung im Wasser, und vermittelst des Durchseihens abscheiden kann.

Will man diese Gattung Katechu zu Zeltchen machen, so stößt man zwei Pfund davon, schlägt sie durch ein Haarsieb, schüttet dieses Pulver in sechs Pinten Regen- oder Flußwasser, setzt das Gefäß übers Feuer und erhält die Flüssigkeit drei Stunden lang in der Hitze eines Grades unter dem Siedepunkte, unter öfterm Umrühren mit einem hölzernen Löffel; nimmt das Gefäß vom Feuer, lässet es setzen, gießt das Helle ab, und schüttet fünf Pinten Wasser auf das Rückbleibsel, erhitzt es, und rührt, wie zuvor, nimmt das Gefäß vom Feuer, läßt es von neuem aufklären, und gießt das Helle in eben das Gefäß ab; wiederholet noch ein Mal diese Behandlung, und gießet, wann alle in dasselbe Gefäß abgegoßne Flüssigkeit klar geworden ist, noch ein Mal das Helle in ein andres Gefäß herunter. Das Niedergefallene schüttet man nebst dem vorigen Rückbleibsel in fünf bis sechs Pinten Wasser, erhitzet, wie zuvor, gießt dann letztere Flüssigkeit noch ganz heis durch den tuchenen Filtrirsack, und erhitzt noch-

nochmals, und seihet durch, was vom Rückbleibsel durchgelaufen ist. Wann alle diese Katechutinktur recht klar geworden ist, so dampft man sie bis zur Stärke eines recht dicken Extraktes ab, rühret aber unterdeß mit Vorsicht, damit es nicht anbrenne, sonst wäre diese Substanz von widriger Bitterkeit und kraftlos.

Sobald dieser Extrakt auf dem Punkte der Vollkommenheit ist, so schüttet man ihn geschwind und ganz kochend in ein Gefäß, worein man vorher drei Pfund unfühlbar gepulverten Zucker gethan hat; diese ganz heiße Masse rühret und knetet man unter einander, und bedeckt das Gefäß, worin sie ist, mit einer stets feucht zu erhaltenden Leinwand; will man nun diesem Teige die Gestalt der Zeltchen geben, so macht man zuerst kleine Röllchen daraus, von der Größe eines Wurms, die man dann in kleinere Theile schneidet, welchen man die Gestalt eines Gerstenkorns oder kleiner Kügelchen von der Größe des Anis- oder Koriandersamens giebt, sie auf geölte Bogen Papier schüttet, und wann diese Körner abgewelkt sind, sie auf Siebe schüttet, und an der Wärme trocknen läßt.

Wollte man die Katechuzeltchen mit Veilchen, Kardamomen, Pomeranzenblüte, oder Ambra gewürzhaft machen, so reibt man diese Substanzen mit dem Zucker, den man gleichfalls zu unfühlbarem Pulver macht.

Man muß bei der Wahl der Katechu auf seiner Hut seyn, da die mehresten Bereiter dieser Zeltchen nicht nur Moschus und Zibet statt des Ambra nehmen, sondern auch den Sand dabei lassen, welchen sie
gleich-

gleichfalls zu unfühlbarem Pulver machen. Der dazu kommende Tragant hilft diesen fremdartigen Körper mit dem Zucker und dem wirksamen Grundtheile der Katechu vereinigen. Diese Betrügerei entdecken die auf der Zunge zurückbleibenden erdigen und sandigen Theile, nachdem diese Zeltchen zergangen sind.

Rezepte

Rezepte
nach alphabetischer Ordnung.

II. Theil.

Vorerinnerung.

Der Nutzen gesammleter Liqueurrezepte mag seyn, welcher er wolle, so muß ich doch hier erinnern, daß die Verfasser folgender Vorschriften von hinlänglich wichtigem Ansehn sind, um mich des Beifalls der Leser bei dieser Auswahl versichern zu können. Die Grundlage war Demachy's Anhang von Rezepten; Dejeans traité de la distillation aber, und der Verfasser der nouvelle chymie du goût et de l'odorat lieferten den übrigen Stof. Bei der Bearbeitung kann man doch Dübuissons Art, Liqueure zu verfertigen, als die beste befolgen, wenn man auch die Ingredienzen nach folgenden Verhältnissen zu den verschiednen Liqueuren nimmt. Nimmt man den besten Kornbrantwein statt des hier vorkommenden Franzbrantweins, oder den Geist daraus, statt des Weingeistes, so wird man eben so viel Aquavite haben.

Hah.

Angelik.

Man kann sich ohne Unterschied der Stengel, des Samens und der Wurzeln der Angelike hiezu bedienen. Wählet man die Stengel, so befolgt man das bei dem Seleriliqueur beschriebene Verfahren; entschließt man sich zu dem Samen, so sehe man das Rezept zu dem Anisliqueur nach, es finden gleiche Verhältnisse Statt; will man aber bei der Wurzel stehen bleiben, so zerstößet man neun Unzen davon gröblich in einem Mörser, und läßt sie nebst einer Unze Wacholderbeeren, und gleicher Menge Zimt in einer Mischung aus fünf Pinten rektifizirtem Weingeiste und vier Pinten Wasser vierzehn Tage im Aufgusse stehen, und destilliret aus dem Wasserbade, ohne zu kohobiren; ziehet fünf Pinten aromatischen Geist herüber, und bereitet den Sirop dazu aus eben so viel Pfunden Zucker, als man Wasser nimmt. Geschmackschemie.

Dergleichen, auf sechs Pinten.

Man destilliret eine Unze wohl gestoßenen Angeliksamen mit drei und einer halben Pinte Brantwein. Zum Sirop nimmt man ein Pfund Zucker, welchen man in drei Pinten Wasser auflöst. Der Same muß frisch seyn. Dejean.

Angelikratafia.

Man nehme von ihren Blättern gereinigte, ausgewachsene Angelikstengel, schneide sie klein, und zerstoße sie gröblich; fülle eine Kruke bis zur Hälfte damit an, an, gieße sie vollends voll Brantwein, und stelle sie wohl verstopft einen Monat lang an die Sonne, gieße dann den Aufguß in eine andere Kruke, setze auf jede Pinte Flüssigkeit sechs Unzen gepülverten Zucker, ein wenig Zimt, und ein wenig Muskatenblumen; stelle den Liqueur noch einen Monat in die Sonne, und seihe dann durch.

Den Seleri und alle ähnliche Pflanzen kann man in gleichen Verhältnissen und auf ähnliche Weise behandeln. Geschmackschemie.

Andayebrantwein s. danziger Wasser.

Pater Andrewasser (eau du père André).

Man nimmt drei und eine halbe Pinte Wasser, das Wasser von einem halben Pfunde Rosen, nebst einem halben Pfunde Lackblumenblätter (giroflée, cheiri), und zwei Unzen Pomeranzenblüte, destillirt das Wasser herüber, löst in diesem Wasser ein Pfund Zucker auf, und setzt den Weingeist von drei und einer Viertelpinte Brantwein hinzu, wenn man das einfache Wasser bereiten will.

Das feine zu bereiten, nimmt man dieselbe Menge destillirtes Blumenwasser, löst drei und ein Viertelpfund Zucker darin auf, und mischt noch den Geist aus vier und einer halben Pinte Brantwein dazu.

Das trockne zu bereiten, erhöhet man die Menge der Blumen um ein Drittel, läßt in dem abgezogenen Wasser vier Pfund Zucker auflösen, und mischt den Geist aus sechs Pinten Brantwein dazu, welcher so viel als das abgezogene Wasser beträgt. Dejean.

Anis= und Sternanisliqueur.

Man läßt ein halbes Pfund diesjährigen gepulverten Anis vierzehn Tage lang in neun Pinten einer Mischung rektifizirten Weingeistes mit gleichen Theilen Wasser im Aufgusse stehen, und destilliret allmälig aus dem Wasserbade. Man erhält vier oder fünf Pinten Geist, und setzt den gehörigen Sirop dazu. Koriander, Fenchel, und die andern hitzigen Samen werden in gleichem Verhältnisse genommen, wenn man einen Liqueur daraus bereiten will.

Geschmackschemie.

Man läßt sechs Unzen gepulverten Sternanis vierzehn Tage lang in neun Pinten einer Mischung aus gleichen Theilen Weingeist und Wasser im Aufgusse stehen, und destilliret dann allmälig fünf Pinten herüber. Die Flüssigkeit mischet man mit einem Sirope aus fünf Pfund Zucker und fünf Pinten Wasser bereitet. Die Mischung wird trübe und milchicht werden, man muß sie mit Eiweis klären, und nach der Kunst durchseihen. *Geschmackschemie.*

Anisratafia.

Man stößt ein halbes Pfund grünen Anis, ein Viertelpfund Koriander, zwei Quentchen Zimt, und ein Quentchen Muskatenblumen, und setzt es mit neun Pinten Brantwein einen Monat lang in Aufguß. Vor dem Verstopfen der Flasche setze man sechs Unzen Zucker auf jede Pinte Brantwein dazu, welches Verhältniß man auch noch erhöhen kann. Den Zucker kann man vorher in Stücken schlagen und mit Wasser durchziehen lassen, da er sich dann leichter auflöst, auch die Stärke des Anisgeistes mäßiget; nach Verfluß dieses Monates seihet man den Ratafia durch.

Geschmackschemie.

Aniswasser.

Daß ich Fenchel zu diesem Liqueure nehme, dazu habe ich zwei Ursachen, einmal, weil der Anis zu geschmacklos ist, und der Fenchel diesen Geschmack erhöhet, dann aber auch, damit der Liqueur sich nicht trübe und milchicht werde, welches der Fenchel verhindert. Man nimmt eine Unze Fenchel, und zwei Unzen Anis zu zwei Pinten Brantwein und einem Schoppen Wasser in die Blase. Die erhaltene Flüssigkeit versetzt man mit einem Sirope aus einem und einem Viertelpfunde Zucker und drei Pinten Wasser bereitet, mischt noch fünf Viertelpinten Brantwein darzu, und filtriret.

Dejean.

Aprikosenliqueur.

Man nimmt z. B. zwei Pfund Sirop, welcher aus eingemachten Aprikosen fließt, setzt eine Pinte Wasser, zwei Pinten guten Brantwein, und eine Hand voll Aprikosenkerne dazu, läßt das Mengsel vierzehn Tage im Aufgusse stehen; bereitet braunen Bruchzucker (Karamel), um den Liqueur vor dem Filtriren zu färben, und thut davon so viel hinzu, als man für nöthig erachtet, die Bernsteingilbe der Aprikosen bis zur Dunkelgilbe der Marmelade eben dieser Frucht zu vertiefen; dann seihet man durch.

Oder man nimmt auch ein Halbhundert recht reife und gesunde, in kleine Stücke geschnittene Aprikosen, schüttet sie in vier Pinten weisen Wein, läßt sie ein Mal aufkochen, und dann das Flüssige durch ein Sieb laufen. Zu der durchgelaufenen Flüssigkeit setzt man anderthalb Pfund Zucker, eine Pinte guten Brantwein, und ein wenig Zimt, läßt es zusammen acht Tage stehen, und filtriret dann. *Demachy.*

Aprikosenwasser.

Man nehme ein Pfund Sirop von eingemachten Aprikosen, setze so viel Wasser hinzu, daß eine und eine Achtelpinte Flüssigkeit daraus werde, und mische eine Pinte Brantwein unter den Sirop, nebst acht gestoßenen Aprikosen=oder Pfirschenkernen, oder auch bittern Mandeln. Sobald die Vermischung wohl ge= schehen ist, so kann man die Flüssigkeit färben, oder auf die Abklärung des Liqueurs warten. Das klar Heruntergegossene färbet man dann, und seihet es nochmals durch, wenn es nicht helle ist. Dejean.

Ardellenwasser (eau d'ardelles) oder Chamberywasser.

Hiezu muß man ein Quentchen Würznelken, und vier Quentchen Muskatenblumen gestoßen, mit acht Pinten Brantwein vier bis fünf Tage lang im Auf= gusse stehen lassen. Gleich vorher, wann man destil= liren will, setzt man eine Pinte Wasser hinzu, und zie= het durch die Destillation acht und eine Viertelpinte Liqueur herüber. Man kann auch, wenn man einen geistigern Liqueur haben will, nur sechs Pinten über= ziehen. Zu dem erstern Produkte mischt man einen Sirop aus sechs Pinten Wasser und sechs Pfund Kas= sonade bereitet; zu dem zweiten einen Sirop, welcher aus vier Pinten Wasser und fünf Pfund Zucker beste= het. Diesen Liqueur färbt man roth mit Koschenille und Alaun zu gleichen Theilen zusammen gerieben, und in sehr wenig Wasser ausgezogen, wovon man nach Belieben dazu gießet, vor dem Durchseihen.

Demachy.

Dergleichen, oder Chamberyklärchen
(clairette de chambery).

Man thut ein halbes Quentchen Würznelken, zwei Quentchen Muskatenblumen, vier Pinten Brantwein und einen Schoppen Wasser in die Blase. Zum Sirop nimmt man zwei und drei viertel Pfund Zucker in drei Pinten Wasser aufgelöst.

Man zieht bei jedem Liqueure, wozu Gewürze kommen, allemal etwas Phlegma mit herüber, worin eigentlich das aromatische Wesen mit herüber gehet. Alle Gewürze müssen gestoßen seyn, das Feuer muß gelind regiert werden. Zum Sirop wird der Zucker in kaltem Wasser aufgelöst. Dejean.

Dergleichen, feiner Liqueur.

Hiezu erhöhet man die Verhältnisse der Gewürze um ein Viertheil, und nimmt eben so viel Pfund Zucker, als Pinten Brantwein dazu kommen, das ist, man nimmt fünf Pinten Brantwein, zum Sirop aber zwei und eine halbe Pinte Wasser. Dejean.

Barbadosrahm.

Man läßt in einer Mischung von fünf Pinten des stärksten Weingeistes, und vier Pinten Wasser die Schalen von drei Cedras, von drei Pomeranzen, zwei Quentchen Muskatenblumen, vier Quentchen Zimt und sechs Gewürznelken vierzehn Tage lang im Aufgusse stehen, destilliret dann sechs Pinten aus dem Wasserbade bei jählingem Feuer herüber, gießet sie zurück, kohobiret, und läßt nur vier Pinten Geist bei sehr gemäßigtem Feuer herüber gehen. Dann läßt man acht Pfund feinen Zucker in vier Pinten Wasser zerschmelzen, und vermischet den Geist mit diesem Sirope. Geschmackschemie.

Dergleichen, auf sechs Pinten.

Man destilliret die Schalen von einer schönen Cedra, und von drei schönen portugiesischen Pomeranzen, ein Quentchen Muskatenblume, zwei Quentchen Zimt, und acht Gewürznelken mit vier Pinten Brantwein und einem Schoppen Wasser. Zum Sirop nimmt man drei und ein halbes Pfund Zucker, ein halbes Pfund Kassonade, und zwei und fünf achtel Pinten Wasser. Dejean.

Barbadoswasser (eau des barbades).

Man läßt vierzehn Tage lang die Schalen von sechs großen Cedras, und zwei Unzen Zimt in einer Mischung von fünf Pinten Weingeist, und vier Pinten Wasser im Aufgusse stehen, destilliret bei mittelmäßigem Feuer aus dem Wasserbade. Nachdem man sechs Pinten erhalten hat, schüttet man den Rest hinweg, spület die Blase aus, und ziehet diese erhaltenen sechs Pinten nochmals über die Schalen, nachdem man die Schalen von vier andern Cedras, und eine Unze Zimt dazu gethan hat. Die wiederum erhaltenen vier Pinten gießt man zurück in die Blase, und kohobiret, bis man vier bis fünf Pinten herüber hat. Diesen Geist vermischet man mit einem Sirope, welcher aus sieben Pfunden des besten gepülverten Zuckers, in zwei Pinten heisen Wassers aufgelöst, bereitet worden, und seihet das Gemisch durch. Seine Güte erlanget dieser Liqueur erst durch langes Liegen, da er frisch zu scharf ist. Geschmackschemie.

Dergleichen, und Barbadosrahm
(eau et crême).

Wenn man die Schalen von sechs Cedras und zwei Unzen Zimt in acht Pinten Brantwein fünf bis sechs Tage lang hat stehen lassen, so destilliret man mit Hinzuthuung einer Pinte Wassers die Mischung herüber, und erhält, wenn man nur vier Pinten Geist herüberziehet, den sogenannten Barbadosrahm, welchen man mit einem Sirope aus vier Pinten Wasser und drei Pfund Zucker bereitet, versetzt. Zum Barbadoswasser aber ziehet man acht und eine viertel Pinte Geist herüber, setzt einen Sirop aus zwei Pinten Wasser, und acht Pfund Zucker bereitet dazu, und seihet funfzehn Tage nach der Vermischung durch.

Dies ist ein Liqueur von amerikanischer Erfindung, welchen man jetzt nur noch unvollkommen hat nachmachen können.   Demachy.

Barbadoswasser, rektifizirtes.

Man ziehet die Schalen von zwei schönen Cedras und ein halbes Loth Zimt mit vier und einer halben Pinte Brantwein herüber, und rektifiziret das Erhaltene durch abermalige Destillation über gleicher Menge Cedraschalen und Zimt. Zum Sirop nimmt man ein Pfund Zucker und einen Schoppen Wasser.

Man kann auch diese Ingredienzen einen Monat lang mit einfachem Weingeiste im Aufgusse stehen, dann aber ein Pfund Zucker in diesem Aufgusse schmelzen lassen. Ist der Zucker geschmolzen, so filtriret man.
    Dejean.

Basilikon (eau de basilic en liqueur).

Man nehme die Blätter und Blumen dieses Krautes, zusammen drei Hände voll, und vier Pinten Brantwein in die Blase; mische dann, wann der Geist erkaltet ist, einen Sirop aus vier Pfund Zucker in kochendem Wasser zerlassen dazu, und seihe durch.
Dejean.

Bequillewasser des Pater Barnaba.

Man nimmt eine Unze zerschnittene Angelikstengel, eine halbe Unze gestoßenen Zimt, und zwei Quentchen gestoßene florentinische Schwertelwurzel, nebst einem Schoppen Wasser und drei und eine viertel Pinte Brantwein in die Blase. Zum Sirop nimmt man fünf viertel Pfund Zucker, und drei und eine viertel Pinte Wasser. Dejean.

Bergamottenwasser, gemeines, fünf Pinten.

Man nehme die Schalen einer mittlern Bergamotte, nebst drei und einer viertel Pinte Brantwein in die Blase, und destillire bei etwas lebhaftem Feuer, doch ohne etwas Phlegma herüber zu ziehen. Zum Sirop nimmt man fünf viertel Pfund Zucker, und zwei und drei viertel Pinte Wasser. Dejean.

Dergleichen, doppeltes.

Man suche eine schöne Bergamotte aus, deren Schale man mit drei und einer viertel Pinte Brantwein destilliret. Zum Sirop kommen zwei Pinten Wasser und drei Pfund Zucker. Dejean.

Dergleichen, feines und trocknes.

Man nimmt die Schalen von zwei kleinen Bergamotten, oder einer mittlern und kleinen, nebst drei und einer viertel Pinte Brantwein in die Blase; zum Sirop aber anderthalb Pinten Wasser und drei Pfund Zucker.

Um diese drei Liqueure mit dem wesentlichen Oele zu bereiten, nimmt man auf die vorgeschriebene Menge Brantwein zum gemeinen Bergamottenwasser dreißig Tropfen wesentliches Bergamottenöl, vierzig zum doppelten und funfzig zum feinen und trocknen. Dejean.

Bigaradewasser, oder Orangesse.

Man nimmt sechs gewöhnliche saure Pomeranzen (bigarades), sind sie schön, so können vier hinreichen, man kann aber auch acht bis neun nehmen, wenn sie klein sind, aus Provence oder Portugal. Die Schalen dieser Früchte destillire man mit drei und einer viertel Pinte Brantwein. Man kann auch noch etwas Muskatenblumen dazu thun, oder Muskatennuß, ehe man es destilliret; ein Quentchen von erstern, oder eine halbe Nuß. Zum Sirop werden anderthalb Pfund Zucker in zwei und einer halben Pinte Wasser aufgelöst. Dejean.

Cassisblütliqueur.

Man läßt in einer Mischung von vier Pinten Weingeist und vier Pinten Wasser funf Pfund bei heiterem Wetter gesammlete Blüten von schwarzen Johannisbeeren (cassis), eine halbe Unze gestoßenen Zimt, und sechs Gewürznelken einen Monat lang in der Sonne im Aufgusse stehen, und schüttelt die Flüssigkeit täglich zwei Mal um; schüttet die Flüssigkeit dann

dann in die Blase, und destilliret im Wasserbade. Sollte der herübergehende Geist nicht geruchvoll genug seyn, so kohobiret man das Herübergegangene und thut noch ein oder zwei Pfund Blüten in die Blase; läßt die Destillation allmälig vor sich gehen, ziehet fünf Pinten Geist herüber, und mischet einen Sirop aus vier bis fünf Pinten Wasser und fünf Pfund Zucker bereitet dazu; filtriret den Liqueur und hebt ihn auf.   Geschmackschemie.

Cassisratafia.

Man nimmt sechs Pfund recht reife schwarze Johannisbeeren, beert sie ab, quetscht sie, thut sie in eine Kruke, und setzt neun Pinten Brantwein, und sechs Unzen gepülverten Zucker auf jede Pinte dazu. Auch kann man noch einige Würznelken, und etwas Zimt nehmen, nur sehr wenig. Diesen Aufguß setzt man zwei Monat lang an die Sonne, seihet ihn dann durch, und erhält einen schönfarbigen, wohlgeschmackten und markigen Liqueur.   Geschmackschemie.

Dergleichen.

Man thut in eine Pinte Brantwein vier Unzen recht reife schwarze Johannisbeeren, eine Hand voll gequetschte Blätter dieses Strauchs und vier Gewürznelken, läßt den Aufauß vierzehn Tage dauren, setzt acht Unzen Zucker, und einen Schoppen Wasser dazu, und gießt nach abermals vierzehn Tagen das Helle herunter, und seihet durch.

Auch kann man auf eine gleiche Menge Brantwein fünf viertel Pfund gequetschte schwarze Johannisbeeren nehmen, nach Verfluß eines Monates einen Schoppen alten rothen Wein, acht Unzen Zucker, und eine

eine Pinte Wasser dazu setzen, noch einen Monat digeriren, und das Helle abgießen. Demachy.

Dergleichen.

Man lässet schwarze Johannisbeeren gequetscht, und mit so viel Schoppen Wasser versetzt, als man Pfunde Beeren hat, vier und zwanzig Stunden gähren, drückt den Saft aus, und versetzet ihn mit eben so viel Pinten Brantwein, als Saft ist, nachdem man vorher anderthalb Pfund Zucker, zu jeden drei Pinten Saft gerechnet, im Safte hat zerschmelzen lassen. Man kann diesen Ratafia mit gewürztem Geiste erhöhen, und ihn dann durchseihen. Dejean.

Dergleichen, aus den Blättern.

Man nimmt vier Hände voll Blätter vom schwarzen Johannisbeerstrauch, zehn Pinten Brantwein, zwei Quentchen Muskatenblumen, eine halbe Unze Zimt, und ein halbes Quentchen gepülverte Würznelken, läßt es zusammen im Aufgusse stehen, und wann sich alles wohl ausgezogen hat, so löset man zwei und ein halbes Pfund Zucker darin auf. Dejean.

Cedra und vollkommene Liebe (parfait amour).

Der Cedra Liqueur wird wie die Citronelle bereitet, nur daß auf neun Pinten Brantweins oder fünf Pinten rektifizirten Weingeistes mit vier Pinten Wasser vermischet, zwölf schöne Cedras hinlänglich sind, sind sie aber klein, so kann die Zahl bis auf achtzehn steigen. Es kömmt weder Koriander, noch Würznelken, noch Pomeranzen hinzu. Wird der Cedraliqueur roth gefärbet, so führt er den Namen vollkommene Liebe (parfait amour). Geschmackschemie.

Cedraquintessenz, zur Bereitung der Liqueure.

In dem Lande, wo diese Früchte wachsen, auch da, wo man sie von der besten Güte erhalten kann, das ist, frisch, reif, und von starker Schale, schälet man die gelbe Rinde dieser Cedras in so feinen Scheibchen herunter, daß nichts Weises daran hängen bleibe, thut diese Schalen in einen gläsernen oder silbernen Trichter mit wohl aufpassendem Deckel, damit nichts verfliege, und stellet diesen Trichter in die Mündung einer Flasche. Nach einiger Zeit wird man das wesentliche Oel dieser Schalen, oder die Cedraquintessenz in die Flasche träufeln sehen, welches man so lange anhalten läßt, bis nichts mehr herunter tröpfelt, und bis die Cedraschalen recht trocken sind. Zur Erhaltung oder vielmehr zur Reinigung dieses Oels dienet ein Zusatz von Alaun, zu einem Pfunde des erstern eine halbe Unze des letztern. Ein Tropfen davon auf den Rücken der Hand gegossen, und mit der Fingerspitze gerieben, und sogleich an die Nase gehalten, wird durch seinen Wohlgeruch die Güte der Quintessenz zu erkennen geben. Ist sie gut, so können zur Bereitung der Liqueure die frischen Cedraschalen erspart werden.

Dejean.

Cedraratafia.

Man nehme drei große oder vier mittlere Cedras, schneide sie in große Stücken, und infundire sie mit sechs Pinten Brantwein oder Weingeist mit Wasser vermischt, und füge sechs bis sieben Unzen Zucker auf die Pinte hinzu, welchen man in Stücken schlägt, und mit Wasser durchziehen läßt, ehe man ihn in den Brantwein schüttet. Man läßt den Aufguß zwei Monate

Monate dauren, und seihet ihn durch, wenn er den
gehörigen Geschmack hat, sonst hilft man ihm nach.
Geschmackschemie.

Cedrawasser, gemeines.

Man nimmt auf die gelben Schalen einer großen
Cedra oder zweier kleinen drei und eine viertel Pinte
Brantwein, destilliret es [18]), mischet auf drei Pinten
Geist einen Sirop von fünf viertel Pfund Zucker und
zwei Pinten Wasser bereitet, und filtriret. Dejean.

Cedrawasser, doppeltes.

Man nimmt zwei große oder drei kleine Cedras
auf drei und eine viertel Pinte Brantwein; zum Sirop
nimmt man drei Pfund Zucker und zwei Pinten Wasser.
Dejean.

Cedrawasser, feines und trocknes.

Man nimmt auf drei mittlere Cedras drei und eine
viertel Pinte Brantwein; zum Sirop aber zwei Pfund
Zucker und einen Schoppen Wasser.

Will man diese drei Sorten Cedrawasser mit der
Cedraquintessenz bereiten, so setzt man zu der angegebenen

---

[18]) Was man überhaupt Dejean's Liqueurbereitungen entgegensetzen könnte, ist, daß er die Gewächse nicht mit dem Brantweine im Aufgusse stehen läßt, ehe er destillirt; daß er Brantwein statt des Weingeistes nimmt; daß er wenig auf die Liqueure durch Aufguß bereitet hält, sondern alles destillirt haben will; daß er größtentheils aus freiem Feuer, ohne Wasserbad destillirt, auch den Sirop kalt bereitet und ebenfalls viel auf unabgeschäumten Zucker und Kassonade hält. Hah.

benen Menge Brantwein, und zu der bestimmten Menge für den Sirop angegebenen Zuckers fünf und vierzig Tropfen Quintessenz für das gemeine Cedrawasser, sechzig Tropfen für das doppelte, und achtzig für dasjenige, welches fein und trocken seyn soll.
Dejean.

Cedrawasser, feines und markiges.

Man thut in die Blase vier Pinten Brantwein, einen Schoppen Wasser, und die Schalen zweier mittlern Cedras. Zum Sirop kommen vier Pfund Zukker, und zwei und fünf Achtel Pinten Wasser. Nimmt man statt der Frucht die Quintessenz, so nimmt man acht und sechzig Tropfen davon in die Blase, das Uebrige bleibet. Dejean.

Cedrawasser, feines und trocknes.

Man thut vier Pinten Brantwein, einen Schoppen Wasser und die Schalen dreier mittlern Cedras in das Abziehgeräthe. Zum Sirop kommen zwei Pfund Zucker, und zwei Pinten Wasser. Will man statt der Schalen die Quintessenz nehmen, so kommen achtzig Tropfen davon in die Blase. Dejean.

Chambery, s. Ardellenwasser.

Chineserwasser (eau chinoise avec le sirop du citron de madere).

Auf eine Pinte des Sirops von eingemachten maderischen Zitronen nimmt man eine Pinte Weingeist, die durchgeseihete Vermischung ist der Liqueur.
Dejean.

Chineserwasser, gemeines, aus provenzischen, italienischen oder portugisischen Zitronen.

Man nimmt die Schalen von fünf und zwanzig kleinen, grünen Zitronen, und destilliret sie mit drei und einer viertel Pinte Brantwein. Zum Sirop kommen zwei und eine viertel Pinte Wasser, und fünf Viertelspfund Sirop.

Dergleichen, doppeltes.

Man destillire die Schalen von dreißig Zitronen mit drei und einer viertel Pinte Brantwein; zum Sirop läßt man drei Pfund Zucker in zwei Pinten kaltem Wasser zergehen. Dejean.

Dergleichen, feines und trocknes, auf vier Pinten.

Die Schalen von fünf und dreißig bis sechs und dreißig Zitronen läßt man mit einer gleichen Menge Brantwein, wie oben, destilliren; der Sirop bestehet aus zwei Pfunden Zucker in anderthalber Pinte kaltem Wasser aufgelöst. Dejean.

Cinamomum.

Man nimmt ein Pfund der besten Zimtrinde, bricht sie in Stücken, und infundiret sie vierzehn Tage lang in neun Pinten Brantwein, oder fünf Pinten höchst rektifizirten Weingeistes mit fünf Pinten Wasser verdünnet, und destilliret den Aufguß aus dem Wasserbade mit ziemlich starkem Feuer, da das schwere Zimtöl schwerlich aufsteiget. Die sechs zuerst erhaltenen Pinten Flüssigkeit gießt man wieder in die Blase, kohobiret [19]) und destilliret. Wann der erhaltene Geist noch nicht kräftig genug ist, so gießt man ihn nochmals auf, und kohobiret ihn wieder, bis nach Erhaltung von fünf Pinten Geist. Das nachgehends durch stärkere Hitze erhaltene Wasser, mit wesentlichem Oele beladen, hebt man zum anderweitigen Gebrauche auf. Den Geist mischet man mit dem aus fünf Pfund Zukker und fünf Pinten Wasser bereiteten Sirope, und filtriret das Gemisch. Geschmackschemie.

Dergleichen.

Man mischet in folgender Ordnung sechs Tropfen wesentliches Zimtöl, eine Pinte Weingeist, und einen aus einer Pinte Wasser und anderthalb Pfund Zucker bereiteten Sirop; läßt die Vermischung zwei Tage stehen, setzet zwei Unzen Zimtgeist dazu, und seihet durch.

Die Spiritus aller Art bereitet man, indem eine oder mehrere aromatische Substanzen, im Verhältnisse von höchstens zwei Unzen zu zwei Pinten doppelten Brantweins oder einer Pinte Weingeist, verschiedene Tage digerirt, und dann destilliret werden, um den geistigen Theil davon abzuziehen; das zuletzt übergehende milchichte Wasser aber hebt man zur Würzung, oder zur Grundlage anderer Liqueure auf.

Demachy.

Dergleichen.

Man setzt eine Pinte Weingeist zu einer Pinte recht milchichten Zimtwassers, aus der Destillation dieses

---

[19]) Der Verfasser der Geruchs- und Geschmackschemis hält allzuviel aufs Kohobiren und auf das Digeriren in der Sonnenwärme, auch bereitet er seinen Sirop kalt. Hah.

ses Wassers über Zimt bereitet, und versetzet dieses Gemisch mit einem Sirope aus einer Pinte Wasser und acht Unzen Zucker bereitet. Demachy.

Cinamomum, sechs Pinten.

Man nimmt anderthalb Unzen Zimt, zwei Quentchen Muskatenblumen, pulvert beides, und ziehet es mit vier Pinten Brantwein, und einem Schoppen Wasser bei einem gewöhnlichen Feuer dergestalt herüber, daß noch etwas Phlegma dazu destilliret, und vermischet den erhaltenen Geist mit einem Sirope, aus vier Pfund Zucker und drittehalber Pinte Wasser bereitet.

Man kann noch über diese Menge Zucker ein halbes Pfund Kassonade nehmen, damit der Filtrirsack vollgesogen, und der Liqueur fetter werde [20]), auch das Wasser erhitzen, damit der Zucker desto leichter schmelze. Dejean.

Citronelle.

Man suche dreißig frische Zitronen aus, mit starker Schale, schälet diese gelbe Schale fein ab, thut sie nebst den Schalen von vier Pomeranzen etwas wenigem zerstoßenen Koriander und vier Gewürznelken in neun Pinten Brantwein, oder in fünf Pinten höchst rektifizirten Weingeist mit vier Pinten Wasser ver-

---

[20]) Dies ist die alte Art zu filtriren, da man den Filtrirsack vorher in einen Sirop von Kassonade taucht (engraisser la chausse), damit der Liqueur helle und langsam durchlaufe, und markig werde. Die alte, zweckwidrige und unvollkommne Art vermeidet man jetzt, kläret hingegen den Liqueur mit Eiweis, zieht das Helle mit dem Heber herunter, und seihet den Bodensatz durch den reinen Filtrirsack im Trichter eingeschlossen, wie oben angemerkt worden. Hrb.

dünnet. Letzterer Zusatz ist jedoch nicht durchaus nothwendig, wenn man die Citronelle nicht zur Zusammensetzung des Jupiteröls nehmen will. Dies Gemisch lässet man einen Monat im Aufgusse stehen, destilliret es dann sehr allmälig, jedoch ohne Kohobation. Sobald man ungefähr fünf Pinten herüber gezogen hat, so mischet man diesen Geist mit einer gleichen Menge Sirop. Die Vermischung wird milchicht werden, weshalb man sich des Eiweises zur Abklärung bedienet, und hierauf den Liqueur durchseihet.

Geschmackschemie.

Citronelle, gemeine, fünf und eine halbe Pinte.

Man nimmt die Schalen von vier mittlern Zitronen, und drei und eine Viertelpinte Brantwein in die Blase. Zum Sirop für diesen Liqueur kommen fünf Viertelpfund Zucker, und zwei und eine viertel Pinte Wasser.   Dejean.

Citronelle, doppelte, fünf Pinten.

Hiezu nimmt man die Schalen von vier schönen Zitronen, und drei und eine viertel Pinte Brantwein. Zum Sirop nimmt man drei Pfund Zucker, welchen man in zwei Pinten Wasser auflöset.

Zum feinen und trocknen Liqueure nimmt man die Schalen von fünf schönen oder sechs mittlern Zitronen, und drei und eine viertel Pinte Brantwein. Zum Sirope lässt man zwei Pfund Zucker in anderthalber Pinte Wasser zergehen.

Will man zur Bereitung dieser dreierlei Arten von Citronelle die Quintessenz (das wesentliche Zitronenöl) anwenden, so nimmt man für die erstere Gattung

tung sechzig Tropfen, zur doppelten siebenzig, und acht=
zig Tropfen zur feinern und trocknen Citronelle.
Dejean.

Citronelle s. Wermuthliqueur.

Cytheredl.

So nennet man einen Liqueur, dessen Grundlage
Cinamomum ist, und folgender Gestalt bereitet wird.
Man bereite einen Sirop aus sieben Pfund Zucker und
vier Pinten Wasser, gieße hiezu fünf Pinten Zimtgeist,
als wenn man einfaches Cinamomum bereiten wollte;
setze zu diesem erstern Gemische eine Pinte Scubak,
zehn Tropfen wesentliches Cedrad̈l, eben so viel wesent=
liches Zitronenöl, vier Tropfen Gewürznelkenöl, und
zwei Tropfen Bergamotöl; schüttele das Gemisch wohl,
thue, weil das Gemisch milchicht werden wird, Ei=
weis dazu; setze das Gemisch zwölf Stunden ins Was=
serbad bei einer sehr gemäßigten Wärme, und seihe
dann durch.   Geschmackschemie.

Danziger Wasser und Andayebrantwein.

Hierzu nimmt man vier Mal so viel des besten
weisen Weines in die Blase, um ein Viertel Brant=
wein zu bekommen. Diesem Brantweine Geruch zu
geben, wähle man, was man will, nur daß man noch
ein Mal so viel von der Spezerei in den Wein thut,
als man zu einer gleichen Menge Liqueur nehmen würde.
Dejean.

Ehestandswasser (eau nuptiale) auf fünf Pinten.

Man nimmt eine Unze kretischen Daucussamen,
eine Unze Zuckerwurzelsamen (chervi), eine halbe
Unze

Unze Möhrensamen, ein Quentchen Muskatennuß, dreißig Tropfen wesentliches Cedraöl, nebst vier Pinten Brantwein und einem Schoppen Wasser in die Blase, und destilliret bei gemäßigtem Feuer. Zum Sirop nimmt man vier Pfund Zucker und einen Schoppen Wasser. Man färbet ihn karmesin. Dejean.

Fenchelwasser (eau de fenouillette).

Man nimmt drei und eine halbe Pinte Brantwein, und zwei Unzen gestoßenen Fenchel in die Blase, und thut noch einen Schoppen Wasser dazu. Zum Sirop nimmt man ein Pfund Zucker und drei Pinten Wasser. Dejean.

Dergleichen, doppelter Liqueur.

Hiezu nimmt man eben so viel Brantwein und ein Drittel Fenchel mehr; zum Sirop aber zwei Pinten Wasser und drei Pfund Zucker. Dejean.

Dergleichen, feiner und trockner.

Man ziehet eben so viel Brantwein mit drei Unzen Fenchel völlig herüber, und nimmt zum Sirop zwei Pinten Wasser und anderthalb Pfund Zucker.

Will man diesen Liqueur für fenouillette de l'isle de Rhé verkaufen, so darf man nur etwas Muskatenblumen zu dem Rezepte nehmen. Dejean.

Florenzer Liebling (favorite de Florence).

Dasselbe Rezept, als zum Römerwasser, nur ohne Färbung. Dejean.

Francpineauratafia (ratafiat de franc-pineau).

Man nimmt die so benannten Trauben, beert sie ab, preßt sie durch, und bearbeitet sie, wie den Kirschwein, nur daß das Gewürze auf die Pinte ein Quentchen Zimt und vier Gewürznelken sind. Demachy.

Fruchtwein.

Um einen künstlichen Wein, oder Ratafia aus den Früchten zu bereiten, quetscht man die weniger saftigen, als Pfirschen, Aprikosen, u. s. w. läßt hundert Pfund von diesem Fruchtbreie so lange gähren, bis ein weinichter fast säuerlicher Geruch aus der Masse aufsteigt, und die übergehende Flüssigkeit klar wird, drückt den Saft durch ein weitlöcherichtes Tuch, setzt zwei Pfund starken Weingeist, und vier Pfund gepülverten Zucker dazu, hebt die Flüssigkeit wohl verstopft ein Jahr auf, und bedient sich dann derselben.

Die etwas saftigeren Früchte quetscht man, und preßt sie sogleich aus. Hundert Pfund dergleichen Saft, z. B. von Kirschen läßt man an einem temperirten Orte gähren. In acht Tagen wird die Gährung vollendet seyn. Zu so viel gegohrnem Safte setzt man drei Pfund starken Weingeist und sechs Pfund Zucker, hebt das Gemisch wohl verstopft ein Jahr lang auf, und bedient sich dann dieses Weines. Eben so verfährt man mit den Vogelkirschen, mit den Johannisbeeren, u. s. w.

Himbeerwein bereitet man, wenn mit diesen Beeren eine steinerne Kruke angefüllet und guter alter Brantwein darüber gegossen, die Flasche wohl verstopft zwei Monat lang an die Sonne gestellt, dann das Helle herunter gegossen, der Saft aus den Himbeeren durch ein weitlöcherichtes Tuch gedrückt, durchgesei=

geseihet, mit dem Abgegossenen gemischt, und sechs
Unzen Zucker auf jede Pinte dazu gesetzt werden.
Geschmackschemie.

Fünffrüchteliqueur (liqueur de cinq fruits).

Man thue in sechs Pinten Cognacbrantwein eine
Poncire, eine Cedra, zwei Limonen, zwei saure Pomeranzen, zwei Bergamotten, oder die Schalen jeder
dieser Früchte, oder auch in gleichen Verhältnissen dreißig Tropfen ihrer wesentlichen Oele. Man bereite einen Sirop aus vier Pinten Wasser und vier Pinten
Zucker dazu, mische, lasse es hinlänglich stehen, und
seihe durch. Demachy.

Garuselixir.

Man nimmt zwei und eine halbe Unze gereinigte
Aloe (aloë succotrina), eine halbe Unze Myrrhe, zwei
Quentchen Safran, vier und zwanzig Gran Zimt, eben
so viel Gewürznelken, und eben so viel Muskatennuß,
stößt diese Dinge zu Pulver, und läßt sie mit einer Mischung von einer Pinte des stärksten Weingeistes mit
drei Unzen Wasser vier und zwanzig Stunden lang an
der Sonne, oder in heiser Asche, unter öfterm Umrühren im Aufgusse stehen. Den Aufguß destilliret
man aus einem gläsernen Kolben, und ziehet eine Pinte
aromatischen Geist herüber, wozu man eben so viel
Frauenhaarsirop, nach unserer Art bereitet, mischt.
Herr Baumés Vorschrift hat eben dieselben Ingredienzen, nur in sehr verschiedenem Verhältnisse.

Er läßt Myrrhe, Aloe, Gewürznelken, von jedem anderthalb Quentchen, Muskatennuß drei Quentchen, Safran eine Unze, Zimt sechs Quentchen gestoßen in zehn Pfund des stärksten Weingeistes vier und zwanzig Stunden lang im Aufgusse

gusse stehen, destilliret dann im Wasserbade bis zur Trockenheit, und rektifiziret den gewürzhaften Geist, bis nach Erhaltung von neun Pinten Spiritus. Er setzt Frauenhaarsirop dazu, zu dessen Bereitung noch Süsholz, Feigen und Pomeranzenblüten kommen.

Geschmackschemie.

Dergleichen.

Man thut eine halbe Unze Myrrhen, einen Skrupel Zimt, eben so viel Muskatennuß und Würznelken, und eine Unze Aloe, nebst drei Pinten guten Weingeistes in die Blase; die Aloe nicht eher, als wann man eben destilliren will; setzt noch einen Schoppen Wasser dazu, und ziehet durch die Destillation drei Pinten Geist herüber.

Man bereitet hiezu einen Frauenhaarsirop, indem man eine Unze Frauenhaar in zwei Pinten Wasser kochen läßt, vier Pfund Kassonade dazusetzt, den Sirop mit Eiweis abschäumt, und doppeltes Pomeranzenblütwasser dazu mischt. Man nimmt gleiche Theile des Sirops, und des destillirten Geistes, und färbt das Gemisch mit dem Aufgusse einer Quinte Safran, mit einer Viertelpinte Wasser ausgezogen. Man pflegt dies Gemisch von selbst klar werden zu lassen, gießt dann das Helle herunter, und hebt den Liqueur auf. Er hat das Schicksal aller neuen Sachen erfahren, welche sehr theuer sind, so lange man sie nur aus den Lobpreisungen ihrer Anbeter kennt, und die dann zu ihrem gehörigen Preise herunterfallen, wann sie gehörig geschätzt worden sind. *Demachy.*

Goldwasser und Silberwasser.

Man infundiret vier Zitronen (Schalen?) zwei Quentchen Zimt, und eben so viel Koriander mit drei Pin=

Pinten Brantwein vier Tage lang, und destilliret dann. Man bereitet einen Sirop aus drei Pinten Wasser, und zwei und einem viertel Pfunde Zucker, mischt die drei Pinten destillirten Geist dazu, färbt den Liqueur noch mit braunem Bruchzucker (Karamel,) seihet durch, und mischt einige Blätter Blatgold dazu.

Das Silberwasser ist von diesem nicht verschieden, als nur, daß Angelik und Würznelken die Gewürze desselben sind, daß man keinen Karamel dazu thut, dagegen aber Blatsilber. Demachy.

Dergleichen auf sechs Pinten.

Man nimmt die Schalen von drei mittlern Zitronen, ein Quentchen Koriander, und zwei Quentchen Zimt gestoßen auf drei und eine halbe Pinte Brantwein in die Blase, thut vor dem Destilliren noch einen Schoppen Wasser dazu, und zieht ein wenig Phlegma mit herüber. Zum Sirop nimmt man drei und eine viertel Pinte Wasser, und fünf Viertelpfund Zucker. Mit Karamel färbt man denselben, und thut so viel Blättchen Gold, als Pinten Liqueur sind, in die Flasche.

Auch ist dieser Liqueur sehr gut, wenn man ein Quentchen Möhrensamen, eine Zitrone, übrigens aber gleiche Menge Zimt und Koriander auf vier Pinten Brantwein nimmt; zum Sirop aber vier Pfund Zucker und zwei Pinten Wasser. Das Uebrige ist, wie beim Vorigen. Dejean.

Göttliches Wasser (eau divine).

Man gießet vier Pinten recht starken Weingeistes in eine irdene Kruke, nebst einem Quentchen wesentlichen Zitronenöls, eben so viel Bergamotöls, und vier Unzen doppeltes Pomeranzenblütwasser, schüttelt alles wohl

wohl um, bereitet dann den Sirop kalt aus vier Pfund Zucker und acht Pinten Wasser, schüttet den Sirop zu dem vorhergehenden Gemische, rühret nochmals um, und filtriret nach drei bis vier Tagen, wenn der Liqueur nicht völlig klar ist.

So kann man viele andere Liqueure durch die verschiedenen wesentlichen Oele leicht und ohne Destillation bereiten. Geschmackschemie.

Dergleichen, einfaches.

Diese Grundsubstanz aller Liqueure entstehet, wenn man zu gewöhnlichen Liqueuren einen Sirop von zwölf Pinten Wasser und vier und einem halben Pfunde Zucker; zu den feinen einen Sirop von acht Pinten Wasser und vier und einem halben Pfunde Zucker; zu den ölichten Liqueuren aber einen Sirop von sechs Pinten Wasser und zehn Pfund Zucker bereitet; dann zu jedem dieser Sirope sechs Pinten Weingeist mischt, wodurch man die drei Gattungen Grundliqueure erhält, deren Vortheile ich im Werke selbst beschrieben habe.
Demachy.

Dergleichen, trinkbares.

Man thut zu drei Pinten Weingeist einen Schoppen doppeltes Pomeranzenblütwasser, fünf und eine halbe Pinte Wasser, und drei Pfund Zucker, und seihet durch, wenn alles zergangen ist.

Man kann auch zwei Pinten Weingeist, eine Pinte Pomeranzenblütgeist. wie beim Cinamomum angeführet worden, bereiten; ferner sechs Pinten Wasser, und drei Pfund Zucker nehmen, und durchseihen. Demachy.

Dergleichen, gemeines.

Man nimmt sechzig Tropfen wesentliches Pomeranzenblütöl, eine Unze Koriander, eine kleine Muskatennuß, und die Schalen von drei schönen Zitronen, destilliret diese Dinge mit drei und einer viertel Pinte Brantwein, und eben so viel Wasser. Zum Sirop nimmt man fünf Viertelpfund Zucker. Dejean.

Dergleichen, doppeltes.

Hiezu nimmt man drei Pinten Brantwein und einen Schoppen Wasser in die Blase, wozu man noch neunzig Tropfen Neroli [21]), anderthalb Unze Koriander, eine mittelmäßige Muskatennuß, und die Schalen von drei schönen Zitronen nimmt. Drei Pfund Zucker, und zwei Pinten Wasser bilden den Sirop. Dejean.

Dergleichen, feines und trocknes.

Man thut in die Blase vier Pinten Brantwein, einen Schoppen Wasser, hundert Tropfen Neroli, anderthalb Unze Koriander, eine große Muskatennuß, und die Schalen von drei schönen Zitronen; zum Sirop nimmt man zwei Pfund Zucker, und zwei Pinten Wasser. Gewöhnlich macht man diesen Liqueur mehr markig, als trocken. Will man statt des Neroli zum göttlichen Wasser Pomeranzenblütwasser nehmen, so wird der Liqueur noch vortreflicher. Dejean.

Granatratafia.

Man nimmt großkernige Granaten, preßt zwischen den Händen den Saft derselben über einem Siebe aus,

---

21) Neroli, oder wesentliches Pomeranzenblütöl ist eins.
Hah.

aus, damit das häutige Wesen und die Kerne zurück=
bleiben. In zwei Pinten dieses Saftes lässet man ein
Pfund Zucker zergehen, und mischet fünf Viertelpinten
Brantwein, und so viel Zimtgeist hinzu, als zum voll=
kommnen Geschmacke nöthig ist; seihet durch, lässet
den Ratafia in verstopften Flaschen vierzehn Tage ste=
hen, und verbrauchet ihn. Dejean.

Dergleichen, doppelter.

Man löst in zwei Pinten Granatsafte anderthalb
bis zwei Pfund Zucker auf, und setzt auf drei Pinten
dieser Flüssigkeit fünf Viertelpinten Weingeist, und so
viel Spiritus von den vier Gewürzen, daß der Ge=
schmack vollkommen werde. Dejean.

Himbeerwasser.

Man pflückt sechs kleine Körbe voll Himbeeren
ab, stampft sie, und gießt nach vier und zwanzig Stun=
den drei Pinten guten Weingeist dazu; destilliret zu=
gleich aus dem Wasserbade, ziehet zwei Pinten herü=
ber, und vermischt sie mit einem Schoppen aus drei
Pfund Zucker, und vier Pinten Wasser. Man kann
den Wohlgeruch noch erhöhen, wenn man nebst dem
Sirope einen Skrupel Vanille dazu thut. Sechs
Tage nach der Mischung filtriret man. Démachy.

Hypocras.

Man lasse in sechs Pinten guten Bourgogner=
wein sechs Quentchen Zimt, zwei Quentchen Würz=
nelken, und eben so viel Vanille, lange mit vier Un=
zen Zucker abgerieben, vierzehn Tage im Aufgusse
stehen, dann setze man einen Tropfen Ambraessenz
dazu, und seihe es durch den Filtrirsack.

Die

Die Rezepte dieses Weins weichen unendlich von einander ab, es giebt Leute, welche gestoßene bittere Mandeln auf den Boden des Filtrirsacks gethan haben wollen, andere, welche Amber in den Zipfel dieses Sacks thun, um beim Filtriren dem Liqueure Wohlgeruch zu geben. Demachy.

Jägerwasser (eau du chasseur).

Man nehme eine Pinte guten Brantwein und eine Pinte destillirtes Pfeffermünzenwasser, setze ein Pfund Zucker, und zwei Tropfen wesentliches Pfeffermünzenöl dazu, lasse es zwei bis drei Tage digeriren, und filtrire dann.

Diesen Liqueur halte ich für meine Erfindung, mache aber des gemeinen Bestens wegen, kein Geheimniß daraus. Demachy.

Jungferwasser (eau de pucelle).

Man nimmt zwei Unzen der besten Wacholderbeere, und eine halbe Unze Angeliksamen, gestoßen; überdies drei und eine viertel Pinte Brantwein, ziehet den Geist herüber, zu welchem man einen Sirop mischt, aus drei und einem viertel Pfunde Zucker in drei und einer viertel Pinte gemeinem und einer Sechzehntheilpinte guten Pomeranzenblütwassers aufgelöst. Die Vermischung seihet man durch, und der Liqueur ist fertig. Dejean.

Jupiteröl.

Man nimmt drei Pinten mit wesentlichem Zitronöle geschwängerten Geist, eben so viel Cedrageist, mischet beide Spiritusse in einer großen Flasche, setzet
gleiche

gleiche Theile eines zuckerreichen Sirops, und zwei Pinten Skubak dazu; schüttelt alles wohl unter einander, kläret mit Eiweis, setzet das Gefäß zwölf Stunden wohl verstopft bei einer sehr gelinden Wärme ins Wasserbad, und seihet dann durch.

Geschmackschemie.

Kaffeeliqueur.

Drei Pfund des besten levantischen Kaffees werden gehörig gebrannt, und gemahlen; in neun Pinten Brantwein, oder besser in fünf Pinten vollkommen rektifizirtem Weingeiste, mit vier Pinten gemeinem Wasser verdünnet, acht Tage im Aufgusse stehen gelassen; der Aufguß aus dem Wasserbade destilliret, bis man sechs Pinten Flüssigkeit erhalten hat, welche wieder auf das Rückbleibsel gegossen und dergestalt kohobiret werden, daß man fünf Pinten mit dem gewürzhaften Oele des Kaffees geschwängerten Geist durch die Destillation herüberziehet. Zur Versüßung werden fünf Pfund Zucker in fünf Pinten Quellwasser zum Sirop aufgelöst, und damit vermischet.

Geschmackschemie.

Dergleichen.

Man nimmt ein Pfund gerösteten und gemahlnen Kaffee, läßt ihn sechs Tage mit zwei Pinten Brantwein im Aufgusse stehen, destilliret, und ziehet eine Pinte Geist herüber. Ferner nimmt man ein halbes Pfund gleichfalls gebrannten und gemahlnen Kaffee, und läßt ihn mit einem Quentchen Vanille acht Tage lang in zwei Pinten Brantwein im Aufgusse stehen, seihet diesen Aufguß durch, und vermischet ihn mit der herübergezogenen Flüssigkeit, setzt einen Sirop von zwei Pinten Wasser und zwei Pfund Zucker bereitet zu diesen drei Pinten, lässet das Gemisch vierzehn Tage stehen, und seihet dann durch. Soll der Liqueur ohne Farbe seyn, so muß man allen Aufguß destilliren, dann kann man ihm das grünliche Ansehn der Kaffeebohne mit etwas Safran und Lakmus, zusammen in laulichtem Wasser ausgezogen, geben. Demachy.

Kaffeewasser, sechs Pinten.

Man nimmt eine Unze gerösteten und gemahlnen levantischen Kaffee, drei und eine Viertelpinte Brantwein und einen Schoppen Wasser, thut es ins Abziehgeräthe, ziehet den Geist herüber, mischt ihn mit einem Sirope aus fünf Viertelpfund Zucker, und drei und einer viertel Pinte Wasser bereitet, seihet das Gemisch, wenn es sich wohl vereiniget hat, durch, und verkaufet den Liqueur alsbald, da das Alter zu seiner Güte nichts beiträgt. Dejean.

Feines und trocknes Kaffeewasser, sechs Pinten.

Hiezu nimmt man anderthalbe Unze gebrannten und gemahlnen Kaffees, thut es mit vier Pinten Brantwein, und einem Schoppen Wasser in das Abziehgeräthe, und ziehet herüber. Zum Sirop nimmt man vier Pfund Zucker, und läßt sie in zwei und einer viertel bis halben Pinte Wasser zergehen. Diese beiden Rezepte muß man bei einem gemäßigten Feuer, und durchaus mit Hinzuthuung des Wassers destilliren, da sonst der Kaffee übersteigen würde. Dejean.

Kakaoliqueur.

Zuerst nehme man ein Pfund geröstete und gestoßene Kakaobohnen, zwei Pinten Brantwein, und

und eine halbe Unze Zimt, lasse es sechs Tage im Aufgusse stehen, destillire, und ziehe eine Pinte Geist herüber. Dann nimmt man ein halbes Pfund gleichfalls gerösteten Kakao, eine halbe Unze Zimt, ein Quentchen Vanille, und eine halbe Quinte Würznelken, lässet dieses zusammen acht Tage in zwei Pinten Brantwein im Aufgusse stehen, seihet es durch, und setzt den destillirten Geist dazu. Zu diesen drei Pinten mischt man einen Sirop, welcher aus zwei Pinten Wasser, und zwei Pfund Zucker bestehet, läßt das Gemisch vierzehn Tage stehen, und seihet dann durch. Demachy.

Kakaowasser oder Schokoladeliqueur, einfacher.

Man nimmt zwei Unzen geröstete und zerriebene Kakaobohnen, drei Quentchen Vanille, und drei und eine viertel Pinte Brantwein, treibt bei gewöhnlichem Feuer den Geist herüber, ohne Phlegma mit herüber zu ziehen. Zum Sirop nimmt man anderthalb Pfund Zucker, und zwei und drei viertel Pinten Wasser.
Dejean.

Dergleichen, doppelter.

Man nimmt eine und eine halbe Unze Kakao, sechs Quinten Vanille, und vier Pinten Brantwein. Zum Sirop vier Pfund Zucker, und zwei und eine halbe Pinte Wasser. Dejean.

Kernwasser.

Man nimmt, um zwanzig Pinten dieses Liqueurs zu bereiten, einen Sirop von vier Pfund Zucker, und neun Pinten Wasser bereitet, mischt zwölf Pinten

Brantwein darunter, und ein Pfund gestoßene bittre Mandeln. Man seihet den Liqueur sogleich durch.

Dejean.

Dergleichen.

Man nimmt die Kernen von hundert frisch ausgemachten Pfirschen, stößet die Schale entzwei, ohne die inwendigen Kerne zu zerquetschen, schüttet die zerstoßenen Schalen nebst den Mandeln in zwei Pinten Weingeist, läßt es einen Monat stehen, seihet die Flüssigkeit durch, und mischt einen Sirop, aus drei Pfund Zucker und zwei Pinten Wasser bereitet, dazu.

Dejean.

Kernwasserratafia.

Man füllet eine Kruke mit Kernen von reifen Aprikosen so weit an, daß nur ein Sechstheil davon ledig bleibe, füllet übrigens dieselbe mit Brantwein an, verstopft sie genau, und stellet sie zwei Monat lang in die Sonne. Dann gieße man den Aufguß durch ein seidenes Sieb, um die Kerne davon zu scheiden, die man wegwirft; gießt den Aufguß wieder in die Kruke, und setzt auf jede Pinte sechs Unzen in Stücken geschlagenen, und mit Wasser befeuchteten Zucker dazu; verstopft die Flasche nochmals, und setzt sie noch acht Tage in die Sonne, da man dann den Ratafia durchseihet, und aufhebet.

Den Pfirschkernratafia bereitet man auf gleiche Weise, nur daß der eine nach Pfirschen, der andere nach Aprikosen riecht, welche Verschiedenheit nicht vom Kerne, sondern von der Schale derselben herrührt.

Der

Der Geruch dieser Ratafias ist sehr lieblich, man darf deshalb kein anderes Gewürz hinzusetzen.
Geschmackschemie.

Dergleichen.

Alle Kerne der saftigen Früchte liefern eine Art Kernwasser. Man bemerkt, daß die Kernen der Pfirschen und Reineclaudepflaumen einen Liqueur mit Vanillengeruch geben; daß es unnütz ist, die Kernen zu stoßen, da die Mandel darin die Feinheit des Wohlgeruchs schmälert; daß die Kernwasser lieblicher durch Aufguß, als durch Destillation werden; daß hundert große Kerne, auf eine Pinte Brantwein hinreichen; daß der Aufguß wenigstens einen Monat dauren muß; und daß man endlich einen Sirop dazu mischt, worin das Verhältniß des Zuckers nach der verschiedenen Schärfe des Aufgusses verschieden ist. Demachy.

Korianderwasser, sechs Pinten.

Man nimmt drei und eine halbe Pinte Brantwein, und zwei Unzen trocknen Koriander, und zieht den Geist bei gemäßigtem Feuer herüber. Zum Sirop kommt ein Pfund Zucker, und drei und eine viertel Pinte Wasser. Dejean.

Limette, sechs Pinten.

Man nehme drei gewöhnliche Limonen von mittler Größe, sind sie klein, so nehme man vier, sind sie groß, so können zwei hinreichen. Die Schalen hievon destillire man mit drei und einer viertel Pinte Brantwein; der Sirop bestehet aus fünf Viertelpfund Zucker, und zwei und einer viertel Pinte Wasser.
Dejean.

Magenwasser des Coladon (eau cordiale de Coladon).

Man thut vier Pinten Brantwein, einen Schoppen Wasser, und die Schalen von sechs schönen Zitronen in die Blase; ziehet bei lebhaftem Feuer den Geist herüber, und setzet einen Sirop, aus anderthalber Pinte Wasser und anderthalb Pfund Zucker bereitet, dazu. Man kann noch ein halbes Pfund Kassonade darunter nehmen, damit der Filtrirsack klebriger werde, und die Flüssigkeit langsamer, aber desto heller durchlaufen lasse. Auch kann man die Gabe des Zukkers nach dem neuern Geschmack bis auf zwei Pfund und mehr erhöhen. Dejean.

Dergleichen, von Jesmin.

Man nimmt drei und eine viertel Pinte Brantwein, einen Schoppen Wasser, sechs Unzen spanischen Jesmin, zwölf Tropfen wesentliches Cedraöl, und zwei Quentchen Koriander in die Blase. Zum Sirop kommen drei Pinten Wasser, und anderthalb Pfund Zucker. Dejean.

Dergleichen, montpelieser.

Man nimmt drei und eine halbe Pinte Brantwein, einen Schoppen Wasser, die Schalen einer Bergamotte, oder fünf und zwanzig Tropfen des wesentlichen Oels derselben, zwei Quinten Muskatenblumen, und eine halbe Quinte Würznelken in die Blase. Den Sirop zu diesem Liqueure bereitet man aus drei und einer viertel Pinte Wasser, und fünf Viertelpfund Zucker. Diese drei Vorschriften kann man zu doppelten Liqueuren machen, wenn man die Verhältnisse des Geistes,

Geistes, der Gewächse und des Zuckers erhöhet. Sie
sind vortreflich. Dejean.

Macaronliqueur.

Diesen höchst angenehmen, dem Geschmacke der
Macaronen ähnelnden Liqueur, zu bereiten, stößet
man ein halbes Pfund bittere Mandeln, welche wohl
ausgelesen, und von Aprikosenkernen, und dergleichen
völlig gesäubert werden, in einem marmornen Mörsel,
läßt sie in neun Pinten Brantwein oder Weingeiste mit
Wasser verdünnet, unter öfterer Umrührung der Kruke
im Aufgusse stehen. Nach Verfluß von vierzehn Ta=
gen ziehet man die Mischung bei gelindem und gleichem
Feuer aus dem Wasserbade herüber. Sobald man
fünf Pinten Geist erhalten hat, mischt man hiezu den
Sirop, aus fünf Pfund Zucker, drei Pinten gemei=
nem und zwei Pinten doppeltem Pomeranzenblütwasser
bereitet; findet man den Liqueur zu geistig, so ver=
mehret man die Menge des Sirops, und filtriret durch
Löschpapier. Geschmackschemie.

Maraskin.

Auf hundert Pfund vollkommen reife Früchte,
Johannisbeeren, und dergleichen, nimmt man zwölf
Pfund Kirschblätter, zerquetscht die Frucht, und bringt
das Gemisch mit Hefen, oder etwas Honig zum Gäh=
ren. Sobald das breiähnliche Gemisch einen weinich=
ten Geruch erlangt hat, so destilliret man es aus einer
Blase mit einem durchschlagähnlichen Roste am Bo=
den, welcher das Anbrennen verhindert, aus freiem
Feuer, oder wenn mans vermag, im Wasserbade.
Die erhaltene Flüssigkeit ziehet man nochmals aus
dem Wasserbade über. Man nimmt zum Sirope

auf jede Pinte Geist ein Pfund Zucker in einer Pinte Wasser zerlassen. Geschmackschemie.

Dergleichen.

Auf hundert Pfund reife süße Kirschen nimmt man fünf Pfund Kirschblätter, stampft beides, und bringt es, wo nöthig, mit etwas Bierhefen zum Gähren; destilliret zuerst allen Geist, und dann alles geruchhafte Wasser herüber. Aus diesem Wasser bereitet man den Sirop, wovon man acht Unzen zu jeder Pinte Liqueur mischt. Durchs Alter erlangt er seine Güte. Demachy.

Millefiori (eau de mille fleurs) Tausendblumenwasser.

Man nimmt vier bis fünf Unzen bei trockner Witterung, lange nach einem Regen gesammleter Kühfladen, welche Menge man vermehren oder vermindern kann, nach Masgabe der Stärke ihres Geruchs, lässet es vier und zwanzig Stunden lang in fünf Pinten guten mit vier Pinten Wasser verdünnten Weingeistes im Aufgusse stehen, und destilliret alles bei gelindem Feuer im Wasserbade herüber. Man erhält vier Pinten aromatischen Geist, zu welchem man einen Sirop aus fünf Pfund Zucker, und vier Pinten Wasser bereitet, mischt, und diese Mischung durch Fließpapier seihet. Man kann auch statt des gewöhnlichen Sirops solchen nehmen, der aus kanadischem Frauenhaare bereitet ist. Wer die Zubereitung nicht weiß, wird diesen Liqueur an Geruche und Geschmacke gleich lieblich finden. Geschmackschemie.

Muskatenblumenwasser (eau de macis), fünf und eine halbe Pinte, einfaches.

Man nimmt eine halbe Unze Macis, oder die zwote Borke der Muskatennuß, sonst Muskatenblumen genannt, pulvert es fein, und destilliret es mit drei und einer viertel Pinte Brantwein, und etwas Wasser herüber. Zum Sirop nimmt man zwei und drei viertel Pinten Wasser, und fünf viertel Pfund Zucker.   Dejean.

Dergleichen, sechs Pinten, doppeltes.

Man nimmt sechs Quentchen gepülverte Muskatenblumen, und destilliret sie mit vier Pinten Brantwein herüber. Zum Sirop nimmt man vier Pfund Zucker, und zwei und eine halbe Pinte Wasser.
Dejean.

Dergleichen, feines und trocknes, sechstehalb Pinte.

Hiezu nimmt man nur eine Unze gepülverte Muskatenblumen, destilliret sie mit vier Pinten Brantwein, und mischt einen Sirop, aus zwei Pinten Wasser und zwei und ein viertel Pfund Zucker bereitet, hinzu.

Um das Muskatennußwasser zu machen, nimmt man auf gleiche Menge Brantwein, wie beim Muskatenblumenwasser, zur ersten Sorte eine mittelmäßige Muskatennuß, zur zweiten eine große, und anderthalb zur letztern Gattung, der Sirop ist wie bei jenen drei Arten.   Dejean.

Muskatratafia.

Man nimmt recht reife Muskatellertrauben, beert sie ab, und preßt sie aus. Auf jede Pinte Gemisch aus gleichen Theilen dieses Mostes und Brantwein nimmt man fünf Unzen Zucker, und zu Gewürzen, Zimt, Gewürznelke, und sehr wenig Pfeffer, auch ein wenig Ambratinktur, wo nöthig.   Demachy.

Dergleichen, einfacher.

Auf zwanzig Pinten Muskatellermost nimmt man neunzig Unzen Zucker, zehn Pinten Brantwein, und so viel Muskatenblumengeist, und Muskatennußgeist, als man zur Würzung des Ratafias für nöthig erachtet.   Dejean.

Dergleichen, doppelter.

Zu zwanzig Pinten Saft nimmt man funfzehn Pfund Zucker, zehn Pinten gemeinen, und so viel Geist von Muskatenblumen, und Muskatennuß, als zur vollkommnen Würzung des Liqueurs hinreicht.

Man kann auch die Muskatellerbeeren ganz in Brantwein legen, sie sechs Wochen lang ausziehen lassen, dann die Flüssigkeit abgießen, und die Frucht auspressen.   Zu dieser einfachen Bereitung hat man keinen Zucker nöthig.   Dejean.

Nelkenratafia.

Man füllet eine Kruke mit wohl abgezupften Blumenblättern der rothen einfachen Nelke an, und scheidet sogar das Weise davon, thut, wann das Gefäß recht voll Blumen ist, noch einige Würznelken, ein wenig Zimt, und etwas Muskatenblumen dazu, doch von allen nur so wenig, daß der Nelkengeruch nicht ersticket wird. Dann gießet man so viel Brantwein auf die Blumen, als die Flasche fassen kann, verstopft sie genau, setzt sie sechs Wochen lang an die
Sonne,

Sonne, gießet dann das Helle herunter, wirft das Uebrige weg; es wird ganz weis geworden seyn; läßt in so wenig, wie möglich, Wasser, sechs Unzen Zukker auf jede Pinte Brantwein gerechnet, zergehen, mischt diesen Sirop mit dem gefärbten Geiste, setzt die Flasche wohl verstopft noch drei Wochen an die Sonne, und seihet dann den Ratafia durch, im Falle er trübe ist.
Geschmackschemie.

Nelkenwasser (eau d'oiellet)

Anstatt die Blätter der rothen Nelken sechs Wochen im Aufgusse stehen zu lassen, kann man auch durch dreistündiges Digeriren in Wasser über gemäßigtem Feuer ihre Farben ausziehen. Dann gießt man die Flüssigkeit durch ein Sieb, und preßt die Blumen aus, löst in der Flüssigkeit eine gehörige Menge Zucker auf, und setzt zu diesem Sirope gleiche Theile Brantwein, so ist der Liqueur fertig. Man kann noch einige Würznelken auf jedes Pfund Nelkenblumen, gestoßen, entweder in den Aufguß thun, oder zu dem Liqueure, ehe man ihn durchseihet.
Dejean.

Nelkenratafia.

Man läßt vierzehn Tage lang acht Unzen Ratafianelken, und acht Unzen Würznelken mit zwei Pinten Brantwein im Aufgusse stehen, setzt zwölf Unzen Zucker dazu, und seihet durch.

Man kann auch die Ratafianelken mit einer Pinte heißen Wassers vier und zwanzig Stunden lang digeriren lassen, eine Pinte doppelten Brantweins und zwölf Unzen Zucker dazu setzen, und sogleich durchseihen.
Demachy.

Nußratafia.

Man nimmt tausend unreife Nüsse, brühet sie mit kochendem Wasser ab, kühlt sie in kaltem Wasser, und spickt sie dann, theils mit Gewürznelken, theils mit Stückchen Zitronschalen; füllet damit Flaschen bis zu drei Viertheilen an, und gießt sie mit Brantwein voll, läßt die Flaschen sechs Wochen stehen, gießt dann den Brantwein herunter, setzt auf jede zehn Pinten dieser Flüssigkeit fünf Pfund Zucker, in zehn Pinten Wassers aufgelöst, mischt den Geist mit dem Sirope, und seihet den Ratafia durch. Dejean.

Nußwasser, auf sechs Pinten.

Man nimmt funfzig unreife Nüsse, von der Größe als eine reife ausgeschlauete Nuß ist, stößet sie nebst einem halben Quentchen Würznelken, einem Quentchen Muskatenblumen, zwei Quentchen Zimt, und einem halben Quentchen Muskatennuß, und destilliret dieses Gemisch mit vier Pinten Brantwein herüber. Zum Sirop nimmt man zwei und eine halbe Pinte Wasser, und zwei Pfund Zucker, man mischt ihn mit dem Geiste, und seihet das Nußwasser durch.

Dejean.

Orangesse s. Bigarade.

Persiko, sechs Pinten.

Man nimmt drei und eine halbe Pinte Brantwein, und eine halbe Unze gestoßenen frischen Petersilienwein, zum Sirope aber ein Pfund Zucker und drei und eine halbe Pinte Wasser.

Dejean.

Pfirschkernwasser (fausse vanille).

Man nehme eine Flasche mit weiter Mündung, worin z. B. zwei Pinten Brantwein sind. Man stelle diese Flasche auf den Anrichtetisch, damit diejenigen, welche die Pfirschen öffnen, sogleich die Kernen, und den rothesten Theil der Schale hineinwerfen können. Sobald die Zeit der Pfirschen vorbei ist, so zähle man die Kernen, nehme hundert derselben auf eine Pinte, und setze den fehlenden Brantwein dazu. Einen guten Monat hernach thut man zu jeder Pinte acht Unzen Zucker und sechs Gran Vanille. Nach vierzehn Tagen seihet man den Liqueur durch, welcher von schöner rothen Farbe ist. *Demachy.*

Pfirschwein.

Auf hundert Weinpfirschen (pêches de vigne) nimmt man zehn Spalierpfirschen, und eine gute Hand voll Pfirschenblätter, stößt alles, und stellt den daraus entstandenen Fruchtbrei, mit etwas Hefen, oder besser, mit etwas Honig vermischt, zum Gähren hin. Sobald die Gährung nachgelassen hat, gießet man die Flüssigkeit durch, preßt das Ueberbleibsel aus, und gießt den Saft, nebst einer Unze Zucker auf jede Pinte, und einer Pinte Brantwein auf zwanzig Pinten Saft gerechnet, wieder in das Fäßchen. Sobald sich der Liqueur abgeklärt hat, ziehet man ihn auf Flaschen.

Man hat höchstens auf einen Zentner Masse fünf Pfund Hefen nöthig.

Alle saftige Früchte, auf gleiche Weise behandelt, geben Fruchtweine.

Setzt man zu einigen derselben noch Gewürze, so muß es nur in sehr geringem Verhältnisse geschehen.

Die sauren Früchte müssen mit süßen, und diese mit sauren Früchten versetzt werden.

Destilliret man diese Flüssigkeiten, so erhält man mehr oder weniger Geist. Derjenige z. B., welchen die wilden Kirschen liefern, heißt Kirschwasser.

Demachy.

Pomeranzenblütliqueur, feiner.

Man nimmt drei Pfund bei hellem Wetter, vor Sonnenaufgang gesammlete Pomeranzenblüten, säubert sie von ihren Staubfäden und Stempeln, und läßt blos die Blumenblätter in einer Mischung von fünf Pinten des rektifizirtesten Weingeistes mit vier Pinten Wasser einen Monat lang im Aufgusse stehen, und destilliret dann aus dem Wasserbade. Sobald man sechs Pinten erhalten hat, gießet man dies erstere Produkt wieder in die Blase, um es zu kohobiren, und destilliret fort. Sobald man etwa fünf Pinten herüber gezogen hat, und in der Vorlage etwas Weises bemerkt, so ist es Zeit, die Destillation abzubrechen; man schreitet zur Zusammensetzung. Zu diesem Ende bereitet man einen Sirop aus sechs Pfund Zucker, und vier Pinten doppelten, aber nicht geistigen Pomeranzenblütwassers, mischet den Geist unter den Sirop, verdünnet das Gemisch, wenn es allzu stark scheinet, mit einer gehörigen Menge gemeinen Wassers, seihet den Liqueur durch, und verwahret ihn als das lieblichste und heilsamste Getränk.

Geschmackschemie.

Pomeranzenblütöl.

Man läßt ein Pfund Pomeranzenblüte zwei Monate lang in einer und drei viertel Pinte Brantwein im

Auf=

Aufgusse stehen, gießt die Flüssigkeit durch, drückt das Ueberbleibsel stark aus, und setzt zu der erhaltenen Flüssigkeit einen aus drittehalb Pfund Zucker, und ein und drei viertel Pfund Wasser bereiteten Sirop, schüttelt stark um, und seihet nach Verfluß von vierzehn Tagen durch.   Demachy.

Dergleichen, mit Neroli bereitet.

Man thut zu jeder Pinte Brantwein in der Blase zwanzig Tropfen wesentliches Pomeranzenblütöl (Neroli), oder auf drei und eine viertel Pinte sechzig Tropfen, das Erhaltene versüßt man mit einem Sirope aus drei und seiner viertel Pinte Wasser und einem Pfunde Zucker bereitet.   Dejean.

Pomeranzenblütratafia.

Man hat drei Arten Pomeranzenblütratafia zu verfertigen. Bei der erstern nimmt man anderthalb Pfund gesäuberte Pomeranzenblüten, läßt sie in einer Mischung von fünf Pinten Weingeist, und vier Pinten Wasser einen Monat lang an der Sonne im Aufgusse stehen, setzet dann auf jede Pinte Brantwein ein halbes Pfund gepulverten Zucker dazu, verstopft die Flasche wiederum, und setzt sie von neuem noch acht Tage an die Sonne, unter öfterm Umschütteln, damit der am Boden liegende Zucker schmelze. Je mehr Zucker man darin auflösen kann, desto markiger wird der Liqueur; dann filtriret man. Bei der zweiten Art läßt man fünf Pfund Zucker mit anderthalber Pinte Wasser zum Fluge sieden, schüttet, sobald der Sirop diesen Siedegrad erreicht hat, die wohl ausgezupften Pomeranzenblätter in die Pfanne, und rühret die Mischung einige Augenblicke stark um.   Sobald die

die Pomeranzenblüten braun zu werden anfangen, nimmt man die Pfanne vom Feuer, gießet zu verschiedenen Malen nach und nach eine bis zwei Pinten Brantwein hinzu, unter öfterm Umrühren, damit der Zucker nicht verhärte. Diesen flüssigen Sirop gießet man in eine Flasche, setzt noch so viel Brantwein hinzu, daß in allen neun Pinten werden, verstopft die Flasche, und setzt sie sechs Wochen lang an die Sonne, kostet dann, und setzt nach Befinden Zucker oder Wasser hinzu. Man läßt sie noch vierzehn Tage stehen, und seihet dann diesen Ratafia durch. Bei der dritten Bereitung läßt man sechs Pfund Zucker mit drei Pinten Brunnenwasser zum Faden sieden, schüttet dann ein Pfund Pomeranzenblüten in die Pfanne, nimmt sie vom Feuer, rühret das Gemisch wohl um, schüttet es in eine Flasche, gießt acht Pinten einer Mischung aus vier Pinten des besten Weingeistes, und vier Pinten Wasser hinzu, verstopft das Gefäß wohl, und setzt es acht Stunden lang in ein Wasserbad von sehr gelinder Wärme; nimmt es heraus, lässet es erkalten, seihet es bis zur Klarheit verschiedene Male durch, und hebet diesen Ratafia auf.

Geschmackschemie.

Dergleichen.

Es giebt wenig Liqueure, deren Bereitung mannigfaltiger wäre. Einer infundiret die Pomeranzenblüte mit Brantwein, ein anderer bleicht sie vorher mit siedendem Wasser, ein anderer läßt sie mit dem Sirope ein Mal aufkochen, ein anderer läßt sie im Zuckersude braun werden, ein anderer läßt sie im Brantweine und Sirope im Aufgusse stehen; der eine läßt sie nur vier und zwanzig Stunden im Aufgusse, ein anderer hingegen verschiedene Tage. Alle
seihen

seihen die Flüssigkeit durch Löschpapier. Jeder kann sich eine beliebige Bereitungsart aussuchen, ich zeige nur die Verhältnisse an. Man nimmt auf vier Un= zen wohl ausgezupfte Pomeranzenblüte, so viel giebt ein halbes Pfund aus, eine Pinte Brantwein, und zum Sirop sechs Unzen Zucker in einer Pinte Wasser aufgelöst. Demachy.

Pomeranzenblütratafia, einfacher.

Man nimmt ein Pfund Pomeranzenblüten, welche ausgezupft, mit kochendem Wasser einige Au= genblicke hindurch gebleichet, und dann getrocknet worden sind, und läßt sie in fünf Pinten Brantwein einen Monat lang oder sechs Wochen im Aufgusse stehen. Der durchgegoßne Aufguß wird mit einem Sirope versetzt, welcher aus zwei Pfund Zucker und fünf Pinten Wasser bereitet worden.

Läßt man die Pomeranzenblüte nicht bleichen, so nimmt man sieben und eine halbe Pinte Brantwein, zum Sirop aber sieben und eine halbe Pinte Wasser, worin drei Pfund Zucker aufgelöset worden.

Das Bleichen, oder Abwelken in kochendem Wasser nimmt die Schärfe der Pomeranzenblüte hin= weg, und giebt einen angenehmern Liqueur, doch wird der Ratafia aus ungebleichten stärker, wiewohl etwas unangenehmer.

Dejean.

Dergleichen, doppelter.

Hiezu nimmt man zwei Pfund gebleichte Pome= ranzenblüten, läßt sie eben so lange in fünf Pinten einfachen Weingeistes infundiren, und setzt einen Sirop, aus achtehalb Pfund Zucker und eben so viel Wasser bereitet, dazu.

Dejean.

Pomeranzenliqueur, feiner und trockner.

Man destilliret die Schalen von acht schönen portugisischen Pomeranzen mit vier Pinten Brantwein und einem Schoppen Wasser. Zum Sirop nimmt man zwei Pfund Zucker, ein halbes Pfund Kassonade, und zwei Pinten Wasser.

Man kann letztere beide Liqueure auch mit dem wesentlichen Oele der portugisischen Pomeranzenschalen verfertigen, da man dann zu der Menge Brantwein des erstern achtzig Tropfen, zu letzterm hundert Tropfen Quintessenz nimmt, und bei gemäßigtem Feuer, ohne Phlegma herüber zu ziehen, destilliret.

Dejean.

Pomeranzenwasser, portugisisches.
(Apfelsinenwasser).

Man nimmt vier portugisische Pomeranzen von der besten Gattung, mehr noch, wenn sie klein und geringer sind. Hievon destillire man die Schalen mit drei und einer halben Pinte Brantwein und einer viertel Pinte Wasser. Zum Sirop kommen fünf viertel Pfund Zucker in drei Pinten Wasser aufgelöst.

Dejean.

Dergleichen feines, markiges.

Man thut die Schalen von sechs schönen portugisischen Pomeranzen, nebst vier Pinten Brantwein und einem Schoppen Wasser in die Blase, destilliret bei etwas starkem Feuer, ohne jedoch Phlegma herüber zu ziehen. Zum Sirop nimmt man drei und ein halb Pfund Zucker, und ein halbes Pfund Kassonade, nebst zwei und einer viertel Pinte Wasser.
Dejean.

Pomeranzenratasia, aus portugisischen Pomeranzen, gemeiner.

Man nimmt auf zehn Pinten Saft von dergleichen Pomeranzen fünf Pinten Brantwein, drei Pfund Zucker, und die Schalen von zehn Pomeranzen. Man läßt das Gemisch vierzehn Tage im Aufgusse stehen.
Dejean.

Dergleichen, doppelter.

Auf zehn Pinten Saft nimmt man sieben Pinten rektifizirten Weingeist, acht und ein halbes Pfund Zucker, und die Schalen von zehn Pomeranzen.
Dejean.

Dergleichen.

Bei diesem Rezepte nimmt man so viel Saft und Zucker als im vorhergehenden, läßt den Weingeist über den Schalen rektifiziren, und setzt von diesem Geiste gleiche Menge zu dem Liqueure, wie in dem vorhergehenden.

Man muß die süßesten Pomeranzen auswählen.
Dejean.

Quittenratafia.

Man reibt Quitten auf einem Reibeisen, drückt den Saft durch ein Tuch, und vermischt ihn mit eben so viel gutem Brantweine. Auf jede Pinte Gemisch setzt man fünf Unzen Zucker, und zwei gestoßene Gewürznelken, läßt es einen Monat digeriren und seihet dann durch.

Demachy.

Dergleichen.

Man nimmt zwanzig Pinten Saft von geriebenen und ausgedrückten Quitten, seihet ihn durch, lässet darin sieben und ein halbes Pfund Zucker zergehen, und mischet sechs Pinten Brantwein, und vier Pinten Weingeist, nebst so viel Zimt=Würznelken- und Muskatenblumengeist dazu, als zur Würzung des Ratafias nöthig ist.

Dejean.

Dergleichen, doppelter.

Man nimmt auf zwanzig Pinten Saft zehn Pinten Weingeist, gewürzhafte Geister, so viel nöthig, und funfzehn Pfund Zucker.

Der Quittenratafia hat den Vorzug, daß er nicht verdirbt, vielmehr drei Jahre zu seiner Zeitigung nöthig hat.

Man kann, wenn man auf ähnliche Weise verfährt, einen vortreflichen Ratafia aus Reinettenäpfeln und Rousseletbirnen verfertigen, und diese Ratafias schon nach Verfluß von drei Monaten trinken.

Dejean.

Ratafia, gemeiner, gemischter.

Um einen Muid dieses Ratafias zu bereiten, nimmt man ungefähr vierhundert und funfzig Pfund gewöhnliche reife Kirschen, etwa zweihundert und fünf und zwanzig Pfund recht reife Johannisbeeren, und funfzig Pfund recht schwarze Vogelkirschen. Wenn das Faß dreihundert Pinten hält, so muß man zweihundert und funfzig Pfund Saft hinein thun, und mit funfzig Pinten Brantwein und sechs und funfzig Pfund Zucker das Faß vollends anfüllen. Er hält sich ein Jahr. Man muß den Ratafia alle Monate kosten, und, wenn man eine Gährung darin bemerkt, einige Pinten Brantwein dazu gießen, wodurch die Gährung gehemmt wird. *Dejean.*

Ratafia von rothen Früchten.

Man nimmt sechs Pfund schöne, große, braunroth reife Kirschen, drei Pfund Himbeeren, eben so viel Erdbeeren, eben so viel Johannisbeeren, zwei Pfund Vogelkirschen, und ein Pfund schwarze süße Kirschen (guignes), säubert diese Früchte, quetscht sie, und läßt sie vier und zwanzig Stunden in Gährung stehen. Drückt dann den Saft durch ein grobes Tuch, und setzt auf jede Pinte Saft eine Pinte Brantwein, und auf jede Pinte dieses Gemisches fünf bis sechs Unzen gepülverten Zuckers hinzu. Schüttelt alles wohl um, und setzt zu jeden sechs Pinten Liqueur noch eine Unze gestoßene bittre Mandeln, vier Gewürznelken, zwei Quentchen Zimt, ein halbes Quentchen Muskatenblumen, und eben so viel weisen Pfeffer; verstopft das Gefäß wohl, setzt es sechs Wochen bis zwei Monate an die Sonne, und schüttelt es täglich um.
Geschmackschemie.

Dergleichen.

Man nimmt zwölf Pfund Kirschen, zwei Pfund Vogelkirschen, anderthalb Pfund wohlriechende Himbeeren, in einer trocknen Zeit gesammelt, und auch wohl noch anderthalb Pfund Erdbeeren, pflückt die Früchte ab, quetscht sie, und läßt diesen Brei drei bis zwölf Stunden stehen, wodurch der Saft seine rothe Farbe ausziehet; setzt nach Beschaffenheit des Saftes zu einer Pinte vier Unzen Zucker, läßt ihn darin zergehen, und seihet es durch. Den so bereiteten Saft versetzt man mit zwei Pinten Brantwein, oder etwas mehr. Man kann auch gewürzhaften Geist an die Stelle des letztern nehmen, indem man eine Unze Zimt, zwei Muskatenblumen und ein Quentchen Gewürznelken gestoßen, nebst zwei Pinten Brantwein in einer Blase destilliret, und eine Pinte Geist herüberziehet. Das Gährenlassen des Fruchtbreies scheint überflüssig und nachtheilig zu seyn.

Dejean.

Dergleichen, feiner und trockner.

Man nimmt dreißig Pfund Kirschen, dreißig Pfund Johannisbeeren, zehn Pfund Maulbeeren, und sieben Pfund Himbeeren, sucht die besten hiezu aus, pflückt sie von ihren Stengeln, quetscht sie, und läßt den Brei drei bis zwölf Stunden stehen. Drückt dann diese Früchte aus, misset den Saft, und setzt zu jeder Pinte desselben drei Unzen Zucker; filtriret, wann der Zucker geschmolzen ist, und setzet zu jeden zwanzig Pinten dieser Flüssigkeit, zwölf und eine halbe Pinte Brantwein. Man kann auch gewürzhaften Geist hinzusetzen, wie beim vorhergehenden Rezepte.

Dejean.

Ratafia aus grünen Nüssen.

Man sucht sechzig bis hundert unreife Nüsse aus, die aber ihre gehörige Größe erreicht haben, stößt sie in einem marmornen Mörsel, thut sie in eine Kruke, gießt neun Pinten Brantwein dazu, und stellet die verstopfte Flasche einen Monat lang im Aufgusse hin. Dann gießt man die Flüssigkeit durch ein seidenes Sieb, ohne die Hülsen auszupressen, die man wegwirft; gießt die Flüssigkeit wieder in die Flasche, thut auf jede Pinte derselben drei viertel Pfund Zucker, funfzehn Würznelken, anderthalb Unzen Zimt, und zwei Quentchen Muskatenblumen dazu, und läßt es noch einen Monat verstopft stehen; dann seihet man den Liqueur durch.
Geschmackschemie.

Reineclaudepflaumenratafia.

Man nimmt zwanzig Pinten Saft von diesen Pflaumen, läßt ihn zwei bis drei Stunden stehen, löset acht und fünf achtel Pfund Zucker darin auf, und versetzt die Flüssigkeit mit zehn Pinten Brantwein, und so viel Zimtgeiste, als nöthig ist. Dejean.

Dergleichen, doppelter.

Man setzt zu zwanzig Pinten Saft, funfzehn Pfund Zucker, zehn Pinten Weingeist, und so viel von dem Geiste der vier Gewürze, als hinreichet.

Eben so kann man mit dem Ratafia aus Mirabellen, aus Pfirschen und Aprikosen verfahren. Die Ratafias müssen wohl verstopft aufgehoben werden.
Dejean.

Römerwasser (eau romaine) sieben Pinten, feines und trocknes.

Man destilliret die Schalen von sechs schönen Zitronen, und einem Quentchen Muskatenblumen, wohl gestoßen, mit vier Pinten Brantwein, und einem Schoppen Wasser, so, daß etwas Phlegma mit herübergehe, mischt einen Sirop von zwei und drei viertel Pfund Zucker in drei Pinten Wasser aufgelöst dazu, und färbt den Liqueur schön karmoisin. Dejean.

Dergleichen, doppelter und feiner Liqueur.

Hiezu bedient man sich der Rezepte zum Cedrawasser, nur daß die Cedra wegbleibt. Dejean.

Rosenliqueur.

Man nehme doppeltes Rosenwasser, setze zu jeder Pinte desselben eine gute Pinte Brantwein, und zwölf Unzen Zucker; filtriret und färbet.

Man kann auch zwei Unzen Rosenholz mit einer Pinte Weingeist zum Rosengeiste destilliren, und wie vorher behandeln. Demachy.

Rossoli.

Man thut Bisamrosen, spanischen Jesmin, Pomeranzenblüte, nebst ein wenig Zimt und Würznelken in die Blase, läßt es vier und zwanzig Stunden im Aufgusse stehen, destilliret dann, und ziehet alles Gewürzhafte herüber. Hiezu mische man ein gutes Drittel Weingeist am Gewichte, und sechs Unzen Zucker auf die Pinte. Man färbt den Liqueur karmoisinroth.
  Demachy.

Rossoli, turinischer.

Man thut vier Unzen Bisamrosen, eben so viel Pomeranzenblüte, und eben so viel Jesmin, eine halbe Unze Zimt, und ein halbes Quentchen Würznelken, nebst vier und eine halbe Pinte Wasser in die Blase, und ziehet bei etwas lebhaftem Feuer drei und eine viertel Pinte herüber. In diesem destillirten Wasser löse man zwei und ein viertel Pfund, oder vielmehr drei Pfund Zucker auf, und mische unter den Sirop vier Pinten Brantwein oder Weingeist. Wenn der Liqueur karmoisin gefärbet ist, so seihet man ihn durch den Filtrirsack. Nimmt man Weingeist, so darf es nur drei und eine viertel Pinte seyn, das Uebrige bleibt.

Dejean.

Samenratafia (ratafiat de graines).

Die Anzahl Samen, aus denen Liqueure bereitet werden können, ist beträchtlich, Anis, Fenchel, Kramerkümmel, Karbe, Dill, Angelik, Daucus, Seseli, Petersiliensamen, u. s. w. Jeder einzelne Samen unter diesen, oder die künstliche Vermischung derselben, giebt eben so viel Gattungen Liqueure, welche alle, entweder durch Destillation oder durch Aufguß bereitet werden. Zum Destilliren kann man auf zwei Pinten Brantwein vier Unzen nehmen, und zwei Pinten herüberziehen; vier Drachmen aber auf eben die Menge Brantwein zum Aufgusse, wozu noch sechs bis acht Unzen Zucker auf die Pinte Liqueur, und eben so viel Wasser kommt, als man Brantwein zum Liqueure hat. *Demachy.*

Nächtliche Schöne (belle de nuit) sechs Pinten, doppelt.

Man nimmt zwei Limonen oder dreißig Tropfen des wesentlichen Oels dieser Frucht, eine schöne Muskatennuß, eine halbe Unze Angeliksamen, und eben so viel Zuckerwurzelsamen (chervi), stößt die Samen und die Muskatennuß, und destilliret diese Dinge mit vier Pinten Brantwein und einem Schoppen Wasser; letzteres, um den Feuergeschmack zu vermeiden. Zum Sirop kommen vier Pfund Zucker, und zwei und eine halbe Pinte Rosenwasser. Gewöhnlich färbt man ihn purpurviolet, da man dann so viel Wasser aus dem Sirope hinwegläßt, als man zu dieser Tinktur nimmt.
Dejean.

Scubak.

Um diesen Safranliqueur recht gesund und angenehm zu bereiten, lässet man mit sechs Pinten Brantwein, eine Unze Safran, eine Unze Wacholderbeeren, eine halbe Unze frischen Anis, eben so viel Koriander, eine Unze Zimt, eine halbe Unze Angelikwurzel, eine Drachme Muskatenblüte, acht Würznelken, und zwölf Brustbeeren (jujubes) im Aufgusse stehen. Diese Spezereien werden gestoßen; man setzt drei viertel Pfund zu Stücken geschlagenen und mit Wasser befeuchteten Zucker auf jede Pinte Brantwein hinzu, verstopft die Flasche, setzt sie ins Warme, und schüttelt sie drei Wochen lang öfters um. Man kostet den Liqueur, hilft ihm nach, und setzt ihn noch drei Wochen im Aufgusse hin. Dann seihet man ihn durch, und achtet es nicht, wenn er auch etwas trübe bleibt.
Geschmackschemie.

Dergleichen.

Man läßt ein Quentchen Zimt, zwei Skrupel Angelikwurzel, und eine Unze Safran vierzehn Tage lang mit zwei Pinten Brantwein im Aufgusse stehen, und setzt einen Sirop aus einem Pfunde Zucker, und einer Pinte Wasser bereitet, hinzu, welchen man noch ganz heis hineingießet, dann noch das Gemisch acht Tage stehen läßt, und dann filtriret.

Es giebt wenig Liqueure von so verschiedenen Rezepten. Nächst dieser einfachen Art will ich unter den vielen zusammen gesetzten hier diejenige noch auswählen, die mir noch die bestgewählteste zu seyn scheint, denn ich habe eine große Zahl derselben lächerlich und unnütz befunden.

Man thut zu zwölf Pinten Brantwein achtzehn Quentchen Safran, fünf Quinten Anis, neun Quinten Koriander, vier Quinten Wacholderbeeren, ein Quentchen Zimt, zwei Quentchen Angelikwurzeln, die Schalen von einer Zitrone, zwei Unzen Honigwasser, (ein geruchvolles Wasser, wozu das Rezept in Batts Apothekerbuche steht) und vier Unzen doppeltes Pomeranzenblütwasser. Den Sirop bereitet man aus vier und einem halben Pfunde Zucker, und sechs Pinten Wasser. Das Gemisch lässet man acht Tage im Aufgusse stehen, und seihet dann durch. Demachy.

Dergleichen, einfacher.

Man nimmt vier Pinten Brantwein oder den Geist davon. Zum Sirop läßt man vier Pfund Zucker in drei Schoppen Wasser auflösen, wenn man Brantwein nimmt; oder in zwei Pinten Wasser, wenn man Weingeist genommen hat. Die Tinktur bereitet man aus drei Quentchen Safran, und einem Schoppen kochenden Wassers. Dejean.

Scubak,

Scubak, ächter.

Man thut vier Pinten Brantwein, einen Schoppen Wasser, drei Quentchen Safran, wesentliches Oel von der Cedraschale, von der Bergamottenschale, von portugisischen Pomeranzen und Limonen, von jedem zehn Tropfen, ein halbes Quentchen gestoßene Vanille, ein Quentchen gestoßene Muskatenblumen, acht Quentchen gestoßene Würznelken, ein Quentchen Angeliksamen, ein halbes Quentchen Koriander, und eben so viel Zuckerwurzelsamen (graine de chervi) alles gestoßen in die Blase, destilliret bei gemäßigtem Feuer, und ziehet kein Phlegma herüber. Zum Sirop nimmt man vier Pfund Zucker und zwei Pinten Wasser. Zur Tinktur aber eine halbe Unze Safran mit einem Schoppen kochendem Wasser aufgelöst.   Dejean.

Dergleichen, höchst feiner weiser.

Hiezu dienet dasselbe Rezept, man nimmt aber eine ganze Unze Safran in die Blase, da man keine Tinktur zu machen hat, der Sirop wird eben so bereitet, vier Pfund Zucker in zwei Pinten Wasser aufgelöst. Beim Durchseihen braucht man den Filtrirsack nicht voll ziehen zu lassen, da der Scubak fett genug ist, um die Helligkeit zu erleichtern.   Dejean.

Dergleichen, irländischer.

Man verfährt, wie bei dem französischen, nur daß man den besten Kornbrantwein statt des Franzbrantweins nimmt.   Dejean.

Seleriliqueur.

Man schneidet dreißig bis vierzig Selerizehen, nach Maßgabe ihrer Größe, klein, läßt sie einen Monat

nat lang in einer Mischung von fünf Pinten Weingeist, und vier Pinten Wasser im Aufgusse stehen, und destilliret dann die Mischung mit jählingem Feuer. Da nun das wesentliche Oel schwer herüber steigt, so kohobiret man die herübergegangene Flüssigkeit, findet man den Geist allzu arm an Geruche, so kocht man noch eine gute Menge recht weisen Seleri im Wasser, und schüttet dasselbe, nebst einem Theile frischen Seleri zu dem übrigen in die Blase, und destillire aus freiem Feuer. Hiebei muß man sorgfältig das Anbrennen des Seleris durch gelindes Feuer zu verhüten suchen. Das Herübergegangene wird nicht geistig, aber sehr geruchvoll seyn, weshalb man sich desselben zur Bereitung des Sirops statt des gemeinen Wassers bedienet. Nach der Vermischung wird man den Liqueur leicht durchseihen. Geschmackschemie.

Dergleichen, gemeiner, sechs Pinten.

Zwei Quentchen schweren frischen Selerisamen pulvert man, und ziehet ihn mit drei Pinten Brantwein über. Zum Sirop nimmt man ein Pfund Zukker, und drei Pinten Wasser. Dejean.

Dergleichen, feiner und trockner.

Hiezu hat man vier Pinten Brantwein, zwei Pinten Wasser, drittehalb Pfund Zucker, und drei Quentchen gestoßenen Selerisamen nöthig. Dejean.

Siebensamenwasser (eau de sept graines).

Man nimmt zwei Unzen von jeder Art folgender Samen, Anis, Carbe, Kümmel, Fenchel, Seleri, Ammey, Wildpastinake (Zuckerwurzel), und Amomumsamen, stößet dieselben in einem Mörsel, und läßt sie sechs Wochen lang in neun Pinten Brantwein, mit
Hin=

Hinzuthuung von sechs Unzen Zucker auf jede Pinte, im Aufgusse stehen. Den Zucker kann man gleichfalls mit Wasser befeuchten, ehe man ihn in den Brantwein thut. Nach vollendetem Aufgusse seihet man ihn durch, und läßt ihn seine Güte durch das Alter erlangen.
Geschmackschemie.

Dergleichen, auf sechs Pinten.

Man nimmt drei und eine viertel Pinte Brantwein, sechs Quentchen Anis, eben so viel Fenchel, eine halbe Unze Koriander, zwei Quentchen Angeliksamen, zwei Quentchen Möhrensamen, eine halbe Unze Carbe, und eine halbe Unze Zuckerwurzelsamen (chervi). Man kann noch eine halbe Unze Dillsamen, und kretischen Daucussamen dazu nehmen. Diese Mischung ziehet man, nebst drei viertel Pinte Wasser in einer Blase herüber. Verstehet sich, daß die Samen gestoßen seyn müssen, und daß nur mäßiges Feuer gegeben werde, ohne Phlegma mit herüber zu ziehen. Zum Sirop nimmt man ein Pfund Zucker in drei viertel Pinte Wasser aufgelöst. Dejean.

Silberwasser.

Man nimmt die Schalen von drei mittlen Zitronen, ein Quentchen gestoßenen Angeliksamen, und acht Würznelken, und ziehet sie mit drei und einer viertel Pinte Brantwein nebst einem Schoppen Wasser über. Zum Sirop nimmt man drei und eine viertel Pinte Wasser, und ein Pfund des feinsten Zuckers. Auch muß man bei diesem Liqueure der Würznelken wegen ein wenig Phlegma mit herüber ziehen, wenn man will, daß der Liqueur nach diesem Gewürze schmecken soll.
Dejean.

Singuliére (Singuliére, Sonderling).

Zu diesem Liqueure von meiner Erfindung nimmt man die Schalen einer großen Cedra, oder, wenn man dergleichen nicht hat, von zwei schönen Zitronen, die frische Schale von zwei Pomeranzen, eine Unze Zimt, zwei Quentchen Muskatenblumen, sechs Gewürznelken, ein halbes Quentchen grünen Anis, ein Quentchen Koriander, ein halbes Quentchen Angelikwurzel, ein halbes Quentchen Safran, zwei Quentchen Wacholderbeeren, stößt diese Droguen klein, und bringt sie in einer Mischung von fünf Pinten des stärksten Weingeistes, und vier Pinten Wassers einen Monat lang im Aufguß an einen warmen Ort, unter öfterm Umschütteln der Kruke. Zieht dann von dem Aufgusse aus dem Wasserbade fünf bis sechs Pinten herüber mit jählingem Feuer, gießt sie wieder zurück zur Kohobation, und setzt die Destillation bei einem sehr gelinden Feuer bis zur Erhaltung von fünf Pinten recht aromatischen Geistes fort. Diesen Geist mischt man mit einem Sirope aus fünf bis sechs Pfund Zucker, drei Pinten gemeinen, und zwei Pinten doppelten Pomeranzenblütwassers bereitet, schüttelt es wohl um, und hilft, wenn irgend ein Geruch darin zu schwach seyn sollte, dergestalt mit destillirtem Oele nach, doch so, daß der Pomeranzenblütgeruch die Oberhand behalte. Zuletzt färbt man mit der Koschenille, und seihet durch.

Geschmackschemie.

Sternanisliqueur.

Man nimmt fünf Unzen Sternanis, und eine Unze Anis, infundiret sie mit acht Pinten guten Brantwein, und destilliret es mit Hinzuthuung zweier Pinten

ten Waſſers, da man dann acht und eine viertel Pinte
Liqueur erhält [22]), wozu man einen Sirop aus acht
Pfund Zucker und ſechs Pinten Waſſer bereitet, miſcht,
nach Belieben eine Farbe giebt, und in acht oder vier=
zehn Tagen nach der Vermiſchung durchſeihet.

Dieſen Liqueur, und alle diejenigen, welche de=
ſtilliret werden, kann man durch Aufguß bereiten, und
dann iſt ein Viertel der Ingredienzen hinlänglich. Zu
dieſer Abſicht verweiſe ich ein Mal für alle Mal auf die
Stelle, wo ich von Liqueuren, aus weſentlichen Oelen
bereitet, geredet habe. Demachy.

Strauswaſſer (eau de bouquet).

Man laſſe in acht Pinten Brantwein zwei Quent=
chen Würznelken, eine halbe Unze Roſenholz acht
Tage im Aufguſſe ſtehen, deſtillire dann, und treibe
ſechs Pinten Geiſt herüber. Man ſetzt noch ein hal=
bes Quentchen provenzer Jesmineſſenz, und einen
Skrupel mit etwas Zucker abgeriebene Vanille dazu.
Der hinzuzufügende Sirop beſteht aus drei Pinten
Waſſer und vier Pfund Zucker, in welchem man wäh=
rend dem Kochen eine halbe Unze florentiniſchen Schwer=
tel geſchüttet hat. Das Ganze miſcht man in der
Kruke, ſetzt nach Befinden drei bis vier Tropfen Am=
braeſſenz dazu, und ſeihet acht Tage nach der Vermi=
ſchung durch. Demachy.

Süsling

---

[22]) Ich rathe, nicht mehr als höchſtens acht Pinten Li=
queur herüber zu ziehn; denn da der Sternanis nicht weni=
ger als der europäiſche Anis viel ſcharfes und heftiges Oel
giebt, ſo darf man nicht nach der Menge gehn, um dem Li=
queure nicht hiedurch die ihm gehörige Feinheit und Zärt=
lichkeit zu benehmen.

Str.

Süßling (doucette).

Man lasse zehn Tage lang sechs Pomeranzen und eben so viel Zitronen, oder besser die Schalen davon, in zwei Pinten Weingeist ausziehen, setze einen Sirop aus drei Pinten Wasser, und drei Pfund Zucker dazu, und seihe durch. *Demachy.*

Tausendblumenwasser.

Hiezu nimmt man die Schale von drei mittlern Zitronen, eine halbe Unze Angelik, ein Quentchen Muskatenblumen, nebst drei und einer viertel Pinte Brantwein, und einem Schoppen Wasser in die Blase, destilliret bei gewöhnlichem Feuer herüber, ohne Phlegma mit herüber laufen zu lassen. Zum Sirop nimmt man ein Pfund Zucker in drei Pinten Wasser aufgelöst, und eine Viertelpinte Brantwein zur Färbetinktur.

Man hüte sich, irgend einen Ratafia zum Tausendblumenwasser zu mischen, indem die Säure des erstern die Farbe des letztern unwiederbringlich zerstören würde. Man kann auch doppelte Verhältnisse zu diesem Wasser nehmen, und einen vortreflichen Liqueur daraus bereiten. *Dejean.*

Theeliqueur.

Man nimmt vier Unzen des besten Kaiserthees, in seiner Ermanglung aber grünen Thee, lässet ihn mit einem Schoppen kochendem Wasser ein Mal aufsieden, verschließt den Theetopf genau, und läßt den Aufguß lau werden. Diese starke Tinktur gießt man nebst den Theeblättern zu neun Pinten lauem Brantweine, oder in eine laue Vermischung von fünf Pinten rektifizirten Weingeiste und vier Pinten Wasser, und lässet es zusammen acht Tage wohl verstopft stehen.

Sollte nach dieser Zeit der Aufguß keinen angenehmen Theegeruch, der den Veilchen ähnelt, haben, so schüttet man noch zwei Unzen Thee in eine Viertelspinte Wasser, bereitet die Tinktur, wie zuvor; gießt sie zu unserm Aufgusse, läßt es noch acht Tage stehen, und destilliret die Vermischung im Wasserbade; gießet die erst herüber gegangenen vier Pinten wieder auf, und kohobiret mit verminderter Hitze, bis nach Erhaltung von fünf Pinten; gießet dann den aus fünf Pfund Zucker, und fünf Pinten Wasser kalt bereiteten Sirop zu den fünf Pinten Theegeist, und filtriret nach der Kunst.   Geschmackschemie.

Dergleichen.

Man läßt vier Unzen Kaiserthee eine halbe viertel Stunde in acht Unzen kochendem Wasser im Aufgusse stehen, gießet denselben durch, und läßt die entwickelten Blätter abtröpfeln; gießet diese Flüssigkeit zu 4 Pinten Brantweine, läßt das Gemisch vier und zwanzig Stunden stehen, setzt einen Sirop aus drei Pinten Wasser, und drei Pfund Zucker bereitet hinzu, läßt das Gemisch einen Tag stehen, und filtriret.

Nach dieser Art kann man mit unsern gewürzhaften Pflanzen aus der Klasse des Jsops, der Saturei, Melisse, Münze, Dragun u. s. w. ähnliche, nicht unkräftige Liqueure bereiten.
    Demachy.

Venusöl (huile de Venus).

Das berühmteste Rezept ist folgendes.   Man stößt zwei Unzen Carbe, zwei Unzen Kümmel, zwei Unzen Samen von der Zuckerwurzel (chervis), drittehalb Unzen kretischen Karottensamen (daucus creticus),

ticus), vier Quentchen Muskatenblumen, und eine Unze Zimt zu dem feinsten Pulver, lässet es vierzehn Tage in neun Pinten einer Mischung aus Weingeist und Wasser im Aufgusse stehen, destilliret dann bei jählingem Feuer aus dem Wasserbade sechs Pinten herüber, die man zur Kohobation wieder zurück in die Blase gießet, und destilliret von neuem fünf Pinten Geist herüber. Nun kocht man vier Quentchen Safran in drei Pinten Wasser, seihet diese ölige Tinktur durch, und gießt sie noch kochend heis auf sieben Pfund Zucker, läßt diesen Sirop kalt werden, und gießt ihn zu dem erhaltenen Geiste. Diese dicke Vermischung kann nicht durch Löschpapier geseihet werden, man muß einen Filtrirsack von baumwollnen Zeuge dazu nehmen.
Geschmackschemie.

Ein Zufall hat mich folgende Bereitung gelehrt, die der Erfindung des Herrn Cicogne am nächsten kommt. Sechs Unzen wilde Möhrenblüte, die man leicht auf den Wiesen sammlen kann, läßt man einige Tage in neun Pinten einer Mischung von fünf Pinten des stärksten Weingeistes, und vier Pinten Wasser aus dem Wasserbade destilliren, und nöthigenfalls kohobiren, auch wohl mit Hinzuthuung einiger Unzen frischer Blüte, bis man fünf Pinten geruchvollen Geist erhalten hat. Man läßt drei Unzen kanadischen Frauenhaar in sechs Pinten Wasser einen Augenblik sieden, doch so, daß die Abkochung nicht zu braun werde, gießt diese Tinktur durch, thut zehn Pfund Zucker dazu in eine Pfanne, und schäumet diesen Sirop über dem Feuer mit Eiweis ab; gießt den Sirop durch ein seidenes Sieb, und vermischt denselben, wann er kalt ist, mit dem übergezogenen Geiste. Der Liqueur darf nicht durchgeseihet werden.
Geschmackschemie.

Dergleichen.

Man nimmt zehn Pinten Brantwein, zehn Drachmen Kümmel, fünf Drachmen Möhrensamen, und fünf Skrupel Muskatenblumen, lässet die Mischung vier Tage im Aufgusse stehen, destilliret, und ziehet zehn Pinten herüber, setzt eilf und eine viertel Pinte einfachen Sirop von dünnem Sude dazu, giebt dem Liqueure die Baumölfarbe, mit einem Safranaufgusse, und filtriret durch den Sack. Läßt man aber diese Ingredienzen unter den kochenden Sirop rühren, und setzt dann Brantwein hinzu, so erhält man in vier und zwanzig Stunden einen markigern und weniger scharfen Liqueur.

Demachy.

Dergleichen, auf vier Pinten.

Man thut eine Unze Kümmel, eine Unze Samen von der Zuckerwurzel (chervi), eine Unze kretischen Möhrensamen, und zwei Drachmen Muskatenblumen gestoßen mit vier Pinten Brantwein, und einem Schoppen Wasser in die Blase; ziehet den Geist herüber, bereitet den Sirop aus vier und einem halben Pfunde Zucker, und einer Pinte kochenden Wassers. Die Tinktur ist eine viertel Pinte siedendes Wasser, worin man ein Quentchen Safran hat ausziehen lassen, wie bei Bereitung des Scubaks; setzt aber nun so viel von dieser Tinktur zum Liqueure, als nöthig ist, ihm eine Olivenfarbe zu geben.

Dejean.

Vespetro oder Ratafia von den sieben Samen.

Man stößt eine Unze von jedem der folgenden Samen, Anis, Angelik, Carbe (carvi), Kümmel (cumin),

(cumin), Koriander, Fenchel, Dille, und läßt sie in acht Pinten Brantwein mit einem Sirope aus drei Pfund Zucker, und drei Schoppen Wasser versetzt, drei Wochen bis einen Monat im Aufgusse stehen. Dieses Getränk gleicht jedoch mehr einer Arznei, als einem angenehmen Liqueure.

Demachy.

Vespetro, auf zwanzig Pinten.

Man nimmt auf zwanzig Pinten Brantwein sechs Unzen Anis, sechs Unzen Fenchel, eben so viel Koriander, drei Unzen Angelik, drei Unzen Möhrensamen, sechs Unzen Dill und sechs Unzen Corbe, läßt das Gemisch sechs Wochen im Aufgusse stehen, gießt das Flüssige durch ein Sieb, setzt den gehörigen Zucker dazu, verstopft das Gefäß wiederum, und seihet den Liqueur durch, sobald er geschmolzen ist.

Das Siebensamenwasser hat, weil es destilliret wird, große Vorzüge vor diesem Ratafia.

Dejean.

Vierblumenwasser, oder Strauß der Sträuser (bouquet des bouquets), feines und doppeltes, sechs Pinten.

Man nimmt vier Pinten Brantwein, einen Schoppen Wasser, zwei Unzen Pomeranzenblüte, sechs Unzen spanischen Jesmin, vier Unzen Jonquillen, und vier Unzen Nelken, destilliret bei sehr gelindem Feuer, ohne das mindeste Phlegma herüber gehen zu lassen. Zum Sirop nimmt man vier Pfund Zucker in zwei und einer halben Pinte Wasser aufgelöst. Dejean.

Dergleichen, feines und trocknes, fünf Pinten.

Man nimmt vier Pinten Brantwein, drei Unzen Pomeranzenblüte, ein halbes Pfund Jesmin, sechs Unzen Jonquillen, und sechs Unzen Nelken, destilliret, wie gesagt, und versetzt den Geist mit einem Sirope, aus zwei Pfund Zucker in zwei Pinten Wasser aufgelöst.

Die einzige Schwierigkeit macht die etwas zeitiger blühende Jonquille, da man dann diese Blume in der überzudestillirenden Menge Brantwein so lange im Aufgusse stehen läßt, bis die übrigen Blumen aufgebrochen sind. Dejean.

Vierfrüchtewasser (eau de quatre fruits) feines und doppeltes.

Man nimmt die Schalen von einer schönen Cedra, einer kleinen Bergamotte, zweier mittlen Zitronen, und zweier großen portugisischen Pomeranzen, nebst vier Pinten Brantwein und einem Schoppen Wasser in die Blase, destilliret und setzt einen Sirop von vier Pfund Zucker, und zwei und fünf achtel Pinten Wasser bereitet, dazu.

Will man den Liqueur aus den wesentlichen Oelen gedachter Früchte bereiten, so nimmt man fünf und zwanzig Tropfen wesentliches Cedraöl, achtzehn Tropfen dergleichen von der Bergamotte, acht und zwanzig bis dreißig Tropfen Zitronöl, und zwei und dreißig Tropfen wesentliches Oel der portugisischen Pomeranze, destilliret mit der angegebenen Menge Brantwein und Wasser den Geist von diesen Oelen herüber, und bedient sich eines gleichen Sirops.

Dejean.

Dergleichen, feines und trocknes.

Man nimmt gleiche Menge Schalen der Früchte, Brantwein und Wasser, wie im vorhergehenden Rezepte; zum Sirop aber zwei Pfund Zucker in zwei Pinten Wasser aufgelöst.

Will man die wesentlichen Oele in Ermangelung der Früchte dazu nehmen, so werden dreißig Tropfen Cedraöl, zwanzig Tropfen Bergamotöl, dreißig bis zwei und dreißig Tropfen Quintessenz von Zitronen, und sechs und dreißig vom wesentlichen Oele der portugisischen Pomeranze hinlänglich seyn.

Dejean.

Vierfrüchtewein.

Man nehme vier und zwanzig Pfund recht reife und wohlschmeckende Kirschen, zwölf Pfund Johannisbeeren, sechs Pfund Himbeeren, und sechs Pfund Vogelkirschen, pflücke die Früchte von ihren Stielen, und stampfe sie wohl; setze dann zu jeder Pinte dieses Fruchtbreies eine Pinte guten Brantwein, lasse dieses Gemisch in einer Kruke, oder einem Fäßchen wohl verstopft einen Monat lang stehen, seihe die Flüssigkeit durch, und presse das Ueberbleibsel aus. Zu jeder Pinte dieser Flüssigkeit setze man drei gestoßene Würznelken, sechs Unzen Kassonade, und auf sechzehn Pinten eine Vanilleschote; schüttle das Gemisch von Zeit zu Zeit um, bis der Zucker aufgelöst ist, lasse es wenigstens vierzehn Tage lang ruhig stehen, gieße das Helle ab, und seihe den Bodensatz durch.

Man kann auch eben diese Früchte nehmen, sie erhitzen, und gleich unter die Presse bringen, aus den Trebern die Kerne herauslesen, stoßen und zu der Flüssigkeit

sigkeit thun; übrigens verfahre man, wie so eben gesagt, nur daß man keine Vanille dazu nimmt, doch nehmen andere schwarze Johannisbeeren dazu.

Demachy.

Viergewürzewasser, doppeltes.

Man nimmt vier Pinten Brantwein, und einen Schoppen Wasser nebst sechs Quentchen Zimt, zwei Quentchen Muskatenblumen, einer halben Quinte Würznelken, und einer schönen Muskatennuß, alles gestoßen in die Blase, destilliret, und lässet etwas Phlegma mit herübergehen. Zum Sirop nimmt man drei und ein halbes Pfund Zucker, welchen man in zwei Pinten kochenden Wassers auflöst.

Dejean.

Dergleichen, feines und trocknes.

Man nimmt vier Pinten Brantwein, und einen Schoppen Wasser, überdies eine Unze Zimt, drei Quentchen Muskatenblume, eine halbe Quinte Würznelken, und zwei kleine Muskatennüsse in die Blase, verfähret, wie vorher, und nimmt zum Sirop zwei und ein halbes Pfund Zucker in einer Pinte kochenden Wassers aufgelöst.

Dejean.

Viersamenwasser.

Man nimmt vier Pinten Brantwein, und schüttet ihn nebst drei viertel Pinten Wasser, fünf viertel Unzen Fenchel, eben so viel Koriander, einer halben Unze Angeliksamen und einer Unze Dillsamen, alles fein gestoßen, in die Blase, destilliret bei gelindem Feuer

Feuer den Geist herüber, ohne Phlegma mitgehen zu lassen, und nimmt zum Sirop vier Pfund Zucker, in zwei und einer halben Pinte Wasser aufgelöst.
Dejean.

Dergleichen.

Man nimmt vier Pinten Brantwein, anderthalb Unze Fenchel, zwei Unzen Koriander, sechs Quentchen Angeliksamen, und zehn Quentchen Dillsamen, nebst etwas Wasser dazu. Zum Sirop aber, zwei Pfund Zucker in zwei Pinten Wasser aufgelöst.
Dejean.

Wacholdergeist, (Juniperi).

Man läßt die gestoßenen Beeren einige Tage hindurch gähren, drückt den Saft unter der Presse aus, und ziehet den Geist herüber. Dejean.

Wacholderliqueur.

Man sucht ein halbes Litron [23]) recht volle diesjährige Wacholderbeeren aus, stößt sie in einem marmornen Mörsel, setzt zwei Unzen Zimt und vier Gewürznelken hinzu, stellt alles zusammen in neun Pinten einer Mischung aus gleichen Theilen Weingeist und Wasser vierzehn Tage lang in Aufguß hin, destilliret dann aus dem Wasserbade, und ziehet, wenn die Kohobation nicht nöthig ist, fünf Pinten Geist herüber, welche man dann mit eben so viel Sirop, als Geist ist, vermischet. Das trübe Gemisch wird mit Eiweis geklärt, und durchgeseihet. Geschmackschemie.

---

23) Ein Litron ist beinahe eine zwölftel Dresdner Metze.
Hah.

Dergleichen einfacher, auf sechs Pinten.

Man zerstößt ein halbes Litron Wacholderbeeren, und ziehet sie mit viertehalber Pinte Brantwein über. Zum Sirop nimmt man fünf viertel Pfund Zucker, und drei und eine halbe Pinte Wasser. Beim Destilliren muß man sich vor dem Uebersteigen in Acht nehmen.
Dejean.

Dergleichen, doppelter.

Hiezu nimmt man vier Pinten Brantwein, noch ein Drittheil Beeren mehr, und zum Sirop drei Pfund Zucker, und zwei und eine viertel Pinte Wasser.
Dejean.

Wacholderratafia.

Man stoße ein halbes oder drei viertel Pfund wohl ausgesuchte Wacholderbeeren, lasse sie mit neun Pinten Brantwein, wozu zwei Unzen Zimt, zwölf Gewürznelken, zwei Quentchen Muskatenblumen, ein Quentchen grüner Anis, ein Quentchen Koriander, und ein halbes Pfund Zucker auf die Pinte Brantwein gerechnet, hinzugethan werden, sechs Wochen lang im Aufgusse stehen. Der Zucker muß über Feuer im Wasser aufgelöst werden, ein halbes Pfund in einer Pinte Wasser. Nach Verfluß dieser Zeit seihet man den Ratafia durch. Geschmackschemie.

Dergleichen.

Man läßt ein Pfund Wacholderbeeren, so reif und frisch, wie möglich, gestoßen, in einer Pinte Wasser gelinde sieden; gießet alles in eine Kruke, worin vier Pinten Brantwein und zwanzig Unzen Zucker befindlich sind. Wann das Gemisch acht Tage gestanden hat, seihet man es durch. Demachy.

Wermuthliqueur.

Man nimmt achtzehn Hände voll Wermuthkraut, so viel man nämlich jedes Mal mit der Hand fassen kann, von welcher Gattung es auch sey, zwei Unzen Zimt, ein halbes Litron Wacholderbeeren, drei Quentchen Angelikwurzeln, zwei Quentchen Safran, sechs Gewürznelken, ein Quentchen Muskatenblumen, und ein Quentchen grünen Anis, setzt diese Ingredienzen zu einer Mischung von fünf Pinten Weingeist mit vier Pinten Wasser vierzehn Tage lang in Aufguß, und rühret die Kruke von Zeit zu Zeit um. Destilliret dann bei jählingem Feuer aus dem Wasserbade. Nachdem man sechs Pinten Geist herüber gezogen hat, so gießt man denselben wieder in die Blase, und kohobiret zuerst bei gemäßigtem, dann aber bei gelindem Feuer. Wenn man nun fünf Pinten recht geruchvollen Geist erhalten hat, so mischt man ihn mit einem Sirope aus fünf Pfund Zucker in vier Pinten Wasser aufgelöst, und einer Pinte guten doppelten Pomeranzenblütwassers, und filtriret, wo nöthig.

Geschmackschemie.

Dergleichen, oder Citronelle.

Man thut in eine Kruke zwei kleine Zitronen, und eine Hand voll Wermuth von der kleinen Art, unter dem Namen Citronelle bekannt, gießet zwei Pinten guten Brantwein darauf, läßt es aufs höchste zwei bis drei Stunden damit im Aufgusse stehen, gießet das Helle herunter, und vermischt es mit einem Sirope, welcher aus zwei Pinten Wasser und anderthalb Pfund Zucker bereitet worden. Nach acht Tagen kann man es durchseihen.

Demachy.

Dergleichen.

Man nehme vier Pinten von dem Liqueure, einfaches göttliches Wasser genannt, setze vier Tropfen wesentliches Wermuthöl, und sechs Tropfen recht reines und frisches Zitronöl, beides mit einer halben Unze Zucker abgerieben, dazu, und seihe es nach drei bis vier Tagen durch.

Demachy.

Würznelkenwasser.

Man nimmt ein Quentchen oder achtzehn Würznelken, pulvert sie, thut sie nebst drei und einer halben Pinte Brantwein in die Blase, und destilliret bei gewöhnlichem Feuer, doch so, daß etwas Phlegma mit herüber gehe, um den Geruch und den Geschmack dieses Gewürzes dem Liqueure einzuverleiben. Zum Sirop nimmt man fünf viertel Pfund Zucker, welchen man in drei Pinten Wasser zergehen läßt.

Dejean.

Zimtwasser, sechs Pinten.

Man pulvere eine Unze guten Zimt recht fein, und schütte ihn nebst drei achtel Pinte Wasser, und viertehalber Pinte Brantwein in die Blase; zum Sirop nehme man ein und ein viertel Pfund Zucker und drei Pinten Wasser.

Dejean.

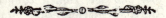

Verbesserungen zum Liqueurfabrikanten.

Zweyter Band.

Seite 55. Zeile 8. die statt den
S. 227. Z. 7. lese man nach Sirop. Dejean.
S. 251. Z. 9. oeillet statt oiellet.

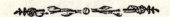